广东省高校心理健康教育与咨询
优秀出版物一等奖

大学生心理健康
课堂与实践

刘钊泉　胡伟坚　主编

化学工业出版社

·北京·

内容提要

本书以适应社会需求为目标,以普及心理健康知识、学会解决自己和他人常见心理问题为主线,针对目前大学生关注的自我发展、人格完善、情绪挫折、恋爱心理、人际关系、网络心理、生命价值等常见心理问题进行深度剖析,并提出相应的解决办法。

全书分为课堂篇和实践篇,共十五个专题。内容设计上既注重知识的讲授,又注重结合社会上发生的典型案例进行剖析。在实践篇里设计了与课堂篇相对应的体验活动,达到知识讲授、心理体验与行为训练三位一体的学习效果,让学生真正做到"开心地学习、真切地体验、快乐地生活"。

本教材既可以作为大学生心理健康教育教材,也可以作为班级团建、班会课和课外实践的指导用书。

图书在版编目(CIP)数据

大学生心理健康课堂与实践/刘钊泉,胡伟坚主编.—北京:化学工业出版社,2020.10 (2024.9重印)
ISBN 978-7-122-37506-3

Ⅰ.①大⋯ Ⅱ.①刘⋯ ②胡⋯ Ⅲ.①大学生-心理健康-健康教育-高等学校-教材 Ⅳ.① G444

中国版本图书馆CIP数据核字(2020)第145293号

责任编辑:姚晓敏　胡全胜　　　　加工编辑:刘　铮
责任校对:李雨晴　　　　　　　　装帧设计:韩　飞

出版发行:化学工业出版社(北京市东城区青年湖南街13号　邮政编码100011)
印　　装:河北延风印务有限公司
787mm×1092mm　1/16　印张13¾　字数292千字　2024年9月北京第1版第5次印刷

购书咨询:010-64518888　　　　　　　　售后服务:010-64518899
网　　址:http://www.cip.com.cn
凡购买本书,如有缺损质量问题,本社销售中心负责调换。

定　价:48.00元　　　　　　　　　　　　　　　　　版权所有　违者必究

《大学生心理健康课堂与实践》编写人员名单

主　　编　　刘钊泉　胡伟坚

编写人员　（按姓氏笔画排序）

　　　　　　叶诗婷　广东岭南职业技术学院心理健康教育与发展中心
　　　　　　刘钊泉　广东岭南职业技术学院心理健康教育与发展中心
　　　　　　祁焦霞　广东岭南职业技术学院心理健康教育与发展中心
　　　　　　杜建标　广东科技学院计算机学院
　　　　　　宋兰霞　广东岭南职业技术学院心理健康教育与发展中心
　　　　　　陈慧婷　广州市荔湾区恒福社会工作服务社
　　　　　　胡伟坚　广东金融学院心理健康教育与咨询中心
　　　　　　胡洪琴　贵州大学明德学院
　　　　　　梁真真　广东岭南职业技术学院心理健康教育与发展中心

前 言

世界卫生组织给健康下的定义为：健康不仅仅指没有疾病或病痛，而是一种身体上、精神上的完美状态以及良好的社会适应力。从中我们可以看出，健康的定义包含了三个基本要素：身体健康、心理健康和具有社会适应能力。全面健康包括身体健康和心理健康两部分，两者密切相关，缺一不可。

教育部党组印发的《高等学校学生心理健康教育指导纲要》中指出：心理健康教育是提高大学生心理素质、促进其身心健康和谐发展的教育，是高校人才培养体系的重要组成部分，也是高校思想政治工作的重要内容。为将指导精神落到实处，我们组织编写了《大学生心理健康课堂与实践》一书。本教材以适应社会需求为目标，以普及心理健康知识，学会对自己和他人常见心理问题的解决为主线进行编写，在编写内容上以"客观"为度，以"基础"为准，理论紧密结合实际，力求做到深入浅出。本教材具有以下特色。

1. 教材的内容编写具有实用性

本教材针对目前大学生出现的几类常见心理问题进行详细解说，并给出解决问题的建议，力求大学生在学习后能将学到的知识用在生活和未来的工作中。

2. 教材的内容编写具有创新性

针对传统的理论教学容易枯燥乏味的问题，本教材以理论＋体验式活动的形式展开编写，使学生通过课堂理论学习后再进行实践学习，更好地掌握心理学知识，提高大学生的心理素质。

本教材分课堂篇和实践篇，课堂篇可在一学期内完成教学，实践篇可以在大学期间内分学期选择不同专题完成，使学生在学习中成长，在成长中学习。本教材内容繁简得当，语言通俗易懂，可作为高等院校大学生心理健康教育的基础教材。

本书是集体智慧的结晶，凝聚了编写组各位老师的辛勤劳动。刘钊泉、胡伟坚负责全书的大纲制定，具体编写分工情况如下：专题十、专题十二由刘钊泉编写；专题一、专题二、专题十五由胡洪琴编写；专题三、专题九由祁焦霞编写；专题四、专题十一由梁真真编写；专题五由胡伟坚编写；专题六、专题七由叶诗婷编写；专题八、专题十四由宋兰霞编写；专题十三由杜建标编写；参考文献由陈慧婷整理和校对。刘钊泉负责统稿工作。

由于编写时间仓促，本书难免会存在疏漏，真诚欢迎各位读者提出宝贵的意见和建议。最后，感谢在本书的撰写过程中给予大力支持的各位老师！

编　者

2020年2月

目 录

课堂篇

专题一　走进心灵，开启心理健康之旅 —— 3
单元一　了解心理健康 …… 4
　　一、心理健康的含义 …… 4
　　二、心理健康的标准 …… 5
　　三、心理健康的评估 …… 6
单元二　大学生常见心理问题及影响因素 …… 7
　　一、大学生常见心理问题 …… 7
　　二、影响大学生心理健康的因素 …… 9
　　三、大学生心理冲突的类型 …… 10
单元三　大学生心理健康的维护 …… 11
　　一、促进大学生心理健康的方法 …… 11
　　二、心理调节的相关资源 …… 12

专题二　认识自己，走进自我悦纳的世界 —— 16
单元一　自我意识概述 …… 17
　　一、我从哪里来 …… 17
　　二、自我意识的内涵 …… 20
单元二　大学生常见的自我意识困境 …… 24
　　一、自我同一性的探索 …… 24

二、自我评价与他人评价的矛盾 ………………………………… 25
　　三、自我意识的矛盾与冲突 …………………………………… 28
单元三　大学生自我意识的调节和完善 ………………………………… 29
　　一、良好自我意识的标准 ……………………………………… 29
　　二、自我意识的调节和完善 …………………………………… 29

专题三　守护生命，活出精彩 ——————————————— 33

单元一　生命的内涵 ……………………………………………………… 34
　　一、生命的起源 ………………………………………………… 34
　　二、生命的概念 ………………………………………………… 35
　　三、生命的特征 ………………………………………………… 35
　　四、生命与死亡 ………………………………………………… 36
单元二　大学生生命教育 ………………………………………………… 37
　　一、大学生生命教育的内涵 …………………………………… 37
　　二、大学生生命教育的特点 …………………………………… 38
　　三、大学生生命教育的现状 …………………………………… 39
　　四、大学生生命教育与心理健康 ……………………………… 40
单元三　大学生生命意义的探索 ………………………………………… 40
　　一、生命的意义 ………………………………………………… 41
　　二、生命意义的提升 …………………………………………… 41
　　三、大学生生命价值的提升 …………………………………… 43

专题四　化危为机，心理危机的识别与干预 ——————————— 46

单元一　大学生心理危机概述 …………………………………………… 47
　　一、应激与心理危机的内涵 …………………………………… 47
　　二、大学生心理危机的发展与症状 …………………………… 49
单元二　大学生心理危机的应对与干预 ………………………………… 51
　　一、大学生心理危机的表现 …………………………………… 51
　　二、大学生心理危机的应对与调节 …………………………… 52
　　三、大学生心理危机的防范与干预机制 ……………………… 54

专题五 患难之交，与压力做好朋友 —————— 58

单元一 大学生压力来源 ………………… 59
一、压力的概述 ………………… 59
二、大学生常见的压力源 ………………… 61

单元二 压力对大学生的影响 ………………… 63
一、适当的压力有助于效率的提高 ………………… 63
二、过度的压力对生理的影响 ………………… 64
三、过度的压力对心理的影响 ………………… 65

单元三 大学生应对压力的方式 ………………… 67
一、合理的认知 ………………… 67
二、寻求他人的帮助 ………………… 68
三、压力宜宣不宜堵 ………………… 68
四、提升自己承受压力的"容量" ………………… 69

单元四 大学生应对压力的心理弹性 ………………… 69
一、心理弹性的概述 ………………… 69
二、心理弹性模型 ………………… 70
三、有效提升心理弹性 ………………… 71

专题六 思绪万千，学做情绪管理的主人 —————— 74

单元一 情绪的奥妙 ………………… 75
一、情绪究竟是什么 ………………… 75
二、情绪从哪里来 ………………… 76
三、情绪的分类 ………………… 79
四、情绪的功能 ………………… 81

单元二 情绪管理，你我都可以 ………………… 83
一、大学生常见的情绪困扰 ………………… 83
二、正视情绪，合理表达 ………………… 86
三、情绪调节的常用方法 ………………… 87

专题七 风雨同舟，人际关系是通往成功的阶梯 —————— 92

单元一 人际关系概述 ………………… 94

一、人际关系的概念 ·· 94
　　二、人际关系的作用 ·· 94
　　三、影响人际关系的因素 ·· 95
单元二　大学生人际关系现状 ·· 97
　　一、大学生人际关系常见问题 ·································· 97
　　二、导致困境的原因 ·· 99
单元三　主动解决人际问题，提高交际能力 ······················ 100
　　一、塑造有利于人际关系的性格 ······························· 100
　　二、培养和提升大学生交际能力 ······························· 101

专题八　爱情花开，走进青春的秘密花园 —— 108

单元一　爱情是什么 ·· 109
　　一、爱情的成分 ·· 110
　　二、爱情的特点 ·· 110
　　三、爱情的元素 ·· 111
单元二　大学生的恋爱观及常见问题 ······························· 113
　　一、大学生的恋爱观及择偶模式 ······························· 113
　　二、大学生常见的恋爱误区及应对策略 ······················ 115
　　三、培养爱的能力 ·· 116
单元三　性心理概述 ·· 122
　　一、性心理的发展 ·· 122
　　二、健康的性心理 ·· 123
　　三、常见的性心理障碍 ·· 123
单元四　大学生的性心理 ·· 124
　　一、大学生性心理的特点 ······································· 124
　　二、大学生常见的性心理困扰及对策 ························ 124

专题九　遨游网海，网络心理的爱恨情仇 —— 127

单元一　网络概述 ··· 128
　　一、网络的定义和特点 ·· 128
　　二、大学生网络使用现状 ······································· 129

三、网络对大学生的影响 ································ 130
　单元二　大学生常见的网络心理问题 ···················· 131
　　一、大学生的网络心理需求 ···························· 131
　　二、大学生的网络心理问题 ···························· 132
　　三、网络成瘾的诊断及分类 ···························· 134
　　四、网络成瘾的原因探析 ······························ 136
　单元三　调整上网行为的心理建议 ······················ 138
　　一、构建内在健康的心理模式 ·························· 138
　　二、掌握使用网络的心理技巧 ·························· 139

参考文献 ──────────────── 142

实践篇

专题十　打开心扉，拥抱真实的自己 ──────── 146
　活动一　探索已知的自己 ································ 147
　活动二　探索未知的自己 ································ 150
　活动解读 ·· 155

专题十一　活在当下，生命探索之旅 ──────── 157
　活动一　生命的五样 ···································· 158
　活动二　洞口余生 ······································ 161
　活动解读 ·· 164

专题十二　齐心协力，我与团队共成长 ─────── 166
　活动一　每个人都是重要的 ······························ 167
　活动二　团队力量大 ···································· 170
　活动解读 ·· 175

专题十三　喜怒哀乐，在情绪的世界里穿梭 —— 177

　　活动一　认识情绪 ········· 178

　　活动二　情绪管理我能行 ········· 182

　　活动解读 ········· 186

专题十四　心心相印，异性交往对对碰 —— 187

　　活动一　非诚勿扰，走近爱情 ········· 188

　　活动二　发现爱情，品味爱情 ········· 192

　　活动解读 ········· 195

专题十五　血浓于水，探索原生家庭与自我成长 —— 197

　　活动一　探索原生家庭，增进自我认识 ········· 198

　　活动二　接纳原生家庭，助力自我成长 ········· 202

　　活动解读 ········· 206

参考文献 —— 208

课堂篇

专题一
走进心灵，开启心理健康之旅

　　积极健康的心理是一个人真正达到健康的评价标准，不健康的心理会影响我们的成长，影响我们与他人的关系，甚至影响一个人在社会上长远的发展。

 **课前导入**

我不是脆弱

2018年9月的一天，在峨眉山上，一位21岁的女孩打算跳崖自杀，在她跃下之前，很多游客都在劝说她不要跳崖，可女孩最后还是走上了绝路。无法想象，这个女孩是对生活有多绝望，才想要结束这一切。随后，网上公开了她的遗书，满满的几页纸，字里行间记录着她的心理挣扎和她最真实的想法。在她的遗书中，这样写道："我得了一种病，叫抑郁症。这么久以来，可以说我一直活在噩梦里，一宿一宿的持续失眠，每分每秒都徘徊在生死边缘。人们把抑郁症当作是我太闲了想太多，觉得我怎么这么脆弱。我想说，我不是一个脆弱的人，曾经的我也是一个积极阳光、内心坚强的人，但就像不经常喝酒的人得了肝癌一样，我却得了抑郁症。我不是没有去向旁人倾诉过，也不是没有尝试过去救自己。要不就被当成了笑话，要不就是觉得我想不开，或许换个环境就好了，或许去旅游就好了。"从她的字里行间，除了感受到她对抑郁症的无奈之外，更令她绝望的是别人对她的病症的不理解，甚至是误解。

 思 考

1. 你了解抑郁症吗？
2. 你认为一个人的心理问题是怎么形成的？
3. 这件事给你的启示是什么？

> **心 理 名 言**
>
> 播下一个行动，收获一种习惯；播下一种习惯，收获一种性格；播下一种性格，收获一种命运。
>
> ——威廉·詹姆士

 ## 单元一　了解心理健康

一、心理健康的含义

1946年，在第三届国际心理健康会议上，将心理健康定义为：一个人的身体、情感和智力等各方面在平均水平，在与他人的状态不相矛盾的情况下，使个人的心理状态发展到最佳的状态。1948年，世界卫生组织对健康的定义是：不仅仅是身体的健康，还是心理的健康状态，并且能够很好地适应社会。1989年，世界卫生组织又将健康定义为：身体健康、心理健康、良好的社会适应和道德健康。增加道德健康的内容，使健康的内容更加全面，但从本质上讲，良好的社会适应和道德健康可以归结为心理健康的范畴，因此健康的主要内容是身体健康和心理健康，健康是身体健康和心理健康的统一。

二、心理健康的标准

心理健康的标准并不是唯一的，针对不同年龄阶段的人群有不同的标准。针对大学生的心理健康标准有如下几点。

1. 智力正常

正常智力是大学生生活和学习最基本的心理状态，也是衡量大学生心理健康的基本标准。心理健康的学生有强烈的求知欲，乐于学习，在学习中发挥与年龄相符的正常智力，经过努力能很好地完成学习任务。

2. 情绪健康

情绪健康是大学生心理健康的又一个重要指标，心理异常往往是从情绪异常开始的。心理健康的学生的情绪反应一般与客观事实相适应，他们善于调节和控制自己的情绪，因而其愉快的情绪要多于不愉快的情绪，情绪不会长期处于极端化。但情绪不是静止不变的，能主动调节情绪是情绪健康的表现。

3. 意志健全

意志健全的人能够自觉控制自己做应该做的事，面对诱惑时果断地拒绝，能够为了梦想不断地努力，这是一个人达到成功的重要条件。不少的心理研究表明，成年后一个人所创造的成就与意志力有直接高度联系。

4. 人格完整

人格是个体稳定的心理特征的总和，人格的健康完整状态是没有偏倚，没有产生认知、情感和意志上的冲突，是一个统一协调而不分裂的状态。人格的完整性并非天生就出现，而是后天逐步形成的。

5. 恰当的自我评价

在自我认识方面，心理健康的人应该有"自知之明"，正确和客观地看待自己的优缺点，不因为优点而过于骄傲自满，也不会因为自己的缺点而过分苛责自己，能正视自己的缺点，接纳自己的不完美。

6. 人际关系和谐

和谐的人际关系是心理健康不可或缺的条件，也是获得心理健康的重要途径。拥有和谐人际关系的学生能够从关系中汲取人际交往的精神滋养，而不是被大多数人所孤立，或与他人总是产生矛盾冲突。他们有独立的个性、正确的动机、积极的态度，可以客观地评价自己和他人。

7. 较强的适应能力

人的一生总是在成长，在适应不同环境的过程中成长：初入幼儿园、第一次离开家门、走进陌生的大学校园等。一个有良好适应能力的人能够在正常时间内调整好自己的状态，进入新环境一段时间之后，能够很好地处理自己的生活、学习和交友问题；而一个适应不良的人会表现为几个月之后还是很难融入新的环境。

8. 心理行为符合年龄特征

当我们还是婴儿的时候，解决问题的方式只能是通过哭声来引起父母的注意，告诉他们我们是饿了或者痛了。但是如果作为一个大学生，面对任何事情还是只用哭闹的方式解决，不能用一个大学生在这个年龄阶段应该具有的正确处理问题的方法去解决，这就提示我们这个学生可能存在心理健康的问题了。

三、心理健康的评估

心理健康的评估是一个动态发展的过程，随着时代的发展变化，人们对心理健康的评判标准也会发生变化，不同的文化背景下，心理健康的评判标准也不一样，因此，我们不能简单地对号入座，而是要理解其本质意义。

1. 心理健康的状态具有相对性

心理健康具有相对性，在不同的文化背景下，同样的表现可能会代表不一样的健康水平。偶尔的一次不健康心理或行为并不等于就是心理不健康，更不等于患有心理疾病。

2. 心理健康的状态具有连续性

从心理健康到心理不健康不是泾渭分明的对立，而是一种连续或交叉的状态。从心理健康状态到严重的心理疾病之间是一个渐进的连续过程，心理健康、心理问题和心理疾病之间是程度的差异。产生严重心理问题，如果继续放任不管，就可能会产生严重的心理疾病和精神问题。

3. 心理健康的状态具有动态性

心理健康状态并不是固定不变的，而是一个动态的发展过程。如果不注意心理保健，经常出现不良的心理状态，那么心理健康的水平就会随之下降，甚至有可能患上心理疾病。反之，如果心中有了困扰或者出现心理失衡，及时自我调节或者自主寻求帮助，就会逐步消除烦恼，恢复健康心理。

案例分析

✿✿ **病程演化史** ✿✿

刘某，18岁，大学一年级学生，三年前因为父母给他买了手机，晚上总是玩到很晚才睡觉，有时候甚至玩到凌晨五点才罢休。长期下来，刘某形成了晚睡的习惯。因为他晚睡的习惯影响了舍友的休息，逐渐和舍友的关系也淡了下来。

高二的时候因为和朋友约好晚上去网吧上网，彻夜没有回学校宿舍，在凌晨回学校的路上刘某和朋友被网吧里的一群不良青年跟踪，他们遭到不良青年的欺凌，回到学校后刘某一方面很后怕刚刚的经历，另一方面又觉得对不起自己的朋友，因为是自己约朋友去网吧才让他受到欺负。白天刘某的状态越来越不好，上课总是走神，也不敢面对朋友。后来转学去到另一所学校，情绪好转了很多，但是仍然在晚上难以入睡，有时候很困也睡不着。刘某学习成绩也越来越不理想，但是他并没有意识到自己需要寻求帮助，觉得很多人晚上都会有晚睡的情况，直到高三学习压力越来越大，刘某的情绪状态也越来越差，因为自己情绪的问题，同学们对他也逐渐疏远，他常常一个人独来独往。老师见刘某最近精神状态不佳，向他了解发生了什么，但是刘某不愿透露，只说自己睡得晚点，没休息好，好好休息一下就好了。就这样高中生活结束了，刘某考进一所大专学校，开始了自己的新生活，但没想到在大学自己的失眠情况越来越严重，刘某晚上很晚才睡着，第二天总是会迟到、旷课或者上课没法集中注意力。最近因为在大学交往的女朋友和自己分手，他的情绪更是让身边的同学琢磨不透，在一天舍友发现刘某手臂上的伤痕之后，辅导员将其带往心理中心，因为情况比较严重，心理中心建议将其转到医院就诊，最后医院诊断刘某患有抑郁和轻度焦虑。

案例分析：一个人的心理问题往往是在现实的事件刺激下，由于没有得到很好地处理，随着时间的积累，由量变到质变的过程，整个过程具有连续性和动态性。问题若没有及时得到解决，越积越多，会变得更加严重，所以在生活中我们要学会对自我心理健康状况进行自我觉察，并对出现的问题进行自我调节或寻求专业人员的帮助。尽早发现尽早处理，而不是累积到一定程度，以至影响到我们正常的学习和生活。

 心 理 名 言

忽略健康的人，就是等于在与自己的生命开玩笑。

——陶行知

单元二　大学生常见心理问题及影响因素

刚刚结束高中繁重的学习生活的大学生，带着憧憬走进大学校园，沉浸在对美好未来向往的兴奋中；还有的同学因为高考失利，带着不甘和失落的心情来到大学；也有同学觉得终于摆脱了烦闷的高中生活，在大学里可以我行我素和得过且过。在大学生活一段时间之后，现实的环境可能会使一些学生感到失落。不适应现实校园环境的学生会产生迷茫、沮丧、思念等情绪，慢慢地产生心理的矛盾和冲突。

一、大学生常见心理问题

一般性的心理问题普遍存在于大部分人身上，这些人处在亚健康状态。大学生是一类特殊群体，他们可能产生的心理问题具有特殊性。

1. 适应问题

关于大学生心理健康的多项调查显示，一年级新生的主要问题集中在适应问题上。其实只要进入一个新的环境，任何人都面临一个适应问题，比如第一次进幼儿园、第一次离开家人进入学校生活、初进入社会等，这个时候人们都会有茫然无措的感觉。有些学生出现这类问题的程度较轻、持续时间不长；有些学生情况较严重，导致焦虑、自卑、抑郁等不良心理，甚至有些严重到不能正常完成学业。适应问题大多体现在校园生活方面，类型多种多样，例如，大学生活相对高中生活的空闲时间较多，出现的自我管理问题等。

2. 学习问题

进入大学之后，学生从中学由班主任带领的班集体学习形式直接进入到形式相对松散、自由度比较高的学习环境中，有些学生不能及时转换态度，依然采用中学时的学习方式应对大学的学习。例如，有些学生会产生"进入现在的学校没有人管"的想法和"为什么老师没告诉我"的疑问；或者以前高中的目标就是考大学，但是考上大学之后不知道自己的目标是什么，自己的专业培养方案是什么，自己在大学想要做什么。无所适从、困惑、迷茫导致学生缺乏学习动机、学习目的不明确，考试不及格、逃课情况频发。

3. 人际交往问题

人际交往问题是影响大学生健康成长的一个比较重要的心理问题。处于成年早期的大学生对精神世界的需求是十分强烈的，但是由于人际交往经验不足，导致应对人际问题的技能缺乏。大学广泛和复杂的人际交往的实际现状往往与自己预想的不一样，由此容易产生各种情绪问题，比如焦虑、抑郁、恐惧、逃避等不良心理反应。与同宿舍的同学生活在一起，总是会有各种各样的矛盾，对于一些不适应集体生活的同学较难做到相互理解和帮助。再加上现在处于信息化时代，智能手机的普及使得手机不再是打电话的工具，而成为学生娱乐消遣的主要工具。很多学生更容易沉浸在网络世界中难以自拔，每天与手机为伴，迷恋虚幻的网络世界，忽视身边实际存在的同学、教师以及与他们的面对面交流。

4. 恋爱与性心理问题

从生理角度来看，大学生属于性成熟期；而从心理的角度来看，大学生对于情感的需求逐渐变得强烈，对恋爱与两性问题的关注度也逐渐升高，人也会变得很敏感。但是他们的恋爱心理尚未完全成熟，对于什么是爱、什么是喜欢、什么是好感不知如何区分，也不懂如何表达和拒绝感情，尤其是在失恋或者在与恋人的交往问题上，常常会产生情绪困扰，甚至因此影响自己正常的学校生活。还有些同学在恋爱中容易对自己的定位看不清，没有良好自我意识的同学容易在恋爱中受到对方情绪和评价的左右，容易患得患失，引起自身很大的情绪问题，没有办法很好地处理。

5. 生涯规划与就业问题

大学的校园生活是学生从学校过渡到社会的桥梁，大学毕业的学生不再是"天之骄子"的身份，而且随着竞争压力的增大，"毕业即失业"的压力随着毕业的临近时刻困扰着大学生,所以,做好生涯规划尤为重要。但是一部分大学生对自身定位不清楚,对本专业有误解,导致择业具有盲目性,个性上缺乏独立性,有依赖心理等,影响大学生的职业生涯发展。还有的同学可能会出现"上大学即解放"的心态,认为在大学里可以任意放纵自己,导致在大学生涯里没有很好地发展自己的专业能力,又缺乏社会实践经验,导致求职时屡屡受挫,心理上遭受很大的打击。

一般情况下,大多数同学通过自我调节或寻求帮助都能顺利解决这些问题。也有个别同学由于种种原因不能顺利解决上述问题,这些一般心理问题就有可能转变为心理障碍,严重影响大学生的学习与生活。

二、影响大学生心理健康的因素

每个心理问题必定有其根源和诱因,而了解清楚根源和诱因才能更好地解决我们所面临的问题。影响大学生心理健康的因素主要有生物因素、心理因素、家庭因素、学校因素和社会因素五大类。

1. 生物因素

生物因素,如遗传因素,当家族中存在家族精神病史会增大家庭成员产生心理问题的概率。此外,很多身心疾病中,大脑的器质性病变和躯体疾病也会诱发一系列的心理问题。生物因素不仅仅是心理健康的基础因素,也是影响我们身体健康的因素。

2. 心理因素

在心理方面,自我的同一性建立会对学生的心理健康产生较大影响。当一个人没有办法正确客观地看待自己,形成良好的自我同一性时,个人的认知因素和情绪因素会产生偏差,从而导致人际关系不和谐等一系列问题。

3. 家庭因素

父母是孩子来到这个世界的安全感来源,是孩子的第一任老师,我们常常说"一个人三岁看大,七岁看老",所表达的就是父母和家庭对于我们童年的影响。当一个孩子的生存完全依靠父母的时候,父母对待孩子的方式会影响孩子安全感的形成。在成长的过程中,逐渐发展自我意识的孩子,开始想要自己动手做一些事情,这个时候父母对孩子的教育方式是民主的还是溺爱的,决定了孩子的自主能力。在进入幼儿园和小学阶段时,父母对孩子的教育方式是严苛的还是鼓励的,将影响孩子的自尊和自信。孩子成长过程中,父母是悉心陪伴还是苛责打骂,也会给孩子塑造不一样的人格类型,而这些都是影响一个人未来发展的重要因素。

此外,家庭的经济结构和父母的婚姻状况等,都会给孩子带来不同程度的影响。父母与他人交往的方式也在无时无刻影响着孩子的发展,所以很多时候我们说言传不如身教。一个家庭里面,父母的行为方式和人格特点都在塑造着一个孩子,影响着一个孩子的成长。

4. 学校因素

我们都知道,6~7岁以后的孩子,每天有大部分的时间待在学校,学校教育在一个孩子的心理发展中起着主导作用。学校的校园环境会带给学生不一样的体验,在一个氛围不佳的校园，学生的学习状况和心理状况都会受到影响，甚至会给一些学生带来严重的创伤。此外，学校给我们提供了一个与他人交往、学会与他人发展良好关系的环境。一个与他人关系良好的学生，势必在心理上是积极乐观的；然而一个受到同学们孤立或者不懂得如何与他人交往的学生，会存在较复杂的心理问题，进而影响其学习的效果。同样，学习压力也会给学生带来一些焦虑或挫败的心理，面对同学之间的竞争，能否处理好这种竞争关系，也会影响同学之间的和谐相处。

另一方面，在大学里时间相对自由，除了学习，有很多时间会用在学校和社团活动当中，在这种情况下相对于别人的多才多艺一些学生可能会感到自卑，没有办法处理这种压力，处于消极情绪之中；看到别人谈恋爱也会很羡慕，觉得自己怎么没有人喜欢，或者自己的恋爱关系处理得一塌糊涂，对生活很绝望，甚至在失恋时做一些傻事伤害自己；面临毕业找工作的压力时，也会产生一些消极情绪，特别是面对简历一次次石沉大海，或是面试一次次失败时，容易产生挫败心理。

5. 社会因素

在当今时代，学生的生活不仅仅局限于学校或家庭，很多时候我们会在大环境中接收到一些信息，这些信息都会对我们的心理产生不同程度的影响。有时候面对网络暴力，有时候会遭遇网络诈骗，或者一些网络文化的冲击，这些都会潜在地影响学生心理健康。

大学生要学会处理好生活中遇到的问题，才能更好地面对未来的挑战。

三、大学生心理冲突的类型

在生活中，我们常常面临选择，不管大事还是小事，这些选择可能是相互矛盾的，也可能是无法兼得的，例如，本科毕业后是继续升学还是去工作？在某个年龄段和伴侣商量是结婚还是不结婚？做某件有难度的事情时受到挫折，是继续努力还是决定放弃？对生活对世界感到绝望时是选择结束生命还是继续生存？当不同的需求、要求、动机、愿望或外部要求使人难以定夺时，就会出现心理冲突。心理学家勒温和米勒将心理冲突分为四类，每一种类型都各有特点和相应的模式。

（1）双趋式冲突　例如，有一个人在周末打算要去旅游，因为时间有限，计划去的两个城市他只能匆忙地去其中一个，但是他在选择去哪个城市的时候遇到了问题，既想去自然风光秀丽的A城市，又想去历史文化气息浓厚的B城市，因此犹豫不决。最后周末的美好时光很快就结束了，他也没有选择要到哪个城市，最后一个城市也没有去成。面临"鱼和熊掌不可兼得"的情况，有些毕业生既想继续深造，攻读研究生提升自身学历水平，又想毕业找个好工作以增加收入，早点进入社会获得工作经验。

（2）双避式冲突　例如，高考失败，既不想去不喜欢的学校，又不想复读，明知两种选择都会带来不想要的结果，但又必须从中选择一种。这种情况就是很典型的两样都不是好事，都不想得到。

（3）趋避式冲突　例如，大学生既想玩游戏，又不想耽误学习；既想和朋友出去玩，又不想耽误做作业。在两样事物中一样是想要的，另外一样不想要，但又必须在其中选择一样。

（4）双（多）重趋避式冲突　例如，某同学想报名上大学，报考档次较高的大学，但是所学的专业可能不理想；若选择好的专业又不得不报档次较低的学校，两种选择各有利弊，使人犹豫不决。双驱-双避式冲突在生活中更加普遍和常见。

当个体产生心理冲突时，很多情况下都能很快解决，但当个体的选择对自己的影响非常大且自己又缺乏主见时，要做出选择就比较困难，甚至会因此产生各种各样的生理和心理反应。在你必须要做一个选择时，可参考以下几点。

① 不要着急做出重要的决定，先通过网络收集信息或与有相关经验的人交流，最后再根据自己掌握的所有信息来权衡利弊，做出最终的决定。当我们尽了自己的一切努力来避免错误，选了一个当下最好的选择时，我们因此而承受的压力就小一些。

② 在条件允许的情况下，作最终选择之前，可以先作一个小的尝试。比如决定搬家去A市之前，不妨先去试住一段时间。

③ 可以尝试寻求他人意见，如果还是找不到理想方案，那么一旦做出决定，就不要后悔。有时候有舍才有得。

④ 在作出决定后，就按照自己的想法执行，尽量不要再回头看其他选择，学会对自己的选择和决定负责。

智者不只发现机会，更要创造机会。

——弗兰西斯·培根

单元三　大学生心理健康的维护

近年来，大学生心理健康问题越来越突出，表现在抑郁、焦虑、强迫症、家庭问题和人际关系敏感等方面。心理健康是学生顺利完成学业、适应学校生活的保证，是综合素质提高的保证，同样也是维护人格健全发展的基础。

一、促进大学生心理健康的方法

学生的心理状况受到外因与内因的多重影响。为了促进在校学生心理健康，应尽可能控制外在因素，也就是尽量在家庭、学校、社会中给学生创造一个有利于身心健康的良好环境。更为重要的是，要增强学生应对危机与自我调控的能力，因为外因是通过内因起作用的。

（一）帮助学生树立心理健康意识

学校常规化开设心理健康课程，定期举办心理健康讲座，心理健康教育宣传从各个方面渗透心理健康知识。了解心理健康专业知识是树立心理健康意识的第一步，实践证明，具备良好心理健康知识的学生在应对危机时能表现出更加良好的心理承受力；相反，缺乏相应知识的学生在面对应激时更多会表现出束手无策、放任自流或者偏听偏信的态度。

（二）鼓励学生参加社会实践活动

个体的行为是在活动中不断发展的，只有在不断实践的过程中才有可能将课堂所学心理知识和应对技巧与现实结合。在校学生尚未步入社会，除了专业知识的学习外多参与课外活动是锻炼意志品质的良好途径，还能丰富业余生活，增强情感体验，在实践活动中锻炼应激应对能力和自我调节能力。

（三）教育学生养成良好行为习惯

多数心理障碍和身心疾病与不良生活习惯有着密切的关系。大学生的学校生活和学习属于自主型，因此需要较强的自我管理能力。学生尚未步入社会，但是应从现在开始在思想上重视积极的自我管理，努力在行动上培养健康的生活方式，具体包括合理的作息、平衡的膳食、适度的运动与学习、拒绝烟酒、网络等成瘾行为。

（四）引导学生主动寻求心理帮助

学校一般都会设立心理健康咨询中心，配备专业的心理咨询老师。心理咨询是指受过心理咨询专门训练的专业人员运用心理学知识、理论和技术对解决问题有困难的人提供帮助和支持，从而使来访者缓解心理压力，提高适应环境的能力并促进人格成长。心理咨询的对象不是病人而是在生活中应对应激事件需要帮助的正常人。如果学生出现情绪困扰、内心冲突无法解决，应该积极主动寻求心理辅导、寻求专业帮助。

二、心理调节的相关资源

（一）心理咨询服务

1.高校常用的心理咨询方式

个体面谈咨询是高校心理咨询的主要方式。这种咨询方式较直接、针对性强，容易建立良好的咨访关系，由于咨询老师与来访者一对一接触，咨询老师可以更准确地对来访者的全面情况做出评估，而来访者相对感觉安全性较好，也更容易畅所欲言，与咨询老师一起讨论自己内心的烦恼。其他较常使用的方式是团体心理咨询，一般是有类似心理问题的来访者与咨询老师共同交流完成咨询。这种形式比较符合学生一贯的行为习惯，与同学一起参与，彼此之间可以互相支持，作为咨询老师一次性可以帮助的人数较多，在咨询数量上效率较高，因此团体心理咨询在各级各类学校广泛使用。一些不愿意面谈的同学还可以选择校内咨询热线这种方式，对于来访者来说更安全、快捷、方便，但局限性是电话通话时间有限，难以深入咨询，由于无法面对面咨询，也会影响咨询老师对来访者实际问题的判断。

随着信息化程度的提高，网络咨询在咨询中的比重也在逐步增加，一般是网络留言和在线咨询两种方式。这种形式突破了传统心理咨询对时空的限制，来访者不仅可以向网络咨询师寻求帮助，还可以在线进行心理测试，便捷性大幅提高。由于网络的匿名性，来访者可以更加坦诚地叙述自己的问题，减少阻抗，而且咨询记录易于保存和留档。

2.常用的心理咨询方法

心理咨询有许多具体的方法，这里只简述四种经典方法。它们分别是心理分析疗法、以人为中心的疗法、行为疗法和认知疗法。这四种方法是心理咨询和治疗系统的基石。

（1）心理分析疗法　西格蒙德·弗洛伊德是精神分析学派的创始人，是现代心理咨询与治疗的奠基人。他提出治疗的基本方法是通过自由联想、梦分析、移情分析，分析潜意识的内容和自我相关的情感和记忆，使患者能够认识到潜意识中症结的本质，失去与正义冲突的症状意义。

（2）以人为中心的疗法　以人为中心的治疗法创始人卡尔·罗杰斯认为，给人们提供适当的环境，有助于他们发挥潜力解决自己的问题。心理咨询师并非权威的代表，而是帮助来访者体验以前扭曲的感觉，提高自我意识，认识到如何帮助自己。

（3）行为疗法　行为疗法是根据行为主义理论发展起来的一种治疗方法。它侧重于行为矫正，并相信所有人类行为都是学习得来的，包括异常行为。行为治疗法是通过学习，纠正异常行为来提高来访者的自我控制能力。

（4）认知疗法　认知疗法的基本原理是认为来访者自身的不良情绪、不良行为和对压力事件的内部认知是相互影响的。因此，咨询师应帮助学生学习应对技巧，以反驳这些非理性的错误信念，代之以理性信念，缓解不良情绪障碍。

3.心理咨询的设置

所有心理咨询必须遵循一定的时间设置，一般每周1~2次，1次约50分钟。原则上，咨询时间不能一直延长，有限的治疗时间可以使来访者更快地进入自我思考，并确保咨询期间相对稳定的求助频率。当然，在特殊情况下，频率和时间可以根据实际情况进行调整。咨询地点的设置，原则上不得在咨询室外的地方进行咨询。咨询的内容严格保密，但是涉及危害来访者权益的情况下则不再保密，例如，来访者想要自残、自杀或者伤害他人的情况。

心理咨询是一项非常专业、严谨的服务，应该收取合理的费用。但目前，学校对学生的心理咨询通常是免费的。咨询师应避免与来访者的双重关系，即心理咨询关系以外的关系，因此咨询师应避免向有某些社会关系或利益关系的人提建议。如果学校的咨询师认为学生的问题是他（她）无法解决的，他（她）应该主动将学生转介给其他咨询师或其他咨询机构。

4.大众对心理咨询的误解

在我国心理咨询相对来说发展较晚，很多人对其还存在很多的误解，例如，来访者会认为咨询师可以看透自己，所以在咨询的前期基本不向咨询师提到主要的问题和重要的经历,待到咨询尾声时才说出来。这往往使得咨询师没有办法高效地与其一起解决问题。另外,有的来访者认为来到咨询室把所有问题都讲给咨询师听,咨询师就可以帮自己解决所有问题,但其实使咨询真正起到作用的是来访者自身的努力和愿意改变现状的态度,如果来访者自己不去帮助自己,咨询师也是无能为力的。此外,很多来访者来到咨询室之后,认为咨询师很快就可以帮助自己摆脱苦难的困境,咨询进行几次之后就开始产生急迫和焦虑的心理,觉得改变没有自己想象得那么快。由于很多人对心理咨询存在偏见,觉得来做心理咨询的人都有精神病,导致很多同学产生心理问题了并不会在早期就来到咨询室。来到咨询室的很多同学问题相对严重,并不是一次两次咨询就能解决的,甚至有很多同学是在小学或中学时就存在这样的问题,但是一直没有寻求心理咨询师的帮助,等到上大学问题爆发了才来咨询,这样的问题同样需要花费较长时间才能解决,甚至有些人格问题是需要特别长时间才能逐步解决。

(二)社会支持系统

当我们觉察到自己存在一些心理困扰的时候,首先是进行自我调节,就像身体上存在免疫力一样,我们的心理也会存在免疫力,有些同学总是能够在遇到挫折困难时,及时有效地对自己的心理状态进行自我调节,使自己达到平衡状态,尽快投入正常的生活和学习中。然而每个人的心理免疫力是不一样的,有时候我们需要借助别人之力帮助自己进行调节,例如,我们会习惯找自己的亲人和朋友诉说,完成情绪宣泄的同时,亲人、朋友的倾听也会给我们带来支持感和力量感,有时候他们也会给我们一些很好的建议。此外,对于自己和亲人朋友不能处理的部分,我们也可以寻求一些专业机构的帮助,如社会工作机构、心理咨询机构、医院和社区服务的相关机构等,它们可以给我们专业的帮助,改善我们当下的状态,帮助我们更好地投入自己的正常生活和学习中。

(三)自助书籍

关于心理自助的书籍非常多,我们可以在学校图书馆和网络平台上找到各种类型的书籍。有帮助认识自我的书籍,如《遇见未知的自己》《内向者优势》《自卑与超越》《感谢不完美的自己》等;关于恋爱关系方面的书籍,如《爱的艺术》《亲密关系》;关于人际交往方面的书籍,如《人性的弱点》等;关于家庭关系方面的书籍,如《新家如何塑造人》等。在大学里,我们不仅要奔跑在田径场上,还要徜徉在图书馆的书海里,从身体和心理上强健自己。

心理测试

我的生活方式是否有利于健康?

以下是你的生活方式的诸多方面,在各项目前面的横线上填上评估数字,可以了解自己的生活方式对健康的影响。

5表示完全像我；4表示几乎像我；3表示不确定；2表示几乎不像我；1表示完全不像我。

_____ 我每天晚上睡觉7～8小时	_____ 我的体重保持在（或接近）理想水平
_____ 我从来不吸烟	_____ 我从不喝酒（或喝得非常有节制）
_____ 我从不（或很少）在正餐之间吃东西	_____ 我基本上每天都吃早餐
_____ 我坚持锻炼身体	_____ 我能在想表达时表达出自己的情感
_____ 我对和别人的关系感到满意	_____ 我注意培养自己的技能和能力
_____ 多数时候我感到很快乐	_____ 在生活和学习中我表现得很好
_____ 我能很好地利用空闲时间并感到十分愉快	

你的生活方式得分是你所选数字的总分，为_____。

如果你的得分在58～65分，你的生活方式会促进你的健康；得分在45～57分说明你在很多方面做得很好，可以在你选择"1""2"和"3"的项目上再提高；得分在35～44分，你可能在很多方面都需要改进；得分低于34分，你的生活方式会给你的健康带来很大的风险，建议下定决心在选择"1"和"2"的项目上进行改变。

推荐阅读

《高效能人士的七个习惯》

《高效能人士的七个习惯》一书以别样的视角围绕七个高效能习惯进行展开，运用各种案例深入浅出地为我们阐述成为有积极人生价值、有能力的人的七个好习惯。帮助我们看到我们平常生活中可能会给自己带来的内耗，助力我们轻松生活。

> **心理名言**
>
> 这世界除了心理上的失败，实际上并不存在什么失败，只要不是一败涂地，你一定会取得胜利的。
>
> ——亨·奥斯汀

专题二

认识自己，走进自我悦纳的世界

老子说："知人者智，自知者明。"相比认识他人，我们往往更难了解自己。根据古希腊哲学家第欧根尼·拉尔修的说法，在古希腊，有人问著名的思想家、科学家和哲学家泰勒斯："何事最难为？"他答道："认知你自己。"

 **课前导入**

楚庄王伐越

楚庄王想与越国作战，讨伐越国，庄子问他："大王为什么要讨伐越国？"楚庄王回答："因为越国的政治混乱，士兵的战斗力很差。"庄子说："我认为智慧就像眼睛。眼睛可以看到一百步远，但看不到上面的睫毛。大王把数百里的土地输给了秦晋，这意味着战士们的战斗力很弱。庄蹻是楚国境内的土匪，对人民造成伤害，官吏却不能将其拿获，这是政治混乱。所以，大王的政治和军事实力并不比越国好很多，却想讨伐越国，这表明大王的智慧和人的眼睛是一样的（能看到别人，但看不到自己）。"于是楚庄王取消了军事行动。由此可见，一个人的智慧不在于他能评价他人，而在于他能正确评价自己，能够自我评价才称得上有智慧。这个故事说明了"知人易而知己难"的道理，为人处事，莫过于此。

 思 考

1. 庄子是如何提醒楚庄王的？
2. 庄子用楚国的土匪和攻打越国这件事进行比较的用意是什么？
3. 从该故事中你领悟到什么？

知人者智，自知者明。胜人者有力，自胜者强。

——老子

 ## 单元一 自我意识概述

一、我从哪里来

我从哪里来？相信很多同学小时候就对这个问题感到好奇，那个时候爸爸妈妈会给我们许多奇怪的解释。相信后来通过生理卫生课的学习，我们已经知道了这个问题的答案，那么从心理学发展角度来看，"我"又是如何发展的呢？

自我是人格的核心。关于自我的发展，心理学家埃里克森认为，人类发展是一个进化的过程：在出生时，个体还是一个无差别的普遍性的身体；在成长过程中，人体经历身体功能、心理情感以及社会层面的全面发育，并根据成熟的程度分阶段发展。埃里克森将一个人的生命周期分为八个阶段，并认为在每个阶段都有一个具体的心理任务需要解决。

第1阶段：婴儿期（0～1.5岁） 基本信任与不信任之间的冲突

在这个时候，孩子只能依靠父母生存下去，当孩子感到饥饿时，他们会通过哭喊等方式告诉父母自己的需求，父母是否出现并照料孩子是建立信任感的重要基础。有信任感的孩子容易产生希望，充满理想，有坚定的未来方向。相反，没有信任感的人会不敢去希望什么，担心自己的需要得不到满足。

第2阶段：幼儿期（1.5～3岁） 自主和害羞之间的冲突

在这个阶段，孩子学习走路、说话和玩游戏等，在探索的过程中他们决定做什么和不做什么。这个时候父母与孩子之间会产生很多的冲突，出现第一个逆反期。此时，孩子会反复用"我""我们"和"不"来抵制外部控制。孩子可能会做错一些事，比如在别的小朋友碰到自己的玩具时打了那个小朋友，这个时候如果父母不进行正确引导，则不利于孩子的社会化发展；如果家长控制过度，也会削弱儿童的自主意识和自制力。

第3阶段：学龄前期（3～6岁） 主动与内疚的冲突

这个时候的孩子们会主动做一些事，如自己穿袜子，如果父母控制过度，不允许孩子进行尝试，不满意或不放心孩子去做这件事，那么孩子长久以往会对做这类事情比较被动。父母允许孩子自己穿袜子，但是在孩子穿袜子的时候嘲笑他的能力，长久以往孩子就会失去信心，这使他们更依赖别人的安排，丧失创造性和主动性。

第4阶段：学龄期（6～12岁） 勤奋与自卑的冲突

这个时候的孩子基本都在学校学习，能够完成课业的学生会获得自信和勤奋感，有利于今后的学习和对生活充满信心；而如果他们没能很好地完成课业，受到父母的批评与苛责，甚至是贬低，那么这样的孩子容易有自卑感。大多数拥有能力品质的孩子都是勤奋感大于自卑感。

第5阶段：青春期（12～18岁） 自我认同和角色混乱的冲突

青春期的主要任务是获得自我同一性，明确自我角色，在他人眼中树立新的认同感或形象，以及他们在社会集体中的情感地位。这个阶段面临的危机是角色的混乱。一个人的心理自我是一种在过去发展起来的内在连续过程和自我认同感。如果这种自我意识与别人眼中的感觉相匹配，它显然会为一个人的人生增添灿烂的色彩。而有时候我们需要坚持自己认可的身份，而不必完全在意别人的评价如何。

第6阶段：成年早期（18～25岁） 亲密与孤独的冲突

只有具有强烈自我认同感的年轻人才敢于承担与他人亲密的风险。因为与别人建立"爱"的关系就要把自己的身份和别人的身份结合起来。这里有可能出现自我牺牲或损失，只有这样，我们才能在友情和爱情中建立真正亲密的关系，否则我们就会产生孤独感。

第7阶段：成年期（25～65岁） 生育与自我专注的冲突

成功度过自我认同时期的成人，对自己是一个什么样的人有很深的了解，他能在学习和工作中过上幸福充实的生活，开始关心后代的发展。即使没有下一代，在关心社会上的后辈时也可以具有生育感，获得创造力和照顾他人的能力，具有责任感。相反，则这个人将形成自私自利的个性特征。

第8阶段：成熟期（65岁以上） 自我调节与绝望的冲突

由于逐渐衰老，老年人的体力、精神和健康都在下降，因此必须做出相应的调整和适应。调整和适应良好的人会感觉人生满足，反之则悔恨年轻时失去的东西和没做好的事情，因此被称为自我调节和绝望的心理冲突。

从人格发展各阶段的特点中我们可以看到，自我意识发展变化较快的阶段处于幼儿期（1.5～3岁）和青春期（12～18岁）。一个人在出生时还是一个未分化的普遍体，但到了2岁左右，出现自我意识，我们的自我开始分化，出现了主体我和客体我，于是我们能够清楚知道，我和世界不是一体的，我是我，世界是世界。而进入青春期，我们的一个主要任务是达到自我同一性，防止角色混乱。进入青春期后，个体自我意识高涨，开始从内心深处认识和评价自我，认识"我是谁"、自己在社会上所处的地位和应处的地位、将来会成为什么样的人和怎样成为理想的人，即把自己的过去、现在和将来统一起来认识，形成内在的同一感，在形成自我同一性的基础上确定自己的未来。如果这一阶段的危机成功得到解决，就会形成正确的自我意识，对未来有确定的方向感；如果危机不能成功地得到解决，就会形成不确定性或者缺乏归属感和方向感。

 拓展阅读

自我意识的形成

心理学家阿姆斯特丹的红点实验在婴儿的自我意识研究方面有重要意义。实验过程如下：选择88名婴儿，这些婴儿在3～24个月大，准备健康无刺激性气味的红色染料和镜子。开始实验时，首先在婴儿没有注意到时，实验人员在他的鼻子上涂抹一个红点，然后将镜子拿到婴儿眼前，观察婴儿的反应。研究人员假设，如果婴儿能立即在镜子中发现鼻子上的红点，并用手触摸自己的鼻子或试图抹去鼻子上的红点，就表明婴儿可以区分他的形象和形象中添加的东西，这种行为可以作为自我意识出现的标志。而如果婴儿没法区分自己和附加在自己身上的事物时，他就会伸手去触摸镜子以达到摸到红点的目的。

阿姆斯特丹总结了研究结果，认为婴儿自我意识的发展有三个阶段。

第一个是游戏伙伴阶段：6～10个月。在这个阶段，婴儿对镜子里的自我形象很感兴趣，却认不出自己。

第二个是退出阶段：13～20个月。此时，宝宝特别注意镜子中的图像与镜子外物品之间的相应关系。他更好奇镜子里的形象伴随着他自己的行为，但似乎不愿意与"他"接触。

第三个是自我意识的出现阶段：20～24个月。这时婴儿在形成自我意识上有质的飞跃。此时，婴儿可以清楚地意识到他鼻子上的红点，并立即用手触摸它。

二、自我意识的内涵

（一）自我意识的定义

自我意识是指一个人对自身身心活动的认识，包括认识自己的生理状况（如身高、体重、姿势等）、心理特征（如兴趣、能力、气质、个性等）以及自己与他人和集体的关系（如自己与周围人的关系、自己在集体中的地位和作用等）。常见的衍生问题：我是什么样的人，我的爱好是什么，我的优缺点是什么，等等。

自我意识的发展是个体社会化的过程，是人格特征的形成过程。自我意识是人格结构的重要组成部分，是人格结构的自我调节体系。

（二）自我意识的特征

自我意识是一个人对自己的身心状态的意识，对自己与客观世界的关系的意识。其主要特点是能动性、社会性、主动性和同一性。

1. 自我意识的能动性

自我意识的能动性是指个体对自己及其周围世界的明确理解和自觉态度，而不是无意识或潜意识。从马克思主义哲学的角度看，这种自我意识是主观能动性的反映，也是我们与其他动物的本质差别。

2. 自我意识的社会性

自我意识是社会化的产物。一方面个体的发展源于社会实践，另一方面它的主要内容是个体社会属性的反映。从婴儿时期与父母的关系逐渐发展到与同学、同事和行业人员等的关系，自我意识逐渐成熟，在这个社会化过程中我们会产生个体的社会特征和社会角色，以及在某种社会关系中的地位与作用。

3. 自我意识的主动性

自我意识的主动性不仅体现在个人根据社会或他人的评价、态度和自身实践反馈的信息形成自我意识的能力上，而且也体现在根据自我意识调节自己的心理和行为。自我意识的主动性还能打破动物群体的局限，在社会中创造出更大的成就和辉煌。

4. 自我意识的同一性

自我意识的同一性表现在大部分人的自我意识需要20多年才能形成相对稳定的状态，二十多岁之后一般情况下不会产生很大的变化，个人会对自己保持同样的基本理解和态度，保持一致的心理观，从而可以和他人的个性比较，与他人的个性有所区别。但是，也有部分人会因为某些原因导致自我同一性探索不成功，甚至到四五十岁还没有办法真正认识自己，给自己的生活带来许多的混乱。

（三）自我意识的作用

1. 导向作用

拥有良好自我意识的人能正确认识自我，了解自己的优势，为自己的生命做合理的规划，并能有效控制自己，调动自身潜力实现个人价值的最大化。

2. 自控作用

缺乏自我控制的人做事容易半途而废。没有意志力，将导致一个人很难完成一件事，不能很好地适应环境，也不容易控制自己的情绪和行为，终将一事无成。

3. 自省和归因作用

有健康自我意识的人，能够对自己和对他人有一个客观正确的认识，能对自身进行觉察和反省，并据此不断完善自己。能够客观看待事物的对与错，不将自己的错误推卸于他人，也不会将他人的错误归因于自己，能够与他人建立良好的关系。

（四）自我意识的结构

自我意识的结构是指自我意识的组成部分，是一个多维度、多层次的复杂心理系统或结构。根据不同的标准，可以分为以下几类。

1. 按照自我意识的形式来划分

自我意识的结构是由自我认知、自我体验和自我调节（或自我控制）三个子系统构成。因此，自我意识也叫自我调节系统。

（1）自我认知　自我认知是自我意识的认知成分。它是自我意识的首要成分，也是自我调节控制的心理基础，它又包括自我感觉、自我概念、自我观察、自我分析和自我评价。自我分析是在自我观察的基础上对自身状况的反思。自我评价是对自己能力、品德、行为等方面社会价值的评估，它最能代表一个人自我认识的水平。

（2）自我体验　自我体验是自我意识在情感方面的表现。自我体验的内容体现为自尊心、自信心。自尊心是指个体对自己的价值的评价与体验。自信心是完成任务时对自己能力的自我体验。自我体验常见的问题："我能否接纳自己？""我今天对自己的表现感到开心吗？""我对自己是否满意？"。

 心理故事

小石头的价值

一天，小和尚问师傅："我一生最大的价值是什么？"师傅并没有直接回答，而是告诉他："去地上捡一块石头，拿到菜市场上去卖，如果有人要问价格，你不说话，只对他伸出两根手指。如果他向你还价，不要卖，把石头拿回来，我告诉你生命的最大价值是什么。"小和尚马上拿了一块大石头去菜市场卖。人们看到小和尚的石头，开始时很好奇，后来一位妇人问："石头卖多少钱？"小和尚伸出两根手指，妇人说："2元？"小和尚摇了摇头，妇人说："那么20元？我只是想把它拿回家，压着腌制的蔬菜。"小和尚不禁在想："我的妈呀，有人想花20元买一个毫无价值的石头！"但小和尚没有把石头卖掉，他愉快地跑回老和尚那儿，说："一个妇人愿意花20元来买我的石头。师父，你能告诉我，我一生中最大的价值是什么？"禅师说："别着急。明天早上你带这块石头去博物馆。如果有人问价格，你仍然伸出两根手指。如果他提出还价，你不卖，把石头带回来，我再告诉你。"

第二天，在博物馆里，一群好奇的人围拢过来，低声讨论，此时，一个男人从人群中走过来,对小和尚喊道:"小和尚,这块石头给你多少钱?"小和尚没有回答,他伸出两根手指。那人说:"200元?"小和尚摇了摇头。男子说:"2000元,我只是想用它来雕刻一座雕像。"小和尚非常惊讶。他仍然把石头带回山上,对禅师说:"这一次,你必须告诉我,我生命的最大价值是什么?"禅师笑着说:"你明天带这块石头去古董店卖。像往常一样,有人会提出还价,你把它拿回来。这一次,师父一定告诉你什么是你生命的最大价值。"

第三天早上,小和尚带着这石头来到古董店。他身边围上一些人,有人问:"这是什么石头?它出土在哪里?是哪个朝代的?它用作什么?"最后,有人来问价格:"小和尚,你卖这块石头多少钱?"小和尚仍然保持沉默,伸出两根手指。"2万元?"小和尚不由得张开嘴,惊讶地喊道:"啊?!"客人以为他的报价太低了,很生气,立即纠正说:"不!不!不!我说错了,我想给你20万元!20万元!"当小和尚听到这个时,他立即捡起石头,赶回山上去见禅师。他喘着气说:"师傅,今天的人出价20万元买我们的石头!现在,你总能告诉我,我生命最大的价值是什么了吧?"禅师摸了摸小和尚的头,深情地说:"我的孩子,你生命的价值就像这块石头。如果你把自己放在蔬菜市场,你只值20元;如果你把自己放在博物馆里,你就值2000元;如果你把自己放在一个古董店,你就值20万元!不同的平台和不同的环境将产生不同的生命价值。"

这个故事能激励你去思考你的生活吗?你将如何定位你的生活?你打算把自己放在什么样的生活里?你打算为自己找到怎样的人生舞台?不要害怕别人轻视你,也不要小看自己。没有人能给你生活的定义,你选择的道路将决定你拥有什么样的人生。

(3)自我调节 自我调节是自我意识的意志成分。自我调节主要表现在个体对自己行为、活动和态度的调节上,包括自检、自我监督、自我约束和自我控制等。自我调节是自我意识的一个重要部分,直接影响个人的行为。它是自我教育和自我发展的重要机制。自我意识的调节功能包括:开始或停止行为,根据制订的计划对行动进行监督检查,协调行动等。

 拓展阅读

延迟满足

这是心理学界的一个经典实验,延迟满足实验是研究儿童在面临诱惑时是否有能力控制自己,为了获得想要的东西而放弃眼前的利益。实验过程:实验者给4岁的孩子每人一个美味的软糖果,并让他们单独待在房间,通过监控和录像观察他们的行为。实验人员离开房间时先告诉他们,如果他们马上吃掉这颗软糖,他们只能吃一个;如果他们等20分钟再吃,他们就可以吃两个。有些孩子迫不及待地吃糖;有些孩子通过闭上眼睛不去看软糖的方式忍住不吃糖;有些孩子对着软糖在自言自语,或者唱起歌来,这可以帮助他们转移注意力。这段时间他们控制了欲望,从而得到更慷慨的回报。

十多年后,研究人员观察了这些孩子目前的表现。他们发现,那些等待时间越长、得到更多糖果的孩子比那些不耐烦的孩子更有可能成功,他们的学习成绩也相对较好。

在接下来的几十年的后续观察中，那些曾经参加实验的孩子们中，能够忍住当前诱惑的孩子比那些忍受不住诱惑的孩子在事业上获得更大成就。所以，为了更大的利益而忍受当前诱惑的能力越强，就越有可能成功。

2. 按照自我意识的内容来划分

从内容划分，自我意识可以分为生理自我、社会自我和心理自我。

（1）生理自我　生理自我是指个人对身体特征的认识，如身高、体重、性别、外貌、年龄或健康状况。有时人们也会称生理自我为物质自我，这与外部物质世界密切相关，与属于"我的"人和事物（如家庭成员和财产）相关。比如，"我是一个很高的人""我家很有钱"等。

（2）社会自我　社会自我是个体对自己在社会生活中所担任的各种社会角色的知觉，包括对各种角色关系、角色地位、角色技能和角色体验的认知和评价。社会自我是"自我概念"的重要组成部分，已有研究证明：社会自我在青少年后期变得非常突出，并占据着重要的位置。它也显示为自豪感或自卑感。在意图方面，它表现为追求名誉地位，与他人沟通，与他人竞争，并争取他人的青睐和认可。三岁以后，儿童的自我意识发展到社会自我意识的阶段，并逐渐在青春期阶段迈向成熟。常见的问题有："人们喜欢我吗？"

（3）心理自我　心理自我是指个体对其智力、兴趣、爱好、气质、性格等心理特征的理解。认知上会表现为追求能力的发展、理想的实现和信念形成等，情感上会表现出自尊或自卑，以及关注行为是否符合社会规范。常见的问题有："我的兴趣爱好是什么？""我有什么目标？""我是一个开朗的人吗？"

3. 按照自我意识的存在模式（或构成）来划分

从存在模式（或构成）的角度看，自我意识可以分为真实自我、镜像自我和理想自我。

（1）真实自我　真实自我是指个人在与环境互动中对综合现实和实际行为的认识。真实自我与理想自我相反。心理学家罗杰斯认为，真实自我指的是一个人实际上拥有的自我概念，即他现在是什么样的人。真实自我与理想自我的差距是衡量心理健康和心理治疗效果的指标。常见的问题有："我知道我会做什么，我不会做什么。""我对任何事情都感兴趣，也不感兴趣。"

（2）镜像自我　镜像自我是指人们通过与他人的交往去观察自己的行为，通过他人的评价反映我们的形象而形成的对自己的认识。社会交往中的每个人都可以把另一个人看作自己的镜子。在交往中别人反馈给我们的看法和态度，可以形成我们对自己的想法。当一个人想象别人是喜欢还是不喜欢自己，以及他人是否认为自己骄傲或谦卑时，他一定会做出改进，以便与对方相互协调。自我判断和评价越接近他人的评价，人的自我意识就越强。因此，镜像自我也被称为"投射自我"，这是一个人在别人或他人眼中想象自己的基本思想。常见的问题有："你认为我是什么样的人？""你对我的印象如何？"

（3）理想自我　理想自我是个人想要达到的完美自我的形象。我们都希望成为理想自我的样子。心理学家罗杰斯指出，每个人心中都有理想的自我，但大多数人发现他们与理想自我不相符。常见的想法有："我希望跟马云一样富有。""我希望跟白雪公主一样美丽。"

4. 弗洛伊德的自我概念

弗洛伊德认为人类不仅存在意识，还存在前意识和潜意识。在他提出的自我概念中，人格由本我、超我和自我组成。

（1）本我 本我是本能的我，处于潜意识中，是一个混乱的世界，遵循"快乐原则"。本我完全不懂什么是价值、什么是善恶和什么是道德，只知道为了满足自己的需要不惜付出一切代价。比如，本我占据主导的人会想怎么快乐怎样来，不顾社会准则。

（2）超我 超我是道德化的我，它由最高社会道德和良心构成，它遵循理想原则，通过良心惩罚违反道德标准的行为，使人产生内疚感。超我占据主导地位的人容易站在道德的制高点，评判自己和他人。

（3）自我 自我是面对现实的我，自我是本我和超我的调节者，遵循现实原则，既要满足本我的需要，又会制止违反社会规范的行为。因此，自我的力量需要强大到能够正常协调本我和超我，否则人格结构就处于失衡状态，形成不健康的人格。

往外张望的人在做梦，向内审视的人才是清醒的。

——荣格

单元二 大学生常见的自我意识困境

一、自我同一性的探索

自我同一性是自我意识的特征之一。对自我同一性的探索是指在身份形成过程中，个人对与自身密切相关的各种问题的解决，如对职业、社会角色等感到困惑时，个人需要对各种可能性做出最恰当的选择。

心理学家玛西亚被称为自我认同研究的大师。他根据自我同一性的探索和承诺的程度，划分了四种同一性状态，即同一性形成的不同结果类型或个体解决同一性问题的方式。

1. 同一性完成型

凭借高度的探索和高度的承诺，这些人经历了探索，仔细考虑了各种选择，并坚定和积极地致力于特定的目标、信念和价值观。同一性完成型的青少年表现出目标明确、乐观进取、积极友好、大胆坦率的个性特征。

例如，我喜欢唱歌，所以我想成为一名歌手。

2.同一性延缓型

由于探索性高，承诺率低，这部分人虽然在积极探索，尝试体验各种经历，从各个方面收集相关信息，希望可以找到他们想要的目标和价值观，但是还没有在这个基础上进行一个最终的确认，不知道接下来应该将精力放在哪个领域。可能的个性特征是：敏感、悲观、高度情绪化、积极探索和追求，但很容易不切实际，导致挫折。

例如，我想成为一名教师、医生或律师，但我还没有决定选择哪一个。

3.同一性早闭型

由于探索少，承诺高，这些人没有经历明确的探索，但是做出了承诺。这种投入基于其他重要人物（如父母或权威人物）的期望或建议。他们接受权威人物事先为他们准备的身份。可能的个性特征是：自主性差、经常用防御性自恋来保持自尊、经验开放度低、思维僵化、服从权威领导的倾向强烈，表现为保守服从、缺乏主观性，更严肃、更冷静等。

例如，我想成为一名教师，因为我妈妈认为我适合当教师。

4.同一性弥散型

这些个体探索性低，承诺率低，没有认真思考或探索各种身份问题，从不探索各种选择，也从未努力，缺乏明确的方向，没有确定自己的目标和价值观，也没有明确承诺具体的意识形态、价值观或社会角色。可能的个性特征是：隐居、被动、悲观、情绪不稳定、不进取、随意和随机。处于这种状态的大学生容易受到外界的影响，被动地接受和服从社会压力。

二、自我评价与他人评价的矛盾

自我评价是指个体对自身思想、愿望、行为和人格特征的判断和评价。儿童期开始产生客体我和主体我的分化，了解我与对象与非自我的关系，通过他人对自己言行的评价过程，逐步学会评价自我，它是自我意识发展的产物。如果不是从客观和科学的角度出发，自我评价就很容易出现偏差，继而出现不同的结果。大学生常见的自我意识偏差主要表现为以下几种。

1.自我评价过高

自我评价过高俗称自负或自傲，是指个体对自己的身体状况、人格特征、行为表现、知识水平和能力水平等方面的自我评价都超过自身的实际水平。自我评价过高的个体，会在认识事物和看待自我上表现出比较片面的认知，容易断章取义、以偏概全、偏激、固执。这类人同时会表现为自我感觉良好、夸夸其谈、喜欢在公众面前表现自己，但由于缺乏对自身缺点的认识，因此往往缺乏行动能力。在与他人出现意见冲突和分歧的时候，这类人容易全盘否定他人的想法或者从就事论事演变成以事论人的境地。因此自我评价过高的个体易出现人际冲突，难以建立深刻的人际关系，缺少知心朋友。

在情绪的表现上，这类人群容易出现情绪高涨，甚至出现轻佻、浮夸和口无遮拦等表现，如果遇到同性质的群体，则会出现群体感染力较高的情况。一旦受到别人的批评和质疑，则容易出现愤怒和对抗的情绪，从而表现出极强的攻击性。自我评价过高的个体在意志力上表现出韧性和耐挫力不足。

自我评价过高还有可能表现为自尊心过强。这类人与他人相处时，需要别人的关注和奉迎以获得更高的存在感和自信心，否则会表现出强烈的不满和敌意。自尊心过强容易引发嫉妒心理。只要他人在某一方面比自己优秀，就会引发自己的不满，甚至引发嘲讽等内隐的攻击行为，并且会扭曲自我的认知，认为他们是有意在自己面前炫耀和显摆。常见的引发大学生嫉妒心理的情况主要表现在以下几方面：外貌、学习成绩和表现、家庭经济情况、朋友数量和恋爱关系。嫉妒不仅会破坏客观的自我评价，还会破坏与他人的关系。

2. 自我评价过低

自我评价低，俗称自卑情结，意味着个人在各方面都低估了自己的能力。自卑是一种性格缺陷，表现为对自己的能力、价值评价偏低。同时，自我评价过低可能伴有一些特殊情绪，如害羞、不安、内疚、抑郁、失望等。自我评价低的心理学内涵是自尊水平偏低。当人们的自尊需求得不到满足，不能正确、现实地分析自己时，人们容易自我评价低。一个人形成较低自我评价心理后，往往从怀疑自己的能力到无法表达自己的能力，从害怕与他人沟通到孤独和自我封闭。通过努力工作可以达到的目标也将被视为"我不能"，并放弃追求。他们看不到人生的辉煌和希望，看不到生活的喜悦，也不敢期待美好的明天。自我评价低是自我否定、对自己缺乏信心的一种心理表现。

在大学生群体中，自我评价过低也体现在下面几个方面。

①自身外貌。每个人都有自己的成长过程，身高、体型、外貌等都有各自的特征，同时外貌也并非由个人意志所决定，因此将自我评价集中在外貌等不容易改变的事物上会失去其他的优势。

②家庭经济情况。自我评价过低的人会总是关注到其他经济状况比自己好的人，却忽略了比自己更加糟糕的人，同时也会忘记经济优势也是靠自身努力得来的这个道理。

③学习成绩和努力程度。所谓天外有天，人外有人，如果一直只是关注学习成绩和努力程度比自己优秀的人，而且只与优秀的人做比较，那么自我评价过低的情况就会出现。如果把关注点转移到自身，先与自己做比较，先超越自己再超越别人，那么自我评价会慢慢恢复平衡。

④朋友数量和质量。自我评价过低的人往往朋友数量和质量都不高，因为他们会主动拒绝他人的关心和帮助，也选择被动的依从和表达，因此会出现与他人不平衡的关系，一旦这个不平衡时间延长，他人就会感觉不舒适，会慢慢疏离这种人际关系。

⑤恋爱的过程。自我评价过低的人处于被动状态，会觉得自己配不上他人，而忽略他人的关注，那么就很容易错过适合的爱情，即使能找到适合的伴侣，也会因为自我评价过低而让双方对爱情的体验感大大降低，影响恋爱的质量。

 **案例分析**

我不够好

小寒,男,17岁,大学一年级学生。从小学开始对待学习就很认真,即使是休息时间别人在玩耍,他也在教室看书,与同学之间的接触比较少。就这样到了高中,因为学业越来越难,小寒感觉学习比较吃力,成绩也没有像以前那样在班上名列前茅,为此还受到父亲的多次责骂,感觉自尊心受到打击。从高二开始,小寒就很注意自己的吃穿打扮,希望给同学留下好印象,很想在同学面前表现一下自己,但每次都会感觉很紧张或者不好意思。高三的时候又开始担心高考考不好,怕考砸了。他焦虑烦躁了一段时间,成绩也没有变好。他在高考前一晚失眠,导致第二天精神状态不佳,考试发挥失常,来到不喜欢的学校学习。在大学里,他总觉得自己不如别人,焦虑紧张,心烦意乱,以至于影响到正常的生活和学习。

案例点评:小寒没有正确评价自己,对自己的评价过低。他只看到自己的缺点,放大自己的缺点,不能接受自己的不完美,由此产生一系列情绪和心理问题。所以我们需要客观、正确地看待自己的优缺点,而不是像小寒一样仅仅关注并放大自己的缺点,导致对自己的不接纳。

3.过于在意他人评价

你是否出现过这样的情况:当你做演讲时,即使你做了充分的准备,还是会太紧张,导致大脑一片空白;总是担心自己的举止出错误,以及表现是否不够好;你想找老师交流时,在微信上将信息编辑了很多次,最后还是没有发送出去,总是担心自己的话语不得当,会给老师留下不好的印象。在日常生活中,无论自己是否意识到这一点,实际上我们都是在做印象管理,因为没有人希望给别人留下不好的印象。而有些人在这方面表现得更为敏感。如果我们过于敏感,过于关注他人的观点,往往给自己带来压力。不少接受心理咨询的学生表示,他们的心理困扰都与过分关心别人的评价有关。也就是说,与他们的自卑有关,与他们不能接纳自己有关。

有这样一个故事:拿破仑骑马打猎,路过一条河,看到有一个人掉进水里。拿破仑没有直接去救那个人,也没有在河上为他哭泣,而是从马上取下枪,瞄准那人,平静地说:"我喊三下,如果你再不从河里站起来,我就开枪打你。"说完,故意开枪打在那人的身边,溅起一串水波。落水的人吓坏了,他奋力向岸边游去,终于化险为夷。

如果其他人遇到这样的情况,他们可能会直接将落水之人救起。而面对别人的质疑,拿破仑认为,水不深,落水的人有能力自己解决危机,如果我帮助他解决,他一辈子都会形成一种依赖。在普通人的眼里,这是一个感恩的机会。在高尚的人眼里,这是剥夺磨炼他人生活意志的机会。所以我选择帮助他激发他的潜力。拿破仑不在意别人对他行为的评价,而做自己认为正确的事。

不依赖别人的评价并不意味着不听别人的正确建议。面对正确的建议,我们可以对照找出自己的缺点,改掉它们,提高自己。如果别人的评价不正确,那么你可以笑对它，也不用担心，因为我们不是为别人的评价而活。不被别人的评价所困扰，是一种独立而成熟的表现，也是勇气和智慧的体现。

三、自我意识的矛盾与冲突

1. 主观我与客观我的矛盾

大学生自我探索的经验不足，对自我的认识有可能与客观我不符，如有些同学只看到自己的缺点，觉得自己是一个一文不值的人，但是同学们却都看到在他的身上有很多的闪光点；有的同学只看到自己的优点，因为一点点的成绩就骄傲自大，没有看清现实的状况，别人又觉得这个人并没有他所说的那么优秀，觉得他很自大。

2. 理想我与现实我的矛盾

大学生对未来带有很多的憧憬，而其中一些憧憬是不符合现实情况的。比如，在社团活动中，理想我认为能够写出一个漂亮的活动方案，但是现实是自己所写的活动方案过于理想化，操作不现实，不是最佳方案。这样的矛盾就是理想我与现实我的矛盾。

3. 独立意向与依赖心理的冲突

大学生在大学里面对校园社会，需要成为一个独立的人，可以自己处理事情，对自己的发展有规划，对理想的实现有自己的计划。但同时大学生并没有走入社会，经济也不完全独立，很多方面需要家长的帮助，心理方面的独立程度也不足，很多的事情还需要咨询老师或者他人的意见，有时候没有办法独立做出正确的决定。这种状态就是独立意向与依赖心理的冲突。

4. 交往需要和自我闭锁的冲突

大学生对友情和爱情的期待很高，他们需要与他人建立良好的关系，希望在班级有存在感，在老师面前有价值感，在朋友之间有认同感，渴望与朋友交流和分享，希望自己是受他人欢迎的。但同时大学生总是不经意把自己的心灵深藏起来，没有办法和别人真诚地进行交流，对他人存在戒备心理，与同学的交往会无意地保持一定距离。

5. 自负与自卑的冲突

大学生容易有较高的自信心，对未来满怀期望，充满激情去体验很多事情，只要有一点成就，就容易满足，甚至有些同学会出现自负。但是，只要有一次失败，就容易打击到他，进而自我怀疑，不愿意尝试一些事情。

6. 理智与情感的冲突

大学生的情绪容易两极化，波动性大，不容易控制。随着身心发展的逐渐成熟，这个时候遇到问题既想满足自己的需求，又想符合他人要求，比如失恋时能理解他人选择，可是又没办法让自己在情感上接受，容易走向极端，伤害自己。

> 人类经常少年老成，青年迷茫，中年喜欢将他人的成绩与自己相比较，因此觉得受挫，好不容易活到老年还是一个没有成长的笨孩子。我们一直粗糙地活着，而人的一生，便也这样过了。
>
> ——三毛

单元三　大学生自我意识的调节和完善

一、良好自我意识的标准

良好的自我意识对一个人的心理健康起着非常重要的作用，它影响了人格的形成和发展。良好的自我意识有以下标准：

第一，能够正确看待自己的优缺点，能够接纳自己和发展自我。

第二，能自我认知、自我体验和自我控制相协调。

第三，能够独立认识自我并自我肯定，且能与外界协调一致。

第四，能将理想自我与现实自我相统一，有积极的目标意识和内省意识，并能运用到实际。

如何使大学生具有良好的自我意识，我们可以从以下四个方面入手。

① 自我认知。一个自我意识健全的大学生应该是一个能正确认识自己的人。他知道自己的优缺点，能够正确独立地评价自己。

② 自我统合。具有良好自我意识的大学生应该是自我认知、自我体验和自我控制相协调的大学生。

③ 自我肯定。有健全的自我意识的大学生应该是一个可以积极自我肯定和积极反省的人。

④ 理想自我与现实自我的统一。具有良好自我意识的大学生应该是理想自我与现实自我的统一。他们有目标意识，积极进取，永不停止。

二、自我意识的调节和完善

（一）正确认识自我

正确认识自我意味着一个人对自己的理解应该符合自己的实际情况。人总是在发展和变化，因此，我们需要不断更新对自己的看法，这样才能使自己变得更好、更完美。为了正确了解自己，我们必须以全面和发展的视角看待自己。

1.要全面充分地了解自己

要全面充分地了解自己，不仅要了解自己的外在形象，如外貌、衣着、行为、举止、谈吐等，还要了解我们的内在素质，如知识、心理、道德、能力等。一个人的美丽应该是外在美和内在美的和谐统一。内在美可以促进外在美。此外，不仅是从自身来了解自己，还要通过与他人的关系和互动来了解自己，通过了解自己的家族史和家人来了解自己等。

2. 要客观看待自己

要客观看待自己，首先，不仅要看自己的优点，还要看到自己的缺点，即所谓的"没有完美的人"。其次，事物总是在发展和变化，没有不可改变的东西，俗话说，"三日不见，定当刮目相看"。我们必须从发展的角度审视自己，及时发现我们新的优缺点，通过自己的努力，把优点转化为优势，不断纠正缺点，提高自身。

（二）悦纳自我

悦纳自我是一种心理状态，与客观环境不完全相关。虽然有些人有身体缺陷，但他们是乐观的；有些人有良好的外在形象，但他们却不喜欢自己；有些人并不富有，但很快乐；有些人有金钱和权力，但他们不快乐。有句名言："你觉得巨人是十分高大的，因为你跪着。"因此要做到充分、准确和客观地认识自己，你必须首先学会接纳自己。

自我接纳是培养健康自我体验的关键和核心，体现在当你失败时，是否不放弃自己；当你犯错时，是否过度苛责自己；当你有负面情绪时，是否理解和接纳自己的情绪；当你没有达到你的期望时，是否还会鼓励自己，接纳自己。具体来说，积极的自我接受可以从以下几点开始。

1. 接受自己的独特性，喜欢自己

世界上没有两片相同的树叶，你是一个非常特别的人。当你发现自己在某些方面与他人不一样时，请接纳你自己的独特性。正是因为这些独特的点让别人记住了你，将你与他人区别开来。

2. 正视自己的不完美，接受你的缺陷

亚里士多德是一位高智商的哲学家，但他在沟通上遇到了困难。梵高被情绪所困扰，但他的绘画成就却非同寻常。孙膑身体有残疾，但没有影响他成为一位伟大的军事家。罗斯福的双腿失去功能，但他带领美国人民赢得了第二次世界大战的胜利。爱因斯坦曾遇到过学习障碍，但他在科学方面的成就无人企及。贝多芬虽然失聪，但他在音乐方面是个巨人。因此，不在于自己是否存在缺陷，而在于自己是否正视自己的不完美，接纳自己的缺陷。

3. 当你犯错或失败时，不要苛责自己

当你不能实现自己的期望时，责怪自己是无用的，而且往往还会带来自卑感。爱迪生在发明灯泡的过程中，失败了很多次，但是他并没有苛责自己，而是鼓励自己，"失败是成功之母，这一次的失败使我离成功更近了一步"。他将全部的心思都放在方案改进上，之前的失败经验促进他更进一步地成长。同样地，我们不能一味地打击和苛责自己，而是带着积极的心态去继续探索。面对失败，我们会有失落的情绪，请记住这是正常的，接纳自己的情绪，让自己得到放松，然后再继续向前。

(三)积极提升自我

当我们了解自己有所规划后,接下来要做的是不断提升自我以达到目标。同样,当我们迷茫时,也不能停止脚步,而是积极地提升自我,因为对自己的投资永远都是属于自己的财富,它可以为我们带来自信和力量。自我效能的提高可以从一些小事中获得,很多小事中积累的自我效能可以增强我们对自己能力的确信,使我们变得更加自信。同时,将一件大事,拆分为多件小事,也更容易成功。另外,想要发展自我的人首先要克服自我障碍,客观分析问题,找准问题症结,努力完善自我,不断超越自我。澳大利亚的尼克·胡哲生来就没有手和脚,可他却成为一位知名的演说家,他的演讲感动了很多人,很多四肢健全的人都在他的演讲中受到鼓舞。他说他想要游泳,于是没有手和脚的他就想办法研究怎么游泳,最后他真的做到了。不仅是游泳,他还去冲浪、踢足球、潜水和打高尔夫球等,他的事迹值得我们当代大学生学习。

(四)有效控制自我

有梦想是好事,能够为梦想而坚持更加难能可贵。"天将降大任于斯人也,必先苦其心志,劳其筋骨",所以我们要有效控制自己,提高自己的意志力。首先,需要发现自己的闪光点,根据自己的兴趣树立目标,并付出努力,且能很好地协调理想我与现实我之间的差距。其次,需要将优点转换为优势,扬长避短,选择适合自己的方案,把自己的优势发挥到极致。最后,需要自我激励、自我调整和自我约束,坚持向自己的理想走去,成就理想自我。

> **心理名言**
>
> 如果你有意地避重就轻,去做比你尽力所能做到的更小的事情,那么我警告你,在你今后的日子里,你将是很不幸的。因为你总是要逃避那些和你的能力相联系的各种机会和可能性。
>
> ——马斯洛

心理测试

自我同一性测试问卷,用于评估埃里克森人格发展八阶段理论中的第五阶段——关于自我同一性对角色混乱的情况。测试共19题,每道题目从1到4进行评分。

1表示非常不同意;2表示有点不同意;3表示同意;4表示非常同意。

① 我不知道自己是个什么样的人。　　　　　　　　　(　　)
② 别人总是改变对我的看法。　　　　　　　　　　　(　　)
③ 我知道自己应该怎样生活。　　　　　　　　　　　(　　)
④ 我不能肯定某些东西是否合乎道德或是否正确。　　(　　)
⑤ 大多数人对我的看法一致。　　　　　　　　　　　(　　)

⑥ 我认为自己的生活方式很适合我。　　　　　　　(　　)
⑦ 我的价值得到了他人承认。　　　　　　　　　　(　　)
⑧ 当周围没有熟人时，我更能成为真正的自己。　　(　　)
⑨ 我感觉自己在生活中做的事情并不真正值得去做。(　　)
⑩ 我对周围社会很适应。　　　　　　　　　　　　(　　)
⑪ 我对自己是这样的人感到骄傲。　　　　　　　　(　　)
⑫ 人们对我的看法与我对自己的看法差别很大。　　(　　)
⑬ 我感到被忽略。　　　　　　　　　　　　　　　(　　)
⑭ 人们好像不接纳我。　　　　　　　　　　　　　(　　)
⑮ 我改变了自己想要从生活中得到什么的想法。　　(　　)
⑯ 我不太清楚别人怎么看我。　　　　　　　　　　(　　)
⑰ 我对自己的感觉改变了。　　　　　　　　　　　(　　)
⑱ 我感到自己是为了功利的考虑而行动或做事。　　(　　)
⑲ 我为自己是社会的一份子感到骄傲。　　　　　　(　　)

计分方法：

先把①、②、④、⑧、⑨、⑫、⑬、⑭、⑮、⑯、⑰、⑱题的答案转换一下。如果选的1，就转为4；选2转为3，选3转为2，选4转为1，然后把19道题的得分相加。总分在50~64分之间属于平均水平；高于64分，说明同一性发展良好；低于50分，说明同一性还处于发展和形成阶段。

推荐阅读

《九型人格》

该书作者是海伦·帕尔默。该书介绍了九型人格的分类和特点，帮助我们深入了解自己。从这本书中，你可以洞悉各种性格特点的人群，帮助我们更好地了解他人。同时，我们也可以更深入地探索自己，并了解到如何与各种性格特点的人交往，建立好的人际关系。

专题三

守护生命，活出精彩

  人生如白驹过隙，稍纵即逝。处于生命中最好年华的大学生，可能为一时的人际关系、学业成绩或情绪情感而黯然神伤，甚至想要采取极端行为来逃避问题。殊不知，短短的大学时光，只是漫长人生中的小插曲。你遇到的人，当时可能令你刻骨铭心，但是此人在以后的人生中可能不会再相见；你遇到的事，当时可能觉得它无法跨越，但是过后再看，这件事可能就如同一条一迈而过的小沟渠。珍爱你的生命，因为它对每一个人来说都只有一次。

  如何珍爱生命？怎么样活着生命才有意义？人生活着的目的是什么？只有厘清上述问题的答案，才能将有限的人生活出精彩。

 **课前导入**

永不放弃生的希望

早晨,一个伐木工人像往常一样去森林里伐木。当他用电锯将一棵粗大的松树锯倒时,反弹的树干重重地压在他的腿上。剧烈的疼痛使他觉得眼前一片漆黑。他试图把腿抽出来,可办不到。于是,他狠了狠心,拿起电锯对准自己的右腿,自行截肢……之后,伐木工人把腿简单地包扎了一下,决定爬回去。一路上,他忍着剧痛,一寸一寸地爬,一次次地昏迷过去,又一次次地苏醒过来,心中只有一个念头:一定要活着回去。

 **思考**

1. 故事中,是什么力量让伐木工人在困境中坚持不放弃?
2. 你遇到过的最大的困难是什么?
3. 你认为生命的真正意义是什么?

> **心 理 名 言**
>
> 人生就像弈棋,一步失误,全盘皆输,这是令人悲哀之事;而且人生还不如弈棋,不可能再来一局,也不能悔棋。
>
> ——弗洛伊德

单元一 生命的内涵

一、生命的起源

生命起源于什么?古往今来,人们怀着好奇心,本着探究一切未知的精神,无数次地探索生命的奥秘。随着科学的发展和人类认识能力的提高,人类对生命的起源有了更深的认识,呈现出两种主要的生命起源假说:一种是"宇宙胚种说",一种是"化学进化说"。"宇宙胚种说"主张,生命来自地球以外的宇宙空间,后来才在地球上发展起来;"化学进化说"认为,生命是地球中所特有的,从无机物到有机物、由简单生物到复杂生物的一系列化学进化过程。

不过以上观点都需要进一步证明。对宇宙的进一步探索,以及化学、物理学研究的不断进步,都将为地球上生命的起源提供更多的信息。

个体生命的起源来自精子和卵子的结合,几千万只精子穿越重重障碍,最后只有一个精子和卵子结合，创造出一个胚胎，这才有了个体生命的开始。

二、生命的概念

在古代，"生"字本来的含义是小草从土里长出来，引申为事物的发生发展，进一步引申为生命的孕育。"命"即"天命""命运"，是指内外的条件限制。古代人将"生命"特指为"活着"，不仅仅是生命个体一生一世地活着，还指的是整个人类的生存繁衍。

随着科学的分化及发展，不同学科从不同的角度来研究生命，因此对生命的看法也各有不同。20世纪50年代以前，人们从所有生命形态的共同表面特征归纳出一个对生命的定义：生命是一个具有与环境进行物质和能量交换、生长繁殖、遗传变异和对刺激作出反应的特定物质系统。这个定义，虽然描述了生命活动的一般特征，但是随着科学的发展，人们也越来越发现它的局限性。有关生命的定义，至今没有统一的说法。

《辞海》中，生命被定义为：由高分子的核酸蛋白体和其他物质组成的生物体所具有的特有现象。与其他非生物个体不同，它能利用外界的物质形成自己的身体，繁衍后代，并且能按照遗传的特点生长、发育和运动，在环境发生改变时常表现出适应环境的能力。综合以上对生命的定义，生命既有生物属性、也有精神属性和社会属性。

三、生命的特征

1.生命的完整性

个体的生命是一个整体，它不仅表现在各种生命形态的统一，例如个体生物属性、精神属性和社会属性的统一，还表现在个体纵向发展，延绵不断，融合前进的统一过程。

  心理测试

❀❀ 生命线 ❀❀

拿出一张白纸和笔，深呼吸，放松下来，安静、真实地面对自己的内心。

画线。将纸横着放，在白纸的顶端写上"×××的生命线"。在纸的中间，从左到右画一条长长的横线，然后给这条线加上一个箭头，让它成为一条有方向的线，在原点处标上0。

标注过去经历的重要事件。先找到你目前所在的年龄点，标出来。比如，你现在是18岁，就标出18岁的那个点，左边就是过去的岁月，右边代表未来。把过去对你影响较大的事件用笔标出来，写上事件发生时你具体的年龄。如果是消极的事件就写在横线下方，如果是积极的事件，就写在横线上方。写完后，观察一下。

规划未来。把未来想做的事情标注出来，记录清楚。

分析总结：
① 是线上标注的事件多还是线下标注的事件多？
② 如果你的所有事件都标在线上，这说明什么？
③ 如果你的生命线上左侧或者右侧一无所有，这说明什么？
④ 从这个游戏中，你收获了什么？

2. 生命的独特性

每个生命都是独一无二的存在，世间没有两片完全相同的树叶，更没有两个完全相同的人。生命的独特性表现在两个方面：其一，每个生命都基于自己独特的遗传基因，生活在各自不同的内外环境中，有着显著不同的外在表现和独特的个性特点；其二，每个人的个性品质、人生道路、实现人生价值的方式和途径都是不同的。

3. 生命的有限性

任何生命都是有限的，生命的有限性是摆在所有人面前不可改变的现实。无论贫富贵贱，没有人可以摆脱死亡这一结局。有生就有死，人的生死是一个自然过程，是不受人的主观意志左右的。如庄子所说："死生，命也，其有夜旦之常，天也。人之有所不得与，皆物之情也。"

生命的有限性还表现在生命的无常和无可逆转。"天有不测风云，人有旦夕祸福"，地震、洪水、台风、车祸、疾病以及其他人为造成的各种伤害，都可能让一个人的生命突然终止，例如，2020年爆发的全球性的新型冠状病毒的疫情，几个月间夺走了数十万人的生命。同时，生命又是不可逆转的，"花有重开日，人无再少年"，过去的时光永不会再来，所以才有了"莫等闲，白了少年头，空悲切"的著名诗句。

4. 生命的超越性

人一方面是有限的自然存在物，另一方面又是一个意识的存在，他可以超越自身的有限性。古往今来，人类上下求索，不断超越自我，在不断的自我否定中，实现生命的超越。人类通过发明创造改造自然，通过各种各样的技术，不断提升自我的潜能，并将其能力扩展到整个自然界，并在这个基础上，创造出了丰富的文化世界、信仰的世界和科学的世界。正是因为人类的不断超越，才实现了生命价值的不断提升，甚至也因此改变着人类生命的长度。

四、生命与死亡

死亡是与生命相对立的存在，但是生死又是紧密相连的两个概念。《论语》里面提到"未知生，焉知死"，我们只有看到生命的有限性和死亡的必然性，才会更加珍惜现有的时间，不虚度生命，以饱满的热情追求真理，实现自己生命的意义和价值。

美国是死亡教育的发源地，目前死亡教育已在美国发展得相当成熟。美国的中小学开设了死亡教育课程，在美国有很多有关死亡教育的书籍、影像出版物，这些都潜移默化地教会学生如何面对生命、面对死亡。

近年来，大学生自杀事件频发，这使得我国学者开始将死亡教育列入大学生生命教育中。湖南文理学院周德新教授认为，死亡教育的目的是指向人的生命的教育。死亡教育可以让学生认识生命的有限性、不可逆性，帮助学生认识到生命的可贵，鼓励学生珍爱生命，用有限的生命，活出属于自己的精彩。

心理测试

如果只剩下一个月

假设你只剩下一个月的生命，回答以下几个问题。

①你最希望做的几件事是什么？为什么？

②你对自己的人生满意吗？请通过评分为自己的人生做个评价（0~100分，分数越高代表越满意）

③如果有机会让你重新开始自己的人生，你是否会对以往的人生做些修改？为什么？

> **心理名言**
>
> 对生活环境进行控制的努力几乎渗透于人一生中的所有行为之中，人越能够对生活中的有关事件施加影响，就越能够将自己按照自己喜爱的那样进行塑造。相反，不能对事件施加影响会对生活造成不利的影响，它将滋生忧惧、冷漠和绝望。
>
> ——班杜拉

单元二　大学生生命教育

生命教育是满足个体需要，促进个体生命发展的教育。不同年龄阶段的人群具有不同的发展需要，所以生命教育也需要根据个体所处的发展阶段设计不同的教育内容。大学生生命教育，必须考虑大学生的特点，了解他们的心理和适应社会发展的需求。

一、大学生生命教育的内涵

目前各大高校纷纷开展生命教育，但是很多高校对大学生生命教育的认识还不到位。有些人仅仅把生命教育理解为"关于人的生命的知识教育"，他们认为生命教育只不过是在教育内容中增加了一项关于人的生命知识的教育内容而已，只要开设一些关于人的生命知识的讲座就可以，并没有真正理解生命教育的内涵。目前，高校校园暴力、学生漠视生命的现象依然存在，虽然原因是多方面的，但是生命权利意识欠缺也是其主要的原因之一，这也体现出大学生生命教育的缺失。所以了解生命教育的内涵，对全面开展生命教育工作有着重要意义。

生命教育，是使学生学会尊重生命、理解生命的意义，学会积极生存、健康生活与独立发展的教育。生命教育可以帮助学生获得身体、心理和精神上的和谐，从而获得幸福的生活，取得事业上的成功，实现自我生命的最大价值。它是直面人生和人的生死问题的教育。总的来说，生命教育包含三个方面的内容：生命意识教育、生存教育和生命价值升华教育。

（1）生命意识教育　生命意识教育是保障生命安全，爱护生命的教育，是生命教育的基础层面。它包括保障生命安全的教育、珍爱生命的态度教育和死亡体验教育。

（2）生存教育　生存教育是教会人们如何更好生活和生存下去的教育，包括动手能力、适应能力、抗挫折能力、野外求生能力以及安全防范能力和自救能力的训练。

（3）生命价值升华教育　生命价值升华教育即提升生命质量，活出精彩人生的教育，是生命教育的最高层次。

二、大学生生命教育的特点

（一）大学生自身的特点

大学生处于人生的重要阶段，总体来说，生理发育已经基本完成，心理还处于不稳定和冲突的状态，具体表现在以下几个方面。

1. 自我意识增强，但是对自我认知的水平亟待提高

大学阶段是个人自我意识发展最快的时期，大学生对外面的世界充满了新鲜和好奇，渴望认识这个变幻莫测的世界。但是大学生对自我世界的认识才刚刚开始，他们才开始分析自我，思考"我是谁""我想要做什么""我适合做什么""我的兴趣爱好到底是什么"。中国家长对孩子学业的关注，使得学生较少有机会探索真正的自我。学生从小学甚至从幼儿园开始，就被"牵着鼻子"游走于各个辅导机构，参加各种考试。所以在这样的环境中成长起来的一部分大学生，缺乏对自我的探索和自我的认知，这也是很多学生进入大学时迷茫、困惑的原因之一。

2. 自主性增强，但是自主生活的能力不足

大学生进入大学校园后，成人感意识不断增强，他们认为自己终于长大，能够独立处理属于自己的事情，自主安排生活、学习，开展人际交往，参加社会实践，可以自由决定自己的生活和未来。但是相当一部分学生，由于从小到大自主生活的能力欠缺，出现生活上经济"入不敷出"，学习上消极应付，勉强过关，参加社会实践又流于形式，没有真正起到锻炼自己的效果。现实和理想之间存在着很大差距。

3. 交往意识增强，亟需建立良好的人际关系

人是社会性动物，大学又是学生社会化的场所，大学生渴望在大学中得到他人的尊重，渴望在与他人的互动中得到认同感，但是有些学生人际交往技能欠缺，导致他们在实际交往中出现这样那样的问题。

（二）大学生生命教育的特质

大学生的自身特点和需求决定了大学生生命教育不同于其他群体的生命教育，具体表现在教育对象的特殊性、教育内容的多样性和教育方式的灵活性等方面。

1. 教育对象的特殊性

主要表现在大学生身体发育和心理发展不协调，自我感受和社会认知不统一等。另外，与其他群体相比，大学生是高素质的群体，自我要求比较高，社会责任感较强，社会对他们的期待也比较高，所以在对他们进行生命教育时，既要重视学生生命教育的共性，也要考虑大学生年龄阶段的独特性和每个学生的个性特点，理论和实践相结合，注重启发思考，提高大学生生命教育的有效性。

2. 教育内容的多样性

对生命的理解和把握可以从不同层面、不同阶段和不同的关系中进行，例如，关于生命教育的维度，不同的学者看法不同。有的学者提出生命教育应该包括生命珍惜、生命感知、生命尊严、生命责任和生命权力等几个方面；还有学者提出理解大学生生命教育内涵要从生命知识、生命关系和生命价值等方面进行充分说明。因此生命教育的内容是多种多样的，大学生生命教育内容要把握其中最突出、最重要、最急迫的问题。

3. 教育方式的灵活性

因为生命教育的对象是具有较高文化水平的大学生，他们有灵性、有思想，要求教育环境良好宽松，教育内容丰富广博，教育形式也要根据不同的情况灵活进行调整。总体来讲，大学生生命教育的方式既需要理论学习，也需要研究讨论，还需要情感体验，以及课外的个人感悟。

三、大学生生命教育的现状

生命意识教育、生存教育和生命价值升华教育是生命教育的组成部分，所以生命教育承担着激发学生热爱生命、珍爱生活、提高抗挫折能力，以及引导大学生探索生命价值和意义的重任。进入21世纪以来，各高校逐渐开始重视大学生的生命教育，开展了专题讲座、课程及各项活动，取得了一定的成效。但是，目前高校大学生生命教育还存在一些问题，比如教学内容不全面、教育目标功利化、教育缺乏系统性以及家庭、学校、社会没有形成生命教育的合力等问题。

1. 生命教育内容的片面性

目前高校越来越重视生命教育，但是，绝大多数学校只是将其作为大学生心理健康课程中的一个专题，讲课内容侧重珍爱生命、爱护生命、预防自杀的部分。专门将生命教育作为一门课程来系统教授和实践的非常少，这也导致多数学生认为生命教育就是预防自杀的教育。

2. 生命教育目标的功利化

应试教育背景下，一般是通过考试检验学生是否掌握一门课程所学知识。即使是大学生心理健康课程，学生学习的情况也是通过考试或考察来完成。大学生生命教育的目标是通过课程学习帮助学生认识到生命的可贵，探寻生命的意义和价值，提升自己的心理素质，更好地生活。如果学生课堂学习是一套，课下生活又是完全不同的样子，即使顺利完成生命教育课程的学习，生命教育的目标却很难实现。

3. 生命教育缺乏系统性

从20世纪60年代，西方国家开始进行生命教育，我国是从20世纪90年代开始实施素质教育，为生命教育营造了良好的人文氛围。2003年9月，北京心理危机研究与干预中心成立。2004年，清华大学开展了生命教育的拓展训练活动。整体来说，我国生命教育起步较晚，关于大学生生命教育的内容、生命教育的教学方法，生命教育的效果考察等都没有形成统一的标准。因此，生命教育还缺乏系统性。

4. 家庭、学校和社会没有形成生命教育的合力

学生的人生观、价值观的形成和培养，受家庭、学校、社会三方面的综合影响，所以，生命教育不能仅仅依靠学校教育。父母是孩子的第一任导师，是孩子最信任的人，家庭的教育和爱的引导，是形成孩子积极健康人生观的重要环节。社会通过媒体、各单位团体等机构对生命教育进行传播，是学校教育和家庭教育外实施生命教育的重要场所，而且可以弥补学校教育缺乏实践锻炼机会的短板。目前，我国生命教育既缺乏政府的管理和支持，又缺乏有效的社会载体，这个问题亟须解决。

四、大学生生命教育与心理健康

生命教育可以提升大学生的心理健康程度。生命教育的目的是帮助大学生树立正确的生命观，更加积极地热爱生命，追求生命的意义和价值。拥有正确的生命观的个体在生活中会更加积极、热情、主动，社会责任感会更强，团队协作精神更好，心理素质也会增强。所以，对大学生进行生命教育有助于提升学生对生命的热爱，提高学生的抗挫折能力，使学生更加明确自己的人生方向，更加积极地生活，也是保证大学生心理健康发展的有效途径。

心理健康也会影响生命教育的质量。很多心理存在问题的大学生，多数是因为找不到人生的意义和方向，不能热爱自己的生命，或者忽视他人的生命权力。一旦这些心理问题发展到比较严重的程度，这些大学生便会难以控制自己的情绪，意志减退，这必然会影响其接受生命教育的效果。

人类心灵深处，有许多沉睡的力量；唤醒这些人们从未梦想过的力量，巧妙运用，便能彻底改变一生。

——澳瑞森·梅伦

单元三　大学生生命意义的探索

生命意义和生命价值的探索，是大学生生命教育的核心内容。生命意义的探索可以帮助大学生摆脱迷茫和困惑，正确认识自己，热爱生活，树立远大理想和奋斗目标，

让生命充满意义，在有限的生命里实现自我价值的超越。

一、生命的意义

"何为生命的意义""生的理由是什么"，从古到今，神学界、哲学界和科学界一直在思索这些问题。生命的意义到底是什么，不同的人会有不同的解释。

有的人追求心灵的充盈、精神层面的提升，例如古代的隐士，追求精神层面的富足和自我超越；还有人追求事业成功，大到人类进步、科技发展，小到个人事业的做大做强；还有人由于情感需求，追求真爱，追求快乐和自由等；还有人为了满足自己的生理需求，仅仅追求吃得更好、用得更好等。

生命的意义到底是什么？对这个问题的回答，始终没有固定答案。这个问题的答案，需要每个人在自己的人生旅途中，不断探寻求索。杨绛先生在《走到人生边上》中曾说："我站在人生边上，向后看，是要探索人生的价值。人活一辈子，锻炼了一辈子，总会有或多或少的成绩。能有成绩，就是不虚生此世了。向前看呢，再往前去就离开人世了。"

我们无法预测自己的人生长度，不知道何时走向人生的终点，但是，每一个活着的人都用一生追寻着价值感和意义感。所以，我们面对的问题不是我们可以活多久，不是我们何时离开人世，而是我们活着的时候，做了些什么，为自己、为他人、为这个世界留下了什么，能展现出多少人生的价值和意义。我们不知道自己能活多久，不知道死亡何时到来，我们唯一能把握的是每一个当下，为自己的生命创造出属于自己的不同凡响的价值。一旦我们把握了当下，才有可能主动地规划未来。在有限的生命里，我们才能活出我们生命的意义和精彩。

二、生命意义的提升

1.正确认识生命的意义

一个人的生命与另一个人的生命是可以相连的，生命不仅仅属于你自己，还属于爱你的人和你爱的人。大学生要懂得，爱护自己就是爱护他人。一项研究显示，一个人的死亡，一般至少会让身边的126个人受到影响并发生变化。可见，人与人之间存在着非常密切的联系。我们的存在不是孤立的。从人类行为经验的现象分析，生命的意义是会改变的，但永远不失去其意义，我们可以通过实现经验价值、创造价值和态度价值，获得生命的意义。

（1）经验价值　经验价值是从个人的人生遭遇和经历中获得，它是通过长期的人生阅历形成的一种判断和处理人生问题的能力。例如刚刚学习开车时，你不会处理紧急情况，但经过几年的驾驶，你可以在紧急情况下，果断采取有效的措施避免事故的发生，这就是经验价值。生活离不开经验的积累，只有不断去经历和锻炼，我们才能不断提高。

（2）创造价值　创造价值来自个人的独创。人的一生都在不断创造：创造财富、创造精神食粮、创造艺术以及创造自我等。创造无所谓大小，也无所谓方式，对每一个人来说，只要每天都在不断改进，有创新，他就在创造价值。我们书写的个人感悟和小文、我们绘制的个人艺术品、我们不断获得的工作业绩、我们提高的个人服务水平等，都属于创造价值，它们都可以让人发现新的人生意义。

（3）态度价值　态度价值是人最重要的价值，也是人生最高的境界。态度决定事业的成败，决定个人的命运。如果一个人态度消极，无论其人生是顺境还是逆境，他都将面临人生的失败之境。人生是一趟单行道，有去无回，如何活，活得如何，就看你的人生态度。

2. 树立人生的目标

爱因斯坦曾说过："在一个崇高的目标支持下，不停地工作，即使慢，也一定会获得成功。"可见，目标至关重要。那些在大学里迷茫困惑的大学生、每天在寝室里打游戏的大学生、毕业阶段过分焦虑的大学生，都是在大学阶段没有树立清晰的人生目标和方向，生活缺乏动力的人。

目标是我们学习和生活的方向，明确的目标可以指引我们。如果没有明确的目标，就像航行中的船失去方向，就会迷失在大海中。人生目标可以为我们提供持久的动力，不断激励我们，让我们清楚地认清现实，分清事情的轻重缓急，体验进取的快乐，为实现目标而勇往直前。

3. 活在当下

有一位哲人曾经说过："珍惜人生吧！人生只有三天：昨天、今天和明天。"昨天已经过去，无论取得多少成绩，也无论经历多少挫折和失败，都已成为历史。未来还未到来，人生不能没有梦想，但是也不能沉醉于幻想，明日复明日，蹉跎岁月，结局终将一事无成。今天就在脚下，可能是在上课，可能是在写作业，可能是在参加社团活动，可能是在参加一个比赛，可能是在与朋友相聚……这些都是你可以把握的当下。未来就是由这一件件小事组成，只有把握了当下，做好了身边的每一件小事，你就一定会拥有一个灿烂的未来，人生的意义就在这里。

4. 选择适合自己的生活

每个人的生活都是不一样的，因为不一样，生活才多姿多彩。有记者访问杨丽萍："你是为了舞蹈才不要孩子的吗？"她回答："有些人的生命是为了传宗接代，有些是为了享受，有些是为了体验，有些是为了旁观。我是生命的旁观者，我来世上，就是为了看一棵树怎么生长，河水怎么流，白云怎么飘，甘露怎么凝结。"每个人都可以选择适合自己的生活方式，生命的美好，不仅在于人生的收获，更在于生活的过程。选择适合自己的生活方式，努力地去追寻，认真地去生活，就是一个有意义的人生。

5. 珍爱生命

活着，是追求生命的意义和价值的前提。只有活着，才能去追寻我们好奇的、想要突破的人生问题，实现自己的价值。处于人生黄金阶段的大学生，因为人生观和价值观尚未定型，第一次真正独自面对自己的人生，会有很多迷茫和困惑，也会经历很多成长的考验，有些甚至是灾难性的考验。学校不仅要密切关注大学生的精神状况，还要防止任何可能性的伤害发生，要教授学生一些预防伤害的方法，以及一些自救的本领。遇到重大的人生考验时，要明白人生没有过不去的沟沟坎坎，有的只是我们还没有想到的方法。爱惜自己的生命，树立正确的生命观，提高自我保护的能力。

三、大学生生命价值的提升

（一）大学生生命价值提升的前提

大学生要提升自我生命的价值，必须正确认识生命的特征，树立科学的理想信念，确定积极的人生态度。

1.正确认识生命的特征

只有正确认识生命的特征，明白生命的可贵，才能更加珍惜生命、敬畏生命，提升自我的生命价值。生命的特征在本专题的单元一中已有论述。

2.树立远大的理想信念

在大学期间，大学生要想使自身的生命富有价值，不仅要学习丰富广博的文化知识，锻炼自己的实践能力，更要树立崇高的理想信念，明确自己的人生方向。一个人的理想信念，就是人生的精神支柱，同时，也是一个人的人生目标和方向，无论遇到多大的困难和打击，只要理想信念在，这个人就有站起来的勇气，就不会被打垮压倒。大学期间，大学生会面临一系列人生问题，例如人生目标的确立、知识才能的丰富、未来发展方向的确定、工作岗位的选择等，这些问题的解决都需要有一个明确的理想信念作为指引。

3.树立积极的人生态度

认真、务实、乐观和进取是大学生应该具备的积极人生态度。认真的态度，是工作、学习成功的基础。一个人如果不认真，将一事无成。务实，是指不能眼高手低、好高骛远，要脚踏实地，一步一个脚印来实现自己的人生目标。乐观，是指大学生在各种困难和挫折面前要保持积极的心态，勇往直前，是一种不可或缺的品质。人生难免曲折坎坷，经受不了挫折，消极被动，是很难有所成就的。进取需要百折不挠，坚忍不拔的精神。

（二）提升大学生生命价值

1.挖掘自身潜能

我们认识到的自己，真的是自己应该有的样子吗？自证预言是一种在心理学上常见的现象，指人会不自觉地按已知的预言来行事，最终令预言发生；也指对他人的期望会影响对方的行为，使得对方按照期望行事。"罗森塔尔效应"就是一种自证预言。所以我们看到的自己，并不是自己必然要成为的样子，而是我们认为自己应该成为的样子。

人本主义心理学家马斯洛将人的需求分成五个层次，由较低层次到较高层次依次为生理需求、安全需求、社交需求、尊重需求和自我实现的需求。自我实现的需求就是挖掘自身潜力，追求能力极限，实现理想的需求。奥托则说："据我最近估计，一个人所发挥出来的能力，只占他全部能力的百分之四。"如果你想提高自己的能力，挖掘更大的潜力，就要敢于接受新挑战，让新的经验和信息输入，重新书写你的历史。

2. 提高职业素养

职业素养是指人在社会活动中必须遵守的行为规范和要求。它包括三大核心内容：职业信念（职业素养的核心）、职业知识技能（专业知识和能力）以及职业行为习惯。没有高超的职业技能，是无法将一件事情做好。除了专业技能外，敬业和德行也是必备的，体现到职场上就是职业信念。哈佛大学的研究表明，一个人的成功，85%取决于积极的职业态度，15%才是本人的职业技能。良好的职业信念是爱岗、敬业、奉献、乐观、合作等。综上所述，良好的职业素养是个人事业成功的基础。

实验室就是我的家

环境学院大二学生小龙，通过一次偶然的机会加入植物组织培养实验室。虽然植物组织培养实验室的工作很枯燥，但是他很热爱这份工作，甚至放弃寒假早回家和暑假外出打工的机会，留在实验室专心做实验。他经常说："实验室就是我的家。"一分汗水一分收获，他在今年的省级比赛、国家比赛中均取得了优异的名次。

案例点评：小龙在工作中不骄不躁，爱岗敬业，具有良好的职业素养，这也是每一个人事业成功的关键。

3. 投身社会需要

个体心理学的创始人阿德勒认为，生命，就意味着做贡献。他认为，但凡能够处理好人生问题的人，他的行为无不传达着这样的一个信号，即他们仿佛已经透彻地、自然而然地理解了生命的意义，懂得生命中最根本的东西在于对他人的关注以及集体协作。他们所做的任何一件事都符合人类的群居本性，在遇到困难时，他们会用不损害他人的方式加以解决。奉献是一种高尚的品德。奉献能使人变得乐观豁达，能加深友谊，促进家庭和睦、社会和谐美好，让人与人之间团结有爱。奉献是一种责任，是每个人发自内心的无私的行为。具有奉献精神的人，不论是在日常生活还是在生产工作中，能够树立起高度的社会责任感和使命感，先人后己，先公后私，助人为乐，爱岗敬业，乐于奉献自己的一切。

 **推荐阅读**

《生命的清单》

生命的清单，既是一部电影的名字，也是一本书的名字，还是一个真实的故事。故事的主人公是一个叫约翰·戈达德的人。20世纪40年代，在一个不经意的午后，十几岁的约翰听到了奶奶的哀叹："如果我年轻的时候做了这件事……"，他下定决心，以后绝不要后悔地说同样的话，于是，坚定地在纸上写下了他的梦想清单，将自己想要做的事情，想要去的地方，想要学的东西一一记下，总共写了127项。这些梦想在当时看起来似乎很不现实，但是在后来的人生中，约翰争分夺秒地去将它们变成现实。在他六十多岁的时候，他已成为一位人类学家，还是电影制片人、演说家，游历了世界各个地方，实现了106个人生目标，而且还在追求梦想的路上，体验到人生的惊奇、惊喜、刺激和喜悦。

约翰·戈达德说道："我不愿意过墨守成规的生活，我希望不断挑战极限，就像雄鹰一样。我感受到了付诸实践所具有的意义。很多人在不知道伟大的勇气和忍耐是什么的情况下，就走完了一生。但是在死亡即将来临时，人们会突然明白潜藏在自己身上的巨大力量。好好回顾一下自己走过的路，然后想想'如果我再多活一年，我会做什么'。每个人心中都有想做的事情，不要拖延，现在就行动吧。"

看了这个故事后，你也可以行动起来，想想你想要实现的人生愿望，认真记录下来。将理想付诸实践，在追逐梦想的路上，感受生命的美好。

专题四
化危为机，心理危机的识别与干预

　　危机是一种认识，当个体感觉到外界环境或某一具体事件存在着威胁，仅仅依靠个人自身的资源和应对方式无法解决困难时，就产生了危机。危机不及时缓解或解决不当，会导致情感、认知和行为方面的功能失调，甚至可能导致个体精神崩溃或自杀。也就是说，危机干预强调干预的时间紧迫性和干预的效果，要尽可能地在短时间内采取有效的应对策略，帮助人们恢复失衡的心理状态。危机的成功解决对个体具有三重意义：可从危机中把握现实的具体情况，获得重新认识危机事件的经历，以及积累对未来可能遭遇危机后更好的应对策略。

我真的好想奶奶

小美，女，大学二年级学生。几个月前很爱自己的奶奶突然病逝，当小美听闻奶奶去世的噩耗，一时不知所措，深受打击。小美当时在学校准备期末考试，没有回去参加奶奶的葬礼。考试结束回到家后，家里所有人怕让对方难过，各自掩饰内心的悲伤，没人敢提起奶奶去世的事情。

小美从小和奶奶特别亲，以前每当离家前和奶奶道别，总是很不舍、难过。如今，小美再也听不到奶奶的唠叨，再也无法看到奶奶慈爱的笑容……一别竟成为永远的分离！她第一次感受到自己和这个世界不再相连的孤独，这种孤独和悲伤好像无人可以完全明了、完全体会。无尽的悲痛，好像只能自己承受，即便说给别人听，也无法消除一分一毫的苦痛。

第二学期，小美越来越不想回家。她白天神情恍惚，疲乏不振，心情非常低落，对学习没有兴趣，什么事也不想干，晚上常常失眠。之前本来是一名成绩很好的学生，可是最近学习成绩明显下滑，性格越来越孤僻，同学也开始不喜欢她。

学习不顺心，爱情也岌岌可危。最近她和男友一言不合就争吵，男友觉得小美以前活泼开朗、温柔贴心，现在却如此冷漠。

小美也很想让自己活泼开朗起来，但是感觉很难做到。有时候觉得自己很无助、悲伤，莫名其妙地想哭；有时候又很难受、压抑，什么都说不出来。

1. 小美的问题根源是什么？
2. 小美的主要表现是什么？
3. 怎样才能更好地帮助小美？

安而不忘危，存而不忘亡，治而不忘乱。

——《易经》

单元一　大学生心理危机概述

一、应激与心理危机的内涵

（一）应激与应激反应

应激是指个体对察觉和认知到的某种有威胁的情景或事件所做出的一种保护性反

应。引起人应激反应的外部刺激叫应激源。一般说来，消极的、负面的、不可控的、性质模棱两可的应激源更容易引起应激反应。例如，突发的意外、天灾、疫情、欺诈、失恋、人际矛盾、家庭变故和矛盾、考试失利和就业不顺利等。然而，并不是所有的应激源都会引发个体的应激反应，有时候同一情景同一应激事件发生在不同人的身上产生的反应可能是差别较大的，甚至是截然相反的。个体的应激反应与应激刺激的大小程度有关，此外，应激反应还取决于个体对这个刺激的认知评价、个体的心理韧性和过去的经验。例如，大学新生刚刚来到大学校园，入住同一间宿舍，有的同学会觉得来到了一个不同的城市，新的环境新的生活会带给自己全新的生活体验，因而对大学生活充满了憧憬与希望，在宿舍里也表现出更愿意主动与他人交往；但有的同学却会觉得新环境跟原来自己想象中的环境落差较大，不习惯新的集体生活中与他人的共用和分享，表现为回避交往，闷闷不乐，引发适应不良症状。因此，可以看出对待应激的方式是积极还是消极，会导致应激反应产生不同的结果，即产生积极的适应性或是消极的适应不良。

应激反应可以分为三个阶段。

第一阶段为警觉期或称唤醒期，指个体对应激源的关注和警觉，机体应激反应开始启动。

第二阶段为对抗期，机体需要消耗能量，调动神经系统和内分泌系统作出相应的心理行为反应以应对刺激，努力排除心理压力。

第三阶段为衰竭期，即应激刺激持续存在，但个体无法修正消极刺激，机体能量已经大量消耗，导致出现精神或心身疾病。

由此可见，在应激反应过程中，及时调整个体应激反应方式，维持机体能量平衡是非常关键的。

（二）心理危机的含义

心理危机是当个体面对重要的生活目标遭受阻碍，但又无法利用现有资源和惯常的应对机制加以处理时产生的一种心理紊乱的状态。换句话说，心理危机即严重的应激反应，个体无法回避但又无所适从，一般会表现为心理失调、激烈的心理冲突、甚至是精神障碍或精神疾病。

心理危机给人的影响往往是突发的，出乎意料的，如果得不到及时的干预和缓解，就会导致人们在认知、情感、意志和行为上出现功能性失调，严重的会导致自残、自杀、伤害他人等极端事件。然而，多年来对众多心理危机事件的统计与研究发现，个体的心理危机也是经历了一个发生发展的过程，只要了解心理危机的主要发展规律，早期识别心理危机的一些征兆，便能最大程度上避免心理危机事件的发生。

（三）大学生心理危机的分类

从大学生心理危机的内容区分，主要包括：新生入学适应危机、学业压力过大危机、毕业就业困难危机、生活挫折事件危机、人际关系冲突危机、失恋或情感危机、家庭变故危机、经济困难危机等。

从大学生心理危机的性质区分，主要分为以下三种。

（1）发展性危机　指青年在成长发展期，经历了一些急剧的变化或转变所导致的强烈应激反应。例如，有些大学生因自我认识不足，不知如何选择专业，选定了专业才发现不适合自己又纷纷转专业，转专业后依然不满意，导致心中迷茫矛盾，长期得不到缓解而产生发展性心理危机。

（2）境遇性危机　指个体遭遇某种意外的突发性应激事件或超常事件而导致的心理危机。例如，大学生毕业在即，却突然遇上新冠肺炎疫情，只能宅在家中，特殊时期导致实习和找工作都非常困难，学生内心焦躁不安，诱发心理危机。

（3）存在性危机　指因为重大的应激刺激导致其对人生意义、自我价值等人生信念和态度发生改变并出现心理冲突，引发焦虑、抑郁等严重的情绪反应。例如，大学生突然被告知感染了严重的或致命的疾病，或者被网络诈骗巨额钱款后对自己的智商和能力甚至世界观和价值观都产生了怀疑，导致心理危机的发生。

二、大学生心理危机的发展与症状

（一）心理危机的发展过程

1. 冲击阶段

当危机事件突然发生时，个体感到恐慌、不知所措。例如，家里突然来电告知挚爱亲人去世，当事人会出现恐惧、焦虑等情绪，无法面对现实。

2. 防御阶段

个体在应对突发的、从来没有遭遇过的危机事件时本能的反应就是选择逃避或者是抗争。当个体发现无法以自己的力量来抗衡的时候，大多数人就会选择逃避行为，继而又会在心理上努力寻求认知、情绪和意志等心理状态的平衡，控制自我的焦虑和情绪紊乱，调整受到损害的认知功能。当危机事件的冲击超出个体的承受能力时，个体通常就会采取拒绝承认或者将理由合理化等方式来应对。

3. 危机解决阶段

个体会尝试采取各种方法接受现实，寻求各种资源，努力解决问题。如果应对顺利，焦虑就开始减轻，自信增加，社会功能得以恢复。如果危机不能解决，则可能导致出现适应性障碍和反应性精神障碍。

4. 成长阶段或精神防御崩溃阶段

一些个体在心理危机过程中和经历之后，变得更加坚强和成熟，并获得更有效的应对危机事件的经验；但也有些个体因心理耐受性不够或采取了消极的应对方式，最终导致出现某些精神障碍或身心疾病，甚至出现自伤行为。

（二）心理危机的常见症状

一般而言，个体处于心理危机时，精神症状和心身反应会持续数周到半年的时间。个体差异较大，通常表现为仅有或同时具有以下一个或几个方面的症状。

1. 感知觉障碍

个体可能常出现错觉和幻觉，比如，对于地震、火灾或其他事物相关的声音、图像、气味等过分敏感警觉，或对痛觉刺激反应迟钝等。

2. 情绪情感障碍

个体常常出现无法控制自我情绪的状态，主要有以下的表现。

① 悲伤，异于寻常地感到十分悲痛，大声嚎哭或不断地啜泣，失望、思念、失落，对死亡和灾难的闪回常使人有如针扎般的感受，少数人则表现为否认、麻木、冷漠、无表情或表情倒错。

② 内疚自责，觉得没有人可以帮助自己，恨自己没有能力保护家人，希望死去的或者受伤的是自己而不是自己的亲人，常常因为自己比别人幸运而产生罪恶感，似乎觉得自己做错了什么，或者没有做应该做的事情来避免亲人遭受的厄运。

③ 愤怒、易激惹，觉得为何偏偏是自己摊上这样的事情，上天怎么可以对自己这么不公平，救援者的动作怎么那么慢，别人根本不知道自己的需要，不理解自己的痛苦，不相信有人能帮助到自己。

④ 感到没有安全感，恐惧不安，担心害怕，紧张焦虑，无法放松，担心危机还会再次发生，担心家人健康，害怕染病，害怕死亡等。

⑤ 无助，绝望，觉得自己非常脆弱，不堪一击，不知道将来该怎么办。

3. 行为障碍

① 激越叫喊，情感爆发，无目的地漫游，动作杂乱而无目的。

② 缄默少语，长时间呆坐或卧床不起，行为退缩，不愿意参加或逃避与疏离社交活动，不敢出门，害怕见人。

③ 暴饮暴食，出现反复洗手、反复消毒等强迫行为。

④ 容易激惹，责怪他人，不易信任他人等。

4. 思维障碍

① 定向力障碍，思维迟钝，强迫性、重复性回忆。比如，一直想着逝去的亲人而无法思考别的事情。

② 引发危机的画面在脑海中反复出现，一闭上眼就会浮现最恐惧、最悲伤的情境画面，因此患者不敢闭上眼睛睡觉。

③ 常有自发性言语，思维无条理性，难与人沟通，甚至出现妄想。

④ 记忆力减退，健忘。

5. 注意障碍

① 注意增强或不集中、注意涣散或注意狭窄。

② 不能把注意力和思想从危机事件上转移开来。

③ 缺乏自主判断事物的能力，无法做某一决定，自我效能感降低。

（三）心理危机的不同应对结果

由于个体的心理素质和对心理危机的应对方式不同，所拥有和可利用的社会资源也不同，相似的心理危机发生在不同人身上时的表现和结局也会存在很大差异。

① 个体顺利渡过危机，心理健康状况恢复到危机事件之前的水平。所谓危机，亦是危中有机。有些个体能够从危机事件的处理过程中学会应对危机的策略和方法，心

理素质进一步提高，心理危机对这类个体反而可以化作宝贵的人生阅历，他们会从所经历的危机中总结经验教训，成为未来人生道路的指路明灯。

② 个体勉强渡过了危机，但是留下了心理创伤。这些创伤成为个体一生持久的心理阴影和情结，对个体的认知、情绪、情感、行为模式和社会功能带来长期负面的影响。个体从此表现为不能接触这些可能诱发创伤记忆的有关事物或情景，或者个体回避讨论与创伤有关的话题，甚至憎恨和仇视那些给他造成创伤的人。

③ 个体经受不住强烈的应激刺激或打击。在这种情况下，个体或表现为精神失常等适应障碍和反应性精神障碍，或采取自残、自杀等极端的消极应对方式。这些应对方式可能是即时冲动的，也可能是距离事件半年之后才发生的延迟性冲动。

④ 个体未能顺利解决当前的危机，则大脑就会自动启动其应对方式，把当前的危机转化成某些身心疾病，给个体某些痛苦的信号。例如，危机有可能从此转化成焦虑症、强迫症或恐怖症等慢性心理障碍，也可能表现为慢性胃溃疡、高血压或慢性腹泻等身体疾病。

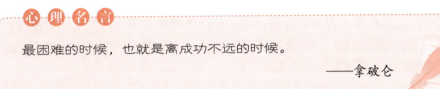

最困难的时候，也就是离成功不远的时候。

——拿破仑

单元二　大学生心理危机的应对与干预

一、大学生心理危机的表现

大学生在心理危机状态下会表现出一系列的情绪、认知、行为及生理反应，提高对个体心理危机信号和表现的识别能力，为处于心理危机中的个体提供尽可能的帮助，是心理危机干预工作的重要基础。

1. 情绪表现

情绪表现具有外显性，大学生在心理危机状态下，往往首先会表现在特定的情绪反应上，主要表现为悲伤、焦虑、抑郁、恐惧、愤怒、沮丧、不安、烦躁、绝望等。

2. 认知表现

认知是指人们认识客观事物的过程，反映客观事物的特征与联系，并揭露客观事物对人的意义和作用的心理活动，包括感觉、知觉、记忆、想象、思维和语言等。处在心理危机状态下的大学生，很有可能会表现出注意力不集中或涣散、思维迟钝、语言表达能力下降等。

3. 行为表现

心理危机中的行为表现是个体为了减轻和排解痛苦而采取的防御机制之一，处于心理危机状态中的大学生往往会表现出否认、攻击、放纵、逃避、退缩等消极的行为反应，如依赖烟酒、用网络麻痹自我、经常缺勤旷课、回避与人交往等。

4. 生理表现

人的生理反应主要是由神经系统、内分泌系统以及免疫系统来进行调节的。在心理危机状态下，大学生有可能会出现食欲明显下降或增加、过度疲劳、睡眠障碍、体质下降等身体反应。

二、大学生心理危机的应对与调节

（一）调节心理压力，积极应对心理危机

面对心理压力和应激刺激，每个人都会习惯性地采取一些具有倾向性的应对策略来加以应对。对于大学生来说，适当的压力能成为个体成长的动力，使其积极进取，勤奋努力，但过大的心理压力则需要进行减压调节。调节压力的途径并不是要求外界或者别人改变来适应自己，而是调整自己的认知。

根据个体应对心理压力的态度和效果，可以将应对方式分为积极和消极两大类。积极的应对方式包括求助、合理化、解决问题等；消极的应对方式包括退避、幻想、自责等。一般来说，正确的减压是采取成熟的应对方式，遵循3R原则。

① 缩减原则（Reduction），即设法减少或消除遭遇外部压力源的机会，调整不适当的环境因素。

② 放松原则（Relaxation），学习处理压力所造成的情绪、行为及生理等方面的反应。

③ 重整原则（Reorientation），尝试改变自身的弱点，改变不合理的信念、行为模式和生活方式，调整自我的期望。

（二）珍爱生命，建立自我生命意义系统

著名的人本主义哲学家和精神分析心理学家弗洛姆曾说过："尊重生命、尊重他人也是尊重自己的生命，是生命进程中的伴随物，也是心理健康的一个重要条件。"可见，珍爱生命是心理健康的一种外在表现形式，心理健康是生命和谐的内在基础和必要前提，而拥有自我生命意义系统的个体心理更为健康。

 心理故事

好工作与压力

日本松下电器公司曾发生过一起耐人寻味的事件。有一次，松下电器公司计划招聘基层管理人员，报名应聘者高达数百人。经过一番严格的笔试与面试之后，选拔出了10名优胜者。当公司总裁松下幸之助对所有应聘者的成绩进行审核时，发现一名年轻人总分应名列第二，可是计算机在排分时把名次排错导致他落选。松下立即派人给这位年轻人补发了录用通知书。第二天，工作人员报告了一个令人震惊的消息：那个年轻人因未被录用而跳楼自杀了。这时，旁边的一位助理说："真是太可惜了，公司没

能录用这么一位有才华的年轻人。"松下先生沉重地摇摇头说:"不,幸亏公司没有录用他,意志如此脆弱的人是难成大业的。"这件事告诉我们,如果一个人只是将自己的价值和人生意义建立在被人承认和接纳的基础之上,那他很容易在挫折面前被击倒。

每个人在社会中生存,坚强的意志是必不可少的,因为生命中痛苦和困难总是比快乐多,也正是这样,快乐才显得更加珍贵,需要每个人好好珍惜。坚强的意志能引导我们在痛苦中发现快乐的曙光。

生命意义感与自我价值感、生活满意度、主观幸福感和积极的情感呈显著正相关。生命意义的追寻,是人类生存的基本动机,而能否发现个人独特的生活目标与存在的生命意义,更是与许多心理危机问题重要相关。因此,调整自己的人生观、价值观和生命观,对于预防心理危机事件具有基础意义和作用。

根据目前大学生的实际情况,生命教育的内容主要体现为以下六个方面。

1. 认识生命的意义

生命不仅仅是属于自己的,每一个人都和周围的人有着千丝万缕的联系,一个人爱护自己的同时也是爱护他人。人与人之间存在着非常紧密的生命联系,生命的存在不是孤立的。从人类行为经验的现象分析,生命的意义在不同的人生阶段会有改变,但永远不失去意义。

2. 明确生命的目标

生命目标至关重要。1953年美国耶鲁大学曾经对应届毕业生进行了一项有关目标的调查,研究人员问参与调查的学生这样一个问题:"你们有目标吗?如果有,可不可以把它写下来呢?"结果只有4%的学生能清楚地把自己的目标写下来。20年后,耶鲁大学的研究人员追访当年参加调查的学生发现,这4%的人拥有的财富居然超过了那96%的人的总和,无论是事业发展还是生活水平,都远远超越其他人。明确的人生目标将能为人们提供持久的动力,激励人们去思考人生,创造人生,认清现实,看清生命中最重要的事。

3. 把握生命的历程

人的一生要经历各种磨难、痛苦和挫折,关键是要以怎样的态度对待生命,用什么样的方式走完自己的生命历程。大学生应当正确看待人生道路的顺畅与坎坷,正视生命进程中的机遇与挑战,更要学会面对人生高潮与低谷;大学生应当学会坚韧,学会抗争,积极发现生命的真谛。大学生要有坚定的信念,困难总是暂时的,矛盾总是会解决的,要培养自身对生活的自信和坚韧不拔的勇气,从而保持旺盛的生命意识和积极的人生态度,走好生命历程中的每一步。

4. 正确选择生命的方式

我们选择不了生死,但我们可以选择用哪一种方式度过自己的生命。有一种人,天性善良悲悯,他们觉得能够帮助到别人、对社会有所贡献就是自己人生价值的最大体现,譬如特蕾莎修女、圣雄甘地等;也有一种人,热衷于开拓与创造,热衷用商业去创新、影响和改变社会进程与生活方式,譬如乔布斯、比尔·盖茨等。选择生命方式最基本的原则是有利于自己、有利于他人、有利于社会。生命最可贵的地方，不在于结果，而在于过程，在于每个人可以用自己的方式给这个世界留下有意义的事物。

5. 确保生命的安全

生命的价值首先是基于生命的存在，在此基础上才能得以发展和提升。大学生在成长过程中会面临各种成长的考验，有些甚至是灾难性的。大学生要学会远离伤害和危险，爱惜自己的生命，树立正确的生命安全观，提高自我保护的生命能力。

6. 追求生命的幸福

人生有两条路：一条是生活的路，一条是生命的路，两条路都要走好。生活的路追求生活的幸福，比如丰衣足食、功名利禄。而生命的路追求生命的幸福，比如平安、喜乐、自在、归宿等。有了生活的幸福，不等于就有了生命的幸福。生活的幸福带给我们的满足与快乐是短暂的、有限的。然而，生命的幸福却能实现自己的价值，获得持久的源源不断的生命富足感。同时拥有生活幸福和生命幸福的人，才是真正拥有平安和喜乐，才是真正拥有了人生永恒的意义与价值。

 拓展阅读

如何积极应对心理危机

当个人遭遇心理危机，你应该做些什么呢？以下建议请你收好。

① 不要等待，主动自我调节或者寻求帮助。

② 要相信这个世界上总有人愿意帮助你，但你要将自己真实的困难和痛苦告诉你信任的人，否则，他们对你一无所知，也就无法帮助你。

③ 如果你的倾诉对象不知道如何帮助你，可以向学校心理中心的专业老师寻求帮助。

④ 如果你担心你的心理问题被发现，可以通过心理热线向专业的心理咨询人员寻求帮助。

⑤ 有时为了找到一个真正能帮助你的人需要求助于几个不同的人或机构，多点耐心坚持下去，提供帮助的人一定会出现。

⑥ 解决心理危机通常需要一个过程，可能你要反复多次与心理咨询人员或心理医生面谈。

⑦ 如果医生开药，应按医嘱坚持服用，记录下每天服药的反应，不可擅自停药或调整用药量。

⑧ 避免过度使用网络、烟草、酒精麻痹你的痛苦。

⑨ 强烈的痛苦会使你更难作出合理的决定，这时需要让自己冷静下来，不可冲动行事。

三、大学生心理危机的防范与干预机制

（一）大学生心理危机的防范

1. 重视心理危机预警

心理危机预警是指对心理危机进行早期的预测，通过对预警信息的评估，及时发现和识别潜在或现实的危机因素，有针对性地采取防范措施，减少危机发生的突然性

和意外性。建立校园心理预警机制，在预测的基础上提出相关的对策措施，最大限度地避免或降低突发事件给学校和师生带来的影响和损失。

2. 建立心理危机预警机制体系

心理危机预警机制体系主要是建立严密的信息收集与社会支持网络，实施要点如下。

（1）建立"宿舍信息收集员—班级心理委员—辅导员（班主任）—院系心理辅导站—学校心理咨询中心"五级心理危机预警信息互通机制　其运作的机制可以遵循以下原则：

① 平时重视和加强对宿舍信息收集员和班级心理委员的专业培训，使其能在学生的学校生活中起到心理健康知识宣传、觉察宿舍或班级内学生遭遇危机事件的作用；

② 当学生在宿舍或者班级出现疑似精神障碍或心理危机症状时，宿舍信息收集员或班级心理委员了解大概情况后都必须及时向辅导员（班主任）报告；

③ 辅导员（班主任）则应进行调查、核实和观察确认，问题比较简单的可以在院系心理辅导站进行咨询，解决相应问题并做好相应登记；

④ 若学生的心理危机比较严重，超出辅导员（班主任）处理能力范围时，则需要转介到学校心理咨询中心进行评估与干预；

⑤ 若在学校心理咨询中心工作范围内，则由学校心理咨询中心处理，否则将转介到更加专业的机构处理。

（2）建立《教务处—学生处—二级院系》学业成绩信息监控机制　将一学期学业成绩超过2门不及格的学生列为重点关注对象，辅导员要找其专门谈心，了解和分析成绩下滑、考试不及格的原因，有针对性地辅导改进，帮助学生提高学业成绩。如发现学生存在心理危机症状要及时寻求专业人士的帮助。

（3）建立《学生法定监护人—辅导员》信息互通机制　一旦出现疑似大学生有精神障碍或处于心理危机状态，学校应及时与学生父母或其他法定监护人取得联系，将学生精神障碍状况进行汇报，围绕精神障碍或心理危机的性质、严重程度、诊治建议和未来病情发展情况进行沟通并签署知情同意书。

（4）建立朋辈心理互助等社会支持系统　社会支持系统包括家庭、舍友、同学、亲戚朋友、教师和其他社会组织的力量。无论是一般性心理问题的正常人群还是有心理精神障碍的人群，社会支持系统对于心理疾病的康复都是非常重要的正面力量。另外，在大学校园建立朋辈心理互助组织也是很重要的补充，可以为有需要的大学生提供及时必要的心理支持与转介帮助，能够发挥很好的心理危机预警作用。

（二）心理危机干预的基本程序要点

心理危机干预是指运用精神支持、解决问题等多种方法解除个体亟待解决的心理危机，使精神异常症状立刻得到缓解或持久消失，使心理功能至少恢复到危机前的水平，并获得新的应对技能，在心理危机中获得成长。危机是一把双刃剑，它能刺伤你，也能成就你，关键看你的态度和行动。

1. 危机干预晤谈

危机干预晤谈是指心理援助人员与处于心理危机的个体进行晤谈的程序，基本步骤包括以下几方面。

① 与处于心理危机中的个体建立良好的信任的关系。

② 进行心理危机的评估和问题的识别，包括问题的性质、严重程度和对个体身心伤害的具体情况。

③ 与处于心理危机的对象建立帮助或危机干预的咨询关系。

④ 引导个体述说自己所经历的创伤事件，做好倾听与表达共情。

⑤ 明确和证实个体经历的过激性应激反应，辨别其究竟是个体想象的还是真实经历过的心理创伤。

⑥ 确认个体成长史，查找现实生活和心理创伤之间的任何联系，分析应激反应模式和反应强度与个体人生经历的关系。

⑦ 提供个体需要的或其他有价值的信息支持。

⑧ 鼓励个体按照协商的可以调节自己情绪的方案行动起来。

2.自杀心理危机的干预要点

面对有自杀倾向或行为的个体，一定要注意与其交流及说话做事的方式方法。学者普尔提出对有自杀企图的人要做到15个"不要"。

① 不要对求助者责备和说教。

② 不要对求助者的选择和行为提出批评。

③ 不要与其讨论自杀的是非对错。

④ 不要被求助者告诉你类似"危机已经过去"的话所误导。

⑤ 不要否定求助者的自杀意念。

⑥ 不要试图用权威话语震慑求助者。

⑦ 不要让求助者单独留下，或放松对其仔细观察，或离开之后不与其联系。

⑧ 在危机阶段，不要诊断和分析求助者的行为或对其进行解释。

⑨ 不要陷入被动。

⑩ 不要过急，要保持镇静。

⑪ 不要让求助者保守自杀危机的秘密，而应鼓励其把自杀的想法说出来。

⑫ 不要因求助者身边的人或客观事件引起的危机而转移工作目标。

⑬ 不要将他人的自杀行为进行任何的美化。

⑭ 不要承诺为有自杀意念或者行为者保守秘密，应该尽快寻求外部帮助与支援。

⑮ 不要忘记追踪观察。

 拓展阅读

大学生心理危机十大高发人群

下述十类大学生应予以高度关注，特别是对近半年内处于心理危机敏感时期的人员进行重点关注。

① 在心理健康测评中筛查出来的有心理障碍或心理疾病或自杀倾向的学生。

② 遭遇突然打击或受到意外刺激后出现心理或行为异常的学生，如家庭发生重大变故、身体发现严重疾病、遭遇危机、感情受挫、受辱、受惊吓、与他人发生严重人际冲突后出现心理或行为异常等。

③ 学习、就业压力特别大或严重环境适应不良出现心理或行为异常的学生。

④ 因严重网络成瘾而影响其学习及社会功能的学生。

⑤ 性格内向、经济严重贫困且出现心理或行为异常的学生。

⑥ 有严重心理疾患（抑郁症、恐惧症、强迫症、癔症、焦虑症、精神分裂症、情感性精神病等）且出现心理或行为异常的学生。

⑦ 有自杀未遂史或自杀企图与计划者。

⑧ 情绪长期低落不与人往来者。

⑨ 生理有缺陷或长期患病者。

⑩ 对近期发出过下列警示的学生，应作为心理危机干预的重点对象及时对其进行危机评估与干预：谈论过自杀并考虑过自杀方法，包括在信件、日记、绘画等流露过死亡念头者；不明原因出现突然给同学、朋友或家人送礼物、请客、赔礼道歉、无端致以祝福、诉说告别的话语等行为者；情绪突然明显异常者，如特别烦躁、高度焦虑、恐惧、易感情冲动、情绪异常低落、情绪突然从低落变为平静；饮食、睡眠受到严重影响者等。

 推荐阅读

《活出生命的意义》

《活出生命的意义》是奥地利著名的精神医学家、维也纳精神治疗法第三学派的代表人物维克多·弗兰克尔博士所写的一本经典名著。作者曾是第二次世界大战期间著名的纳粹集中营——奥斯维辛中的一名俘虏，《活出生命的意义》一书正是作者对集中营经历的记录。弗兰克尔的双亲、兄长、妻子都死于集中营，只剩下他和妹妹。此书是他一个人面对巨大的苦难时，拯救自己的内心世界的思考，同时也是关于每个人存在的价值和生命意义的追问。让我们聆听这样一位历劫归来的精神医学家的生命之歌，去追寻属于自己生命的意义吧！

专题五
患难之交，与压力做好朋友

　　人的一生会遇到很多朋友，评价一个人是否能成为自己真正的朋友有一条基本的原则：患难见真情。也就是说，在困难面前才能真正考验关系之间的真实性。除了生活中的朋友以外，我们每个人的生命中还有一位非常重要的朋友，那就是"压力"。因为每当困难来临，压力总会伴随我们左右，如影随形。如何处理好与压力的关系，将会在本专题中展开介绍。

专题五 患难之交，与压力做好朋友

 **课前导入**

如释重负

有位老和尚，养了一条狗。这条狗的名字很怪，不叫小花、大黄、小黑、小白，更不是旺财、来福，这位大师给它起名叫"放下"。每日黄昏，他都要亲自去喂它。落日下，只见诵了一天经的老和尚端着饭食，来到院子里，一声声地喊着爱犬的名字："放下，放下。"

一次，这个情景被一个小女孩看到，她疑惑地跑去问："大师，你为什么给它取名叫'放下'呢？这个名字好怪哦。"大师笑着说："小姑娘，你以为我真的在叫它吗？我是在告诉我自己，要'放下'。"当压力来临时，最好的排解方式就是将它放下。

 思 考

1. 老和尚放下了什么？
2. 小女孩接下来会怎样做？
3. 当压力来临，你会怎样做？

> **心理名言**
>
> 那些知道为了什么而活的人几乎可以承受任何磨难；谁懂得了为什么生活，谁就能承受任何一种生活。
>
> ——尼采

 单元一 大学生压力来源

一、压力的概述

（一）压力的定义

这里的"压力"，特指生理压力。压力，又称为心理应激，是指在某种环境下个体的身心在感受到威胁时所产生的紧张状态。压力，包括压力源本身或个体对压力源所做出的反应，压力是个体感到环境变化已超过自身应对能力和需求已超过自身的应对资源的一种失衡状态。

（二）压力研究的起源

1936年，生理学家H.Selye从人体警觉反应中提出确切的压力概念，认为压力是有机体在威胁性刺激作用下表现出的非特异性反应。之后，他不断深化发展压力的概念，致力于探讨如何克服压力和利用压力，不断探索压力在生化、环境方面的表现以及压力如何对人际关系产生影响。

心理学界一直尝试从不同的角度研究压力形成机制，总结出压力是机体与环境交互作用的结果，其机制是压力源超出机体的负荷和控制打破机体内稳态所引起的一系列综合性反应。同时，心理学界也探索出影响压力的多种因素：生活事件、认知评价、应对方式、社会支持、人格特征、心身反应等，其中认知是关键因素，人格是核心因素。

（三）压力的分类

1.慢性压力与急性压力

根据持续时间的长短，压力可以分为慢性压力与急性压力。在早期，心理学界对慢性压力进行了界定，认为慢性压力是指个体在一段较长时间里都感到威胁并超过了个体的应对资源。慢性压力持续的时间比较长，压力事件持续时间超过1个月或对个体的影响超过了1个月。急性压力则是由一些突发的、不可预见的、对个体造成威胁并且产生不可控的影响的事件所导致，例如考试、面试、公众演讲、比赛或车祸等，急性压力持续时间比较短暂，通常不超过1个月。

2.日常生活琐事与重大生活事件

从压力源的角度，把压力划分为来自日常生活琐事的压力和来自重大生活事件的压力。日常生活琐事，就是我们在生活中遇到的琐屑事情，它对个体影响较小，但是因为是较为普遍发生的事件，对我们有日积月累的影响。重大生活事件，在生活中较少遇到，但属于对我们影响较大的事件，如考试、比赛、重要会议、车祸、亲人离世等。

3.紧张感和失控感

从压力知觉的角度分类，把压力分为紧张感和失控感两个维度，该分类方法主要依据测量个体主观感受到的压力进行分类。紧张感，是个体面对刺激源时的焦虑反应，具体表现为心跳加速、思维奔逸；失控感，是个体面对刺激源时的彷徨与无助，如惊慌失措、回避、退缩等。心理学家根据这两个维度，制定出压力知觉量表。

（四）压力的测量

对于压力的测量，心理学界最常用的方法有慢性压力的测量与急性压力的测量。

1.慢性压力的测量

国内对于大学生慢性压力的测量大多使用"中国大学生心理应激量表"，该量表共有84个条目，5个分量表，分别是学习分量表、生活分量表、社交分量表、发展分量表、家庭分量表，全方位地测量大学生在学习、生活、社交、适应性和家庭方面所承受的压力。

另外，还有"青少年生活事件量表"，适用于青少年尤其是中学生和大学生。该表主要针对被试者应激性生活事件发生的频度和应激强度进行评定，有27个条目，6个因子，结构简明，易于操作。该量表能比较准确地测量出人们的真实情况。

2. 急性压力的测量

对急性压力的测量侧重于探究压力情境下个体的应对方式，包括直觉、情绪和动机行为反应。鉴于急性压力具有持续时间较短暂、强度较大等特点，单纯地用量表或问卷的方式难以测量出被试者的急性压力，而且结果有较大主观成分。因此心理学界测量急性压力时，往往先制造出急性压力的情境，然后再使用生理指标进行测量，这样会更为精准地测量到被试者在突然出现的急性压力下的自然应激反应，测量得又快又客观。从应激源的角度划分，目前有三种急性压力测量时常用的诱发模式，分别是生理性应激诱发模式、心理性应激诱发模式以及复合型应激诱发模式。

（1）生理性应激诱发模式　主要通过对个体实施外界的刺激，打破个体生理平衡的状态，从而激发被试者的急性应激反应。常用的方法包括热冷刺激和疼痛刺激等，例如，冷加压试验模式，就是让被试者将手浸入冰水中2分钟来激活被试者的交感神经，进而引发神经内分泌反应，这种突如其来的刺冷感觉会让被试者感受到来自生理上的压力，从而检测被试者的应激反应。

（2）心理性应激诱发模式　通过操纵心理任务来诱发个体的急性应激反应。常见的模式包括特里尔社会应激测试、蒙特利尔脑成像应激任务和观看极端暴力电影片段。由于蒙特利尔脑成像应激任务要有脑成像的仪器，对实验设备的要求较高，而观看极端暴力电影片段对被试者的身心造成严重负性影响，所以国内较多采用特里尔社会应激测试制作急性压力的情景实验。特里尔社会应激测试是由特里尔大学Kirschbaum教授提出的可用于实验室研究的标准化心理应激测试，任务主要包括5分钟的公众演讲和5分钟的心算作业。大量研究发现，采用特里尔社会应激测试模式诱发急性压力时，被试者不仅在主观评定上表现出应激反应，而且在客观上也表现出显著的应激生理反应。

（3）复合型应激诱发模式　结合使用上述生理性应激诱发模式和心理性应激诱发模式，即对被试者施加生理和心理上的压力源，从而检测被试者的应激反应。最常见的是社会评价冷加压技术，就是将被试者的手浸入冰水的同时，让异性研究者全程注视被试者，同时在被试者的心理与生理上制造压力，从而监测被试者的应激反应。

急性压力的测量，除了用于实验研究外，还经常用于检测个体承受压力的能力，因此急性压力测量的诱发模式经常用于人才选拔的面试中，例如压力面试与情景面试。

二、大学生常见的压力源

当下大学生需面对越来越多的压力源，由于多方压力源的影响，大学生心理健康状况有逐步下降的趋势，抑郁症与焦虑症在学生中频频发生，大学生心理问题已经成为突出的社会问题。有研究表明，大学生的心理问题普遍来源于心理压力，而心理压力又主要来自学业压力、家庭压力、人际压力、就业压力等。

1. 学业压力

大学生的压力源首先来自学业。在经历过高中的紧张复习与高考的激烈竞争后，不少大学新生都"心存余悸"。过去的压力还没来得及消退，大学中新的学习压力又扑面而来。由于大学的学习模式与中学有所不同，很多大学新生明显感觉不适，需要慢慢去适应。除了各门课程的考试外，还有很多技能考试在等着他们。学业的压力让一些大学生感到压力很大，手足无措。

2. 家庭压力

根据教育部发布的数据，2009年全国各类高等教育在校生总规模达到2979万人，高等教育毛入学率为24.2%；2019年全国各类高等教育在校生总规模达到4002万人，高等教育毛入学率为51.6%。这标志着我国的高等教育即将进入普及化阶段。大学毕业生数量的大幅增长，导致大学毕业生的就业压力增大，而对于每个家庭来说，父母都希望孩子通过四年的学习，能找到一个好工作。家长的期望和现实的残酷竞争，都对大学生的内心产生沉重的压力。

3. 人际压力

大学生除了面对学业和家庭的压力外，还要面对人际压力。当今的大学生在家中大多数是集万千宠爱于一身，当他们来到大学过上寄宿生活的时候，面对宿舍里面同样只习惯受他人迁就而不懂得相互迁就的其他舍友时，处理好人际关系成了他们在大学中的一门"隐形的必修课"。因此在高校的心理咨询中，经常会收到人际关系方面的咨询，例如如何处理宿舍矛盾、情感问题等。

4. 就业压力

大学生毕业时总要面对就业的压力，每一名大学生都希望自己在毕业的时候能找到一份好工作，这种期望值使他们在就业时感受到从下往上推的压力；而由于大学教育的普及化，大学毕业生众多，就业竞争加剧，这给求职中的大学生带来从上往下推的压力。

就业压力与学业压力、家庭压力是联动的，每一名大学生都想在毕业的时候找到一份好工作，父母对自己也有更高的期待，正是这种期待，使他们在学业中会给自己更多的压力。

案例分析

∽❀ 应届毕业生被淹没在各方压力中 ❀∽

小黄，男，大四学生，临近毕业，计划毕业后能与女友在广州打拼，谋得立足之地，因此对自己要求很高，他在实习的岗位上积极进取，但是觉得老板只把自己当小卒，没有给自己相应的待遇与尊重。他还没有毕业就忙于实习的工作，因此落下很多课程，这也导致他临近毕业，还有多门考试不及格。老师多次催促他回学校补考，但是他一直抽不出时间，有时还与老师顶撞，并觉得老师不懂得通融，埋怨学校不近人情。同时，他的女朋友也不能理解他，双方经常吵架。小黄对自己的生活感到很沮丧，性格也变得很暴躁，甚至在见咨询师之前还跟学校的老师吵过架。

案例点评：小黄的压力主要来自三个方面：工作、学业、情感。在工作上，由于自己一心想投身社会打拼事业，所以醉心工作，忽略了自己的学业与女朋友。虽然帮公司赚了钱，但是不被上司赏识；在学业上，由于自己只顾着实习的工作，落下了很多学业，造成多门考试没有通过，科任老师与辅导员敦促其回学校参加补考，反而使他感到心烦，觉得老师在针对他；在情感上，由于他忙于工作，忽略了女朋友，造成两人经常吵架。来访者成就动机过高，对自我要求苛刻，但是不被身边的人所理解。对此他感到相当的气愤与沮丧，加上积累的负面情绪无法得以释放，造成他近来脾气暴躁，情绪焦虑不安。

心理测试

写下你的压力源

在一张纸上以"我目前最大的压力来自……"为题，写下自己目前感觉最突出的10个压力源，并给压力源从1~10编号（1代表最强烈的压力，10代表相对较弱的压力）。看看自己最大的压力源是什么，并与自己的同学分享，然后将大家的答案统计出来，看看班上排名前5的压力源是什么。

> **心 理 名 言**
>
> 健康的人不会折磨他人，往往是那些曾受折磨的人转而成为折磨他人者。
>
> ——卡尔·荣格

单元二　压力对大学生的影响

一、适当的压力有助于效率的提高

压力与健康的关系研究是临床心理学研究最受关注的课题之一。强烈或持久的压力，固然会对身心健康产生消极影响，从而引发一系列躯体及心理反应。但不是所有的压力对个体的影响都是消极的，压力也能产生积极的影响，适度的压力可以帮助我们集中精力，从而提高我们的工作效率，让我们更好地适应社会。

拓展阅读

压力与效率的研究

适当的压力对我们工作效率的提高有促进作用，那究竟什么样的压力才算是适当的压力，耶基斯-多德森法则就很好地解释了这个问题。以往关于动机与工作效率的研究认为：动机越强，工作积极性越高，能把潜能发挥得更好，从而取得更高的效率；相反，动机的强度越弱，工作积极性越低，不能发挥好潜能，从而取得的效率也越低。因此，过去的理论简单地认为动机与工作效率成正比例的线性关系。

然而，经过多年的研究，心理学家耶基斯和多德森发现：动机强度与工作效率之间并不是简单的线性关系，而是倒U形的曲线关系，见图5-1所示，具体有以下两个特点。

①在同一难度的任务中，动机处于适宜水平时，工作效率较高；当动机强度过低时，工作效率不高；当动机强度过高时，工作效率会随强度增加而不断下降。这是由于动机过高，会使个体感受到过度的压力，致使个体处于过度焦虑和紧张的心理状态，干扰记忆、思维等心理过程的正常活动；然而动机过低时，个体感受不到压力，容易出现懒惰、消极的情绪，致使工作不集中，效率偏低。

② 不同任务难度会有不同的最佳动机水平：在完成容易的任务时，较高的动机水平会有最佳工作效率；难度一般的任务时，中等的动机水平会有最佳的工作效率；在困难的任务中，偏低动机水平会有最佳的工作效率。

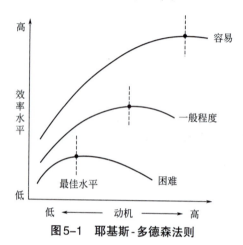

图5-1　耶基斯-多德森法则

二、过度的压力对生理的影响

过度的压力会影响青少年的身体发育，而持续的过度压力更是会危害青少年的身体健康，增加患病的风险。强烈或持续的压力能够改变与社会情绪调节相关的大脑区域，进而使青少年产生一系列内化问题，如抑郁、焦虑和低自尊，增加疾病风险。过度的压力会对生理产生严重的影响，严重时会引发各种躯体疾病。

1. 压力对内分泌的影响

当面对过度的压力时，由交感神经系统活动驱动的肾上腺素大量分泌，从而导致心血管扩张、皮肤电压水平提升、多种蛋白酶浓度上升。这是个体在面对压力时在生理上的最直接反应。

2. 压力对大脑的影响

当个体长期面对过度的压力时，肾上腺皮质分泌糖皮质激素，从而经由神经递质、神经肽和内分泌激素的中间递质，作用于大脑内部的杏仁核、海马体等区域，从而产生情绪、认知上的应激反应。

3. 压力与疾病的关系

研究表明，压力的负面影响可能会诱发衰老症状和各种疾病，例如癌症、心血管疾病、神经退行性疾病。而疾病的产生，又会破坏调节压力反应的神经和内分泌回路，产生抑郁、焦虑、失眠和不适等精神症状。研究表明，应激还会引起创伤性应激障碍、急性应激障碍、适应障碍、物质成瘾、神经性厌食症等心理障碍。

三、过度的压力对心理的影响

过度的压力是青少年心理问题的主要来源，它能够导致青少年心理问题的增加，还会使其难以适应学校生活，导致问题行为的增加，表现为学业不良、对学校持消极态度和存在攻击行为等。然而，过度的压力如何影响我们的心理健康，弗洛伊德的人格结构理论给出这样的解释：人格分为超我、自我与本我三个部分，当内外部的压力过大，使三者不能协调、和谐，就会出现焦虑的情绪。

焦虑的功能就是作为自我被威胁的一种警告。弗洛伊德描述焦虑有三种类型：客观性焦虑、精神官能性焦虑和道德性焦虑。

① 客观性焦虑，是个人在现实世界中面对真正危险所产生的恐惧，另外两种类型由它发展而来。

② 精神官能性焦虑，是由于个体辨识出自己人格结构中的本我部分，也意识到这部分是以追求快乐为原则，是与自己的超我相违背的，因而产生焦虑感。

③ 道德性焦虑，是被一个人的良心恐惧唤起。当一个人做出或甚至只是想到一些和良心、道德价值相反的行动，他便可能产生罪恶感或羞愧。因此，道德性焦虑视乎一个人良心的发展情况，如果一个人的道德价值较低，就会产生较少的道德性焦虑。

焦虑产生紧张的状态，刺激个人以行动来减少它。弗洛伊德提出：自我发展反抗焦虑的保护性防卫方式叫自我防御机制，是对现实的否认或扭曲。

自我防御机制，是个体抵抗过度压力时的一种自我保护方式。防御机制是指为抗拒每天生活中的冲突引起的焦虑所采取的行为模式。防御机制是自我的一种防卫功能。很多时候，超我与本我之间，本我与现实之间，经常会有矛盾和冲突，这时人就会感到痛苦和焦虑，这时自我可以在不知不觉之中，以某种方式，调整冲突双方的关系，使超我的监察可以接受，同时本我的欲望又可以得到某种形式的满足，从而缓和焦虑，消除痛苦，这就是自我的心理防御机制，它包括压抑、合理化、否认、投射、抵消、转化、幽默、反向形成、退化、隔离、补偿、升华等各种形式。人类在正常和病态情况下都在不自觉地运用自我防御机制，运用得当可减轻痛苦，帮助度过心理难关，防止精神崩溃；运用过度则会表现出焦虑、抑郁等病态心理症状。以下就是12种自我防御方式。

（1）压抑　当一个人的某种观念、情感或冲动不能被超我接受时，就被压抑到无意识中去，以使个体不再因之而产生焦虑、痛苦，这是一种不自觉的主动遗忘和抑制。例如，我们童年不愉快的经历会压抑在记忆的深层，个体以为自己忘记了，但是这些记忆还会影响我们的日常行为。

（2）合理化　它是指个体遭受挫折时，赋予合乎情理的解释以及勉强能被接受的理由，以掩饰的方式重新诠释，借由自欺的行为自圆其说，使其能说服自己或被他人接受，从而获得自慰，例如，我们常说"吃不到葡萄就说葡萄是酸的"就是合理化的表现。

（3）否认　它是指有意或无意地拒绝承认那些不愉快的现实以保护自我的心理防御机制。例如，当我们得到亲人突然死亡的消息，短期不敢相信真有此事，以否认的方式逃避突如其来的精神打击。

（4）投射　它是指个体将自己不能容忍的冲动、欲望转移到他人的身上，以免除自责的痛苦。最常见的是家长在工作上受了气，但是在上司面前不敢表现出来，回到家后会把这些情绪发泄在孩子身上，这是家长的自我为了满足本我的需要，又要逃避超我的责难，就将自己的欲望投射到别人的身上从而得到一种解脱的心理机制。

（5）抵消　它是指以象征性的事情来抵消已经发生了的不愉快事情，以弥补其心理上的不舒服。例如，一个孩子犯了过错，就会刻意在父母面前表现得很乖巧，从而弥补心理上的愧疚。

（6）转化　它是指精神上的痛苦、焦虑转化为躯体症状表现出来，从而避开了心理焦虑和痛苦。例如，考试焦虑的时候，有的人容易出现莫名其妙的肚子痛，这种转化的动机完全是潜意识的，是个体意识难以控制的。

（7）幽默　它是指以幽默的语言或行为来应付紧张的情境或表达潜意识的欲望。通过幽默来表达个体内心的攻击性或性欲望，这样就可以不必担心自我或超我的抵制。例如，关于性爱、攻击、死亡等笑话桥段，就是个体用幽默的"糖衣"包裹着大量受压抑的思想。

（8）反向形成　它是指有意识性地采取某种与潜意识完全相反的看法和行动，因为如果按照真实意识表现出来，则不符合社会道德规范或引起内心焦虑。例如，有些男生在班上有自己暗恋的对象，却故意对她冷嘲热讽。

（9）退化　当人受到挫折无法应付时，即放弃已经学会的成熟态度和行为模式，使用以往较幼稚的方式来满足自己的欲望。如有些成年人在遭受失业的严重打击时，就会不顾众人眼光像儿童一样放声大哭，甚至退回到婴儿时期被他人照顾的状态中。

（10）隔离　将一些不快的事实或情感隔离于意识之外，以免引起精神上的不愉快。例如，人去世了就会被说成"仙逝""长眠"等，这样的表达方式可以减轻悲伤。

（11）补偿　它是指个体因为生理或心理上存在不可避免的缺陷，而有意识地采取其他方法获取成功，从而掩盖自己的自卑感和不安全感。例如，某些孩子因为先天身体发育有缺陷而在后天努力学习，从而以优异的成绩获得他人的认可。

（12）升华　它是指压抑不符合社会规范的原始冲动或欲望，另辟蹊径地采用符合社会要求的建设性方式表达出来。例如，用拳击、格斗、剑击等体育运动方式或其他社会认可的方式来替代本能冲动的发泄。

心理测试

数一数图中有多少个黑点

其实图5-2中没有一个黑点，只有黑色的正方形、灰色的线条与白点。你看到的黑点越多，说明你现在越焦虑，表示你现在身上有很大压力。

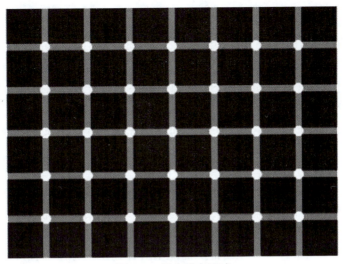

图 5-2　压力状态测试

心理名言

好的人生是一种过程，而不是一种静止的状态，它是一个方向，而不是一个终点。

——罗杰斯

单元三　大学生应对压力的方式

一、合理的认知

每个人面对的压力源都是相似的，而为什么不同个体对压力源有着不同的反应，主要原因是不同的个体有着不同的认知观念。根据美国心理学家埃利斯创建的情绪ABC理论，认为激发事件（Activating Event，A）只是引发情绪和行为后果（Consequence，C）的间接原因，而引起情绪和行为后果的直接原因则是个体对激发事件的认知和评价而产生的信念（Belief，B），即人的消极情绪和行为障碍结果不是由于某一激发事件直接引发的，而是由经受这一事件的个体对它不正确的认知和评价所产生的错误信念所直接引起的。错误信念也被称为非理性信念。例如，当某一学生一次考试失败，就认为自己是个没有用的人，因此产生消极的情绪；另一学生同样是一次考试失败，但他认为自己只是暂时没有掌握好这次考试的知识点，后面他主动补足知识漏洞，争取下次考试成功。这就是面对同样的激发事件，由于两者的认知观念不一致，产生了不同的行为结果。埃利斯认为：正是人们常有的一些不合理的信念使我们产生情绪困扰。如果这些不合理的信念长久存在，还会引起情绪障碍。

二、寻求他人的帮助

人类是群体动物，当我们面对同样的压力源时，有他人的支持与独自面对会有不一样的结果。当我们面对不可控的压力时，可以寻求自己身边的社会支持。社会支持从性质上可分为两类：一类是客观的、可见的或实际的支持，包括物质上的直接援助、社会网络、团体关系（如家人、伴侣、朋友、同事等）的存在和参与；另一类是主观的、体验到的情感上的支持，指的是个体在社会中受尊重、被支持、被理解的情感体验和满意程度，与个体的主观感受密切相关。

三、压力宜宣不宜堵

合理宣泄是心理学中提倡的心理防御机制之一。为了减轻精神上的痛苦和不快，避免遭受挫折后可能产生的生理疾病，人们常常会采用各种防御机制，以维持自身的心理平衡，而宣泄是最直接有效的把负面能量对外输出的方法。有人认为不能让情绪随便发泄，应该有所限制，其实发泄与限制都具有积极的意义。

当一个人在生活或工作中受到挫折或打击后，由于受到外部环境与内部超我约束，当时无法将受到的委屈或不满表现出来，只好把这种负面情绪压抑起来。但由于人的心理承受力是有限的，不良情绪长期积郁在心中，人的心理就会出现严重的失衡，也很容易导致疾病。为了维持自身的心理平衡，人们就需要去寻找一个恰当的对象将个人的消极情绪予以宣泄，使心中积压的负面情绪得以稀释，从而摆脱这种负面情绪的干扰，保持心理的平衡。因而，宣泄可以帮助人们排遣不良情绪，但宣泄要合理。宣泄不是指无条件、随意的宣泄，而是选择在适当的时候、恰当的地点、用恰当的方法发泄出自己内心的压抑情绪。如在不恰当的时候、不恰当的地点随意宣泄，会引发其他问题，形成二次压力源。

 案例分析

难以逃避的家庭压力

小倩，大一学生，自幼父母离异，她与母亲同住。父母虽然离异，但是母亲经常在她面前数落自己父亲的种种不是，而父亲也已经重建了一个新家庭。小倩说，每次到了交学费的时候，自己内心总是忐忑不安，不是家里拿不出钱，而是父母都逼迫她去找另一方要钱交学费。同时，小倩性格比较内向、胆怯，与舍友相处得不那么和谐，很多时候舍友们的一些做法，她很反感，却又不敢提出意见，总是在迁就别人、讨好别人，这让她感到很压抑。在学习上，她的英语基础不是很好，可是父母却逼着她出国读书，她不得不备考雅思，内心压力很大。

后来，小倩来到心理咨询室与心理辅导老师进行了交流。在叙述过程中，小倩多次潸然泪下，这是她释放自己压抑在内心的负面情绪的表现，也是让她勇敢面对自己原生家庭问题的方式。在心理辅导老师的帮助下，小倩很好地实现了压力宣泄，排解了不良情绪的影响。

案例点评：情绪宣泄是心理学中提倡的一种心理防御机制。有效的合理的宣泄可以帮助小倩很好地减轻心理压力，稀释心中的负面情绪。在咨询师的陪伴与支持下，小倩学会正确面对自己内心的负面情绪，找到应对和解决问题的方法。

四、提升自己承受压力的"容量"

分析心理学家荣格说过，咨询师是一个容器，能够承接来访者的负面情绪，当他承接不过来的时候，就有必要成长，使自己的容器变得更大。其实，不只咨询师，我们每个人的内心都是一个容器，当我们没法承受当前的压力时，我们就去扩大自己的容器的容量，使我们能够承受更多的压力。

首先，提升自己的能力，扩展自己的视野。我们是否有过这样的经历，小时候遇到一道题目觉得很难，但是随着我们的知识丰富、能力提升，若干年后再次面对这道题目时，我们会觉得它很简单。这就是当我们的视野扩大了，曾经的高坡便不再是不可逾越。所以年轻人需要多增长见识，提高能力水平。

其次，制定适当的目标，并将目标合理分解，逐步实现。当今大学生，对自己期望甚高，因此总给自己制定过于宏伟的目标。有目标是一件好事，但是如果目标与自己的现实相差过大，就会形成过度的压力。前面提及的"耶基斯-多德森法则"显示，在这种过度的压力下，我们的效率不但没有提升，反而下降，尤其是面对难度大的任务时。同时，这种压力还会使我们内心产生挫败感，造成习得性无助。所以我们要制定适合自己的目标，懂得把大目标分解成一个个小的目标，逐步去实现。

最后，提升自己的心理弹性。心理弹性在过去被认为是一种人格特质，是人与生俱来的，即有些人一出生就有良好的心理弹性，能够"泰山崩于前而色不变"，而有些人稍遇到问题就会非常焦虑。心理学家的研究发现，心理弹性也是一种能力、一种技能，可以通过后天的培养得到提升。

不管此刻多么黑暗，爱和希望总在前方。

——乔治·查克里斯

单元四　大学生应对压力的心理弹性

一、心理弹性的概述

心理弹性"Resilience"一词源于拉丁词语"Resiliens"，意为"反弹，弹回"，也翻译为"心理韧性"。"弹性"最初是物理学中用于界定"物体受外力后变形，再通过外力去除'弹回'原形的特性"的概念。此概念被引入心理学中，指个体应激或处于不利处境的一种积极的能力，该能力可使个体"弹回"至应激前的正常功能状态。

心理弹性对个体应对压力、维持心理健康有重要的作用。Friborg等人在2006年的研究中发现，高心理弹性个体比低心理弹性个体感知到更少的心理困扰，表现出更高的心理健康水平，Friborg等人在同年的研究中验证了心理弹性对压力和心理困扰具有调节效应。德国心理学家发现心理弹性与较低水平的心理困扰相关，随着时间的推移，心理弹性与心理困扰水平的降低有关，并且心理弹性缓解了日常琐事应激对个体心理困扰的消极影响，最后提出心理弹性是应激和心理困扰的调节因素。国内学者杨彩霞的研究显示：心理弹性在压力事件和心理健康之间起到部分中介作用。心理弹性作为个体应对压力所需的积极心理品质受到研究人员的广泛重视。

二、心理弹性模型

Kumfer在1999年综合了其他人的研究成果，形成一个心理弹性模型。该模型是建立在社会生态模型和"个体—过程—情境"模型基础上的综合模型。Kumfer的弹性模型由以下内容构成：已有的环境特征、个体的心理弹性特征、个体心理弹性的重组或消极生活经历后产生的积极结果，以及调适个体和环境以及个体和结果之间的动力机制。

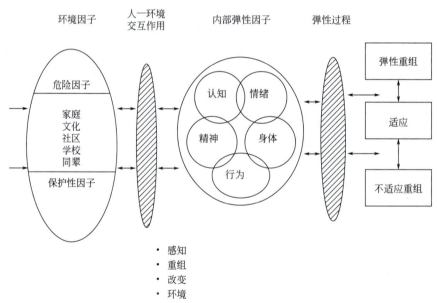

图5-3　Kumfer的心理弹性模型

图5-3显示了Kumfer的心理弹性模型，第一个椭圆形框架代表的是外部的环境因子（包括危险因子与保护性因子），例如家庭、文化、社区、学校、同辈等，描述了危险因子和保护性因子之间的交互影响。一般而言，个体在两个危险因子下尚能很好适应，如果危险因子超过两个，其发展功能损伤以及适应不良的概率将大增。保护性因子数量的增加可以有效缓冲这些危险因子。

模型中间的圆形代表个体的内部弹性因子，包括认知、情绪、身体、行为、精神等因子。模型中处在环境因子与内部弹性因子中间的椭圆阴影表示个体与环境交互作用的过程，个体与环境的部分交互过程可以帮助高危人群将高危险环境改造成具有相对保护性的环境，这包括感知、重组、改变和环境。

环境因子和内部弹性因子之间的交互作用产生了心理弹性的过程或结果。心理弹性框架最右边部分是心理弹性过程产生的三种结果：弹性重组，也就是环境因子与内部弹性因子交互作用后，个体的心理弹性因子变得更强，并达到一个更高的心理弹性水平；适应，也就是动态平衡的重组，包括回到早在压力或危险之前就已经存在的初始状态；不适应重组，表示心理弹性水平差，即个体的心理功能停留在一个很低的水平。

三、有效提升心理弹性

1. 团体心理辅导

为提高大学生的心理弹性，台湾学者朱森楠提出"我是（I am）、我有（I have）、我能（I can）"的团体心理辅导操作化方案，简称"3I"。其中，"我是"指的是个体的乐观感，相信未来是光明的，对未来有各种期盼，能够尊重自己和他人，对自己的行为负责；"我有"指的是个体的归属感，个体拥有信任自己并且无条件爱自己的人，能够发现自己所拥有的外部支持和资源，发展安全感和被保护的感觉；"我能"是指个体的效能感，主要包括社交能力、问题解决能力、情绪管理能力及目标设定能力等。这个心理辅导方案，可以让学生发展个体的内部力量，包含个人的感觉、态度及信念，并充分利用重要的外部支持与资源，发展安全感和受保护的感觉，以及学会人与人之间进行交流沟通的技巧和解决问题的能力，如创造性、幽默感、沟通能力等，进而提高他们的心理弹性。

2. 建立和谐的家庭关系

家庭是个人成长中重要的动力来源，和谐的家庭关系能够给我们带来勇气去面对生活中各种各样的压力。向家人倾诉、耐心倾听家人的心声、与家人进行心与心的交流，从而在彼此不同的思想关系中找到平衡点，促进和谐关系的产生。

3. 体育锻炼

体育锻炼与大学生的心理健康密切相关，它能够降低压力反应，促进心理健康的发展。很多研究以运动项目、频度、时间、强度以及它们之间的组合作为自变量，探讨体育锻炼与大学生心理压力水平的关系，结果表明：参加体育锻炼有利于个体心理弹性的提高。具体表现为学生心理弹性与体育运动参加时间、体育项目选择呈中度相关。在项目选择上，参与集体运动项目对大学生心理弹性产生积极影响。例如，团体运动与心理弹性的部分维度呈显著正相关，参加过篮球运动的大学生心理弹性总分显著高于从未参加过篮球运动的大学生。所以在体育项目的选择上，我们认为团体运动项目将对大学生心理弹性产生更积极的影响，例如，羽毛球、乒乓球、篮球、足球等团体活动会比跑步、游泳等个体运动更能有效地提高心理弹性。

心理测试

压力源测试

该量表根据刘贤臣等编制的"青少年生活事件量表"改编，适用于青少年尤其是中学生和大学生的压力测量。

请根据最近12个月的真实情况在相应栏目内画"√"。若没发生过，就勾选"未发生"；若已发生过，则根据事件发生时的真实心理感受勾选"（0）没有，（1）轻度，（2）中度，（3）重度，（4）极重度"中的一项。各事件的累计得分为总压力分数。

生活事件名称	未发生	发生过，对你影响的程度				
		（0）没有	（1）轻度	（2）中度	（3）重度	（4）极重度
1. 被人误会或错怪	（　）	（　）	（　）	（　）	（　）	（　）
2. 受人歧视或冷遇	（　）	（　）	（　）	（　）	（　）	（　）
3. 考试失败或不理想	（　）	（　）	（　）	（　）	（　）	（　）
4. 与同学或好友发生纠纷	（　）	（　）	（　）	（　）	（　）	（　）
5. 生活习惯（饮食、休息等）明显变化	（　）	（　）	（　）	（　）	（　）	（　）
6. 不喜欢上学	（　）	（　）	（　）	（　）	（　）	（　）
7. 恋爱不顺利或失恋	（　）	（　）	（　）	（　）	（　）	（　）
8. 长期远离家人不能团聚	（　）	（　）	（　）	（　）	（　）	（　）
9. 学习负担重	（　）	（　）	（　）	（　）	（　）	（　）
10. 与老师关系紧张	（　）	（　）	（　）	（　）	（　）	（　）
11. 本人患急重病	（　）	（　）	（　）	（　）	（　）	（　）
12. 亲友患急重病	（　）	（　）	（　）	（　）	（　）	（　）
13. 亲友死亡	（　）	（　）	（　）	（　）	（　）	（　）
14. 被盗或丢失东西	（　）	（　）	（　）	（　）	（　）	（　）
15. 当众丢面子	（　）	（　）	（　）	（　）	（　）	（　）
16. 家庭经济困难	（　）	（　）	（　）	（　）	（　）	（　）
17. 家庭内部有矛盾	（　）	（　）	（　）	（　）	（　）	（　）
18. 参加的评选（如三好学生）落空	（　）	（　）	（　）	（　）	（　）	（　）
19. 受批评或处分	（　）	（　）	（　）	（　）	（　）	（　）
20. 转学或休学	（　）	（　）	（　）	（　）	（　）	（　）
21. 被罚款	（　）	（　）	（　）	（　）	（　）	（　）
22. 升学压力	（　）	（　）	（　）	（　）	（　）	（　）
23. 与人打架	（　）	（　）	（　）	（　）	（　）	（　）
24. 遭父母打骂	（　）	（　）	（　）	（　）	（　）	（　）
25. 家庭给你施加学习压力	（　）	（　）	（　）	（　）	（　）	（　）
26. 受到意外惊吓，发生事故	（　）	（　）	（　）	（　）	（　）	（　）
27. 如有其他事件请说明	（　）	（　）	（　）	（　）	（　）	（　）

若总分低于54分，即表明压力适中；若总分大于54分，即表明生活中有较大压力；若总分大于81分，表明压力太大，需注意放松心情。若条目1、2、4、15、25合计分数大于10分，表明人际关系方面压力较大；若条目3、9、16、18、22合计分数大于10分，表明学习方面压力较大。

《压力管理》

《压力管理》是美国当代著名压力管理专家伊夫·阿达姆松潜心多年研究的结晶。作者在书中全面探讨了压力的含义、类型、起因、表现、症状；强调了压力对人身体免疫系统的巨大危害，以及由此对健康、工作、生活、交往所带来的一系列负面影响；分析了各年龄段、不同性别、不同职业的人们压力产生的根源及其对压力的反应；总结出催眠疗法、锻炼疗法、芳香疗法、营养疗法、按摩疗法、创造疗法、乐观主义疗法、印度草医学、冥想、太极、瑜伽等一系列有效的减压、解压的方法；帮助读者树立正确的认识及看待压力的观念，指导读者自信而乐观地面对世界，制订合理的压力管理计划，改变不良的生活习惯和工作方式，变压力为动力，走向轻松、乐观、健康的理想生活。

专题六
思绪万千,学做情绪管理的主人

　　人与动物最大的区别在于,人有复杂的情绪和情感,能通过情绪和情感跟世界万物建立联系。正是因为这个联系,我们体验到了生活的价值和意义;正是因为这个联系,我们明白原来每个人都很重要;正是因为这个联系,我们不断地追求和创新。

 **课前导入**

心爱的东西

你最要好的朋友明天就要过生日了,你去商场选了一个非常精致的玻璃杯,打算第二天送给她。在商场休息时,你把玻璃杯放了凳子旁边,这时一个中年男子走了过来,一脚把杯子踢倒了,精致的玻璃杯瞬间变成了玻璃碴。

这时,你感受如何?是否会想:"怎么搞的,走路也不看脚下,把我的玻璃杯都踢坏了!"

当你转过身,正要对这个中年男子发火的时候,你发现,他原来是一个盲人。

这时,你的感受又是怎样?

 思 考

1.为何对同样一件事,你的情绪会有不同?
2.情绪究竟是什么?
3.该如何管理自己的情绪呢?

经得起各种诱惑和烦恼的考验,才算达到了最完美的心灵健康。

——弗·培根

单元一 情绪的奥妙

一、情绪究竟是什么

(一)情绪的内涵

"你今天快乐吗?"面对这样一个简单的问题,每个同学都能快速地回答出来"快乐"或者"不快乐"。谈及情绪,每个同学都曾经体验过快乐和痛苦,甚至更复杂的感受。那么情绪到底是什么呢?

从广义上来讲,情绪是对一系列主观认知经验的统称,是多种感觉、思想和行为综合产生的心理和生理状态。从狭义上来讲,情绪则是个体对客观事物的主观体验。这里的个体指的是高级的动物。我国有学者提出,情绪是人类对于各种认知对象的一种内心感受或态度。它是人们对于自己所处的环境和条件,对于自己的工作、学习和生活，对于他人的行为的一种体验。情绪又与情感相对应。

（二）情绪的成分

从情绪的定义来看，情绪不仅包括主观体验，还伴随着相应的生理反应和外部表现。

1. 主观体验

主观体验包括个体的思维、情感、意志和行为。比如遇到不好的事情，你就会紧张、不安、烦躁、焦虑，遇到开心的事情，你就会喜笑颜开。这些情况就叫做主观体验。主观体验都是自己的感觉，只要我们的感觉器官没有出现问题，刺激的强度足够大的时候，才会出现情绪。因此，在研究他人情绪时，很大程度上要依赖被研究对象的主观体验。主观体验也是心理过程的基础，是持续的心理状态。

2. 外部表现

外部表现是个体的表情和行为，个体通过面部表情、手势姿势和声调语气等更好地表达自己。例如，不同的情绪会产生不同的面部表情。由于面部表情能精细、准确地反映人的情绪，它是人类表达情绪最主要的一种表情动作。心理学家伊扎德将人的面部分为额眉-鼻根区、眼-鼻颊区和口唇-下巴区，认为这三个区域的活动构成了不同的面部表情，表达着相应的情绪。比如，人愉快时，额眉-鼻根区放松，眉毛下降；眼-鼻颊区眼睛眯小，面颊上提，鼻面扩张；口唇-下巴区嘴角后收、上翘。这三个区域的肌肉运动组合起来就构成了笑的面部表情。

3. 生理反应

情绪生理反应是指在情绪活动中伴随发生的一系列生理变化。它主要由自主神经系统和内分泌系统活动改变而引起的。

①自主神经系统的情绪生理反应多数情况下表现为交感神经系统活动的相对亢进。例如，在动物发动防御反应时，可出现骨骼肌血管舒张，皮肤、内脏血管收缩，血压升高和心率加快的交感活动的改变。这些变化可使各器官的血流量得到重新分配，使骨骼肌获得充足的血液供应。

②内分泌系统的情绪生理反应涉及的激素种类很多。例如，在创伤、疼痛等原因引起应激而出现痛苦、恐惧、焦虑等的情绪生理反应中，血中促肾上腺皮质激素和肾上腺糖皮质激素浓度明显升高，肾上腺素、去甲肾上腺素、甲状腺激素等浓度也升高。

二、情绪从哪里来

（一）情绪心理理论

从科学心理学诞生以来，不少心理学家都想通过研究弄明白人类的情绪到底是怎样产生的，又是怎样影响人的。

1. 詹姆斯-兰格理论

美国心理学家詹姆斯和丹麦生理学家兰格分别于1884年和1885年提出了内容相同

的一种情绪理论。该理论强调情绪的产生是自主神经活动的产物，后人称它为情绪的外周理论，即情绪刺激引起身体的生理反应，进而进一步产生情绪体验。

2. 坎农-巴德理论

坎农-巴德理论认为情绪情感的中枢不在外周系统，而是在中枢神经系统的丘脑，并且强调，大脑对丘脑抑制的解除使自主神经活跃起来，加强身体生理反应而产生情绪。该理论提出者是美国生理学家沃尔特·坎农，后来其弟子菲利普·巴德给予支持和扩充，该理论也称为"丘脑情绪说"。

3. 评定-兴奋学说

美国女心理学家阿诺德于20世纪50年代提出了情绪的评定-兴奋学说，该学说强调情绪的来源是对情境的评估，而这种评估是在大脑皮层产生的。阿诺德举例：在森林里看到熊会产生恐惧，而在动物园里看到关在笼子里的熊却不产生恐惧。情绪的产生取决于人对情境的认知和评价，通过评价来确定刺激情景对人的意义。因此，阿诺德给情绪下定义为：情绪是对趋向知觉为有益的、离开知觉为有害的东西的一种体验倾向，这种体验倾向由一种相应的接近或退避的生理变化模式所伴随。

4. 沙赫特的情绪理论

美国社会心理学家沙赫特的情绪理论认为，情绪的产生有两个不可缺少的因素：一是个体必须体验到高度的生理唤醒，二是个体必须对生理状态的变化进行认知性的唤醒。情绪状态是认知过程、生理状态、环境因素在大脑皮层中整合的结果。

5. 认知-评价理论

美国心理学家拉扎勒斯的认知-评价理论认为情绪是人与环境相互作用的产物。在情绪活动中，人不仅会反映环境中的刺激事件对自己的影响，同时要调节自己对刺激的反应。具体有三个层次的评价：初评价、次评价、再评价。

（二）影响情绪的因素

1. 认识因素

认识在情绪体验中是一个非常重要的因素。相同的情境，如果给出的认识评价不同，就会产生不同的情绪体验。一件事情到底是好还是坏，就看你如何认识它、如何评价它，看你做出什么样的选择。一定程度上，认知决定了情绪。

客观事件是我们无法左右的，是不以人的意志为转移的，但是主观信念是我们可以通过努力加以控制的。虽然我们无法避免所有不合理的信念，但应充分认识不合理信念的存在，尽量减少其对我们生活的负面影响。不合理信念具有以下三个特征。

（1）绝对化要求　它通常与"必须""应该"这类字眼连在一起。例如，"我必须获得成功""别人必须很好地对待我""生活应该是很容易的"等。俗话说"人生不如意事十之八九""计划不如变化快"，生活中很多事情是不以人的意志为转移的，我们每个人不可能在每一件事情上都获得成功。同样，周围的人和事物的表现和发展也不可能以我们的意志为转移。

（2）过分概括化　以一件事的成败来评价个人（包括自己或他人），这就是过分概括化。在这个世界上，没有一个人是完美无缺的，所以每个人都应接受自己和他人会犯错误的可能。

（3）糟糕至极　当一个人讲什么事情都糟透的时候，对他来说往往意味着碰到的是最坏的事情。我们当然希望不要发生我们所认为的非常不好的事情，但是我们没有任何理由说这些事情绝对不该发生。当一切已成事实，我们必须努力去接受现实，尽可能地去改变这种状况。实在不可能改变时，则要学会在这种状况下生活下去。

2. 气质类型

现代心理学家认为，气质是人典型的、稳定的心理特点，主要表现在情绪体验的强弱、快慢上，表现在隐显、动作敏感或迟钝方面，它是高级神经活动类型的外部表现。人的气质类型有四种，不同气质的人情绪表现特点各不相同。

（1）胆汁质　也叫作不可遏制型。这种气质类型的人情绪兴奋性高，感情强烈，易于激昂，脾气急躁，情绪体验的波动性比较大。

（2）多血质　这种气质类型的人属于活泼型的人。他们情感丰富，反应灵敏、灵活，待人接物乐观热情，情绪易变，在面对各种应激情境时具有很强的自我调节能力。

（3）粘液质　这种气质类型的人属于安静型的人。他们情绪兴奋性低，对外界反应较慢，情感不外露，遇事冷静，情绪不会大起大落，有时表现得压抑，但有很强的自我调节能力。

（4）抑郁质　也称弱型。这种气质类型的人对外界刺激反应不强烈，而且反应慢，情绪低落。这种类型的人情绪压抑，感情脆弱，内心深层情感体验强烈，经不起挫折的打击，容易表现出神经官能症的症状。

气质对情绪的影响并不是不可改变的。例如，大学生入学后参加军训体验军营生活，通过这个活动磨炼意志，充分发挥气质的积极作用，克服自身的弱点，不断完善自己。

3. 环境因素

环境因素对人的情绪影响是不可忽视的。生物钟、大自然变化、颜色刺激、生理周期、饮食、音乐、衣着及睡眠程度都会对情绪产生影响。

（1）生物钟　人体的一切生理活动都是有规律的。人体的血压、体温、脉搏、心跳、神经的兴奋抑制、激素的分泌等100多种生理活动都要受生物钟规律的支配，从而产生生理活动的高潮和低潮。高潮时期情绪往往比较饱满，工作效率高；低潮时期情绪则比较低落，容易表现出不耐烦等不良情绪反应，办事效率低下，容易出差错。一般来说，生物钟在中午和黄昏以后这两个时间段处于低潮，人们互相之间应尽量避免打扰，尤其不要安排重要的活动内容。

（2）大自然变化　一般来说，阴雨天气里人们往往容易产生低落情绪，如果天气转晴，心情也会跟着好转。连日的阴雨，人们容易烦躁不安，对人对事极不耐烦，处理事情也欠考虑。现代医学研究表明：人的大脑中的自然电磁压力在满月时会发生变化。对月亮敏感的人，大脑右半球的电磁压力在满月时会增加，会导致情绪不稳定，容易激动。有关专家建议，在满月的日子里对月亮敏感的人工作不要太紧张，要多休息。

（3）颜色刺激　一般来说，鲜艳的颜色能驱赶人的不良情绪，心情易于好转。大家可能深有体会，到了春天，大自然就像一幅画作，人在自然中，烦恼的情绪也会得到舒缓。于是到了阳春三月，人们便习惯到郊外踏青游玩。

拓展阅读

感觉剥夺实验

1954年，心理学家贝克斯顿、赫伦和斯科特等，在付给学生每天20美元的报酬后，让他们在缺乏刺激的环境中生活。具体地说，就是在没有图形视觉（被试者须戴上特制的半透明的塑料眼镜），限制触觉（手和臂上都套有纸板做的手套和袖套）和听觉（实验的隔音室里进行，用空气调节器的单调嗡嗡声代替其听觉）的环境中让被试者静静地躺在舒适的帆布床上。开始阶段，许多被试者都是大睡特睡，或者考虑其学期论文，然而，两三天后，他们便决意要逃脱这单调乏味的环境。实验的结果显示：感到无聊和焦躁不安是最起码的反应。在实验开始后的几天里，被试者注意力涣散，思维受到干扰，不能进行清晰的思考，智力测验的成绩不理想。另外，其生理上也发生明显的变化。通过对脑电波的分析，证明被试者的各项活动严重失调，有的被试者甚至出现了幻觉现象。

赫伦认为，有机体心理的形成，完全依赖其所处环境。人的心理在它能形成新的反应以前基本是空缺的。有机体在每一年龄阶段都和它的环境不断发生交往，被试者对实验环境出乎意料的反应，正是其离不开所处环境的证明。赫伦还认为，有机体的中枢神经系统有一种形成"细胞结集"的能力。因此，形成人们的知觉和注意的习惯方式有赖于我们早期所受的环境影响。"我们从出生开始，就主要只听见本民族的语言，因而被剥夺了非常丰富的听觉经验。在我们还是婴儿的时候，这样的环境就改变了我们的视觉系统，以致我们总是通过我们早期经验的局限性来看待世界，使我们不能适应改变了的环境。"

三、情绪的分类

（一）情绪的基本分类

关于情绪的类别，长期以来说法不一。我国古代有喜、怒、忧、思、悲、恐、惊的七情说，美国心理学家普拉切克提出了八种基本情绪：悲痛、恐惧、惊奇、接受、狂喜、狂怒、警惕、憎恨。还有的心理学家提出了九种类别。虽然说法很多，但一般认为有四种基本情绪，即快乐、愤怒、恐惧和悲哀。

（1）快乐　指一个人盼望和追求的目标达到后产生的情绪体验。由于需要得到满足，愿望得以实现，心理的急迫感和紧张感解除，快乐随之而生。快乐有强度的差异，从愉快、兴奋到狂喜，这种差异是和所追求的目标对自身的意义以及实现的难易程度有关。

（2）愤怒　指所追求的目标受到阻碍，愿望无法实现时产生的情绪体验。愤怒时紧张感增加，有时不能自我控制，甚至出现攻击行为。愤怒也有程度上的区别，一般的愿望无法实现时，只会感到不快或生气，但当遇到不合理的阻碍或恶意的破坏时，愤怒会急剧爆发。这种情绪对人身心的伤害也是明显的。

（3）恐惧　指企图逃避和摆脱某种危险情景而又无力应付时产生的情绪体验。所以，恐惧的产生不仅由于危险情景的存在，还与个人排除危险的能力和应付危险的手段有关。一个初次出海的人遇到惊涛骇浪或者鲨鱼袭击会感到恐惧无比，而一个经验丰富的水手对此可能已经司空见惯，泰然自若。婴儿身上的恐惧情绪表现较晚，可能是与他对恐惧情景的认知较晚有关。

（4）悲哀　指心爱的事物失去时，或理想和愿望破灭时产生的情绪体验。悲哀的程度取决于失去的事物对自己的重要性和价值。悲哀时带来的紧张情绪的释放，会导致哭泣。当然，悲哀并不总是消极的，它有时能够转化为前进的动力。

人类这些最基本的情绪与动物的情绪表现有本质的不同。因为即使是人的生理性需要也打上了社会的烙印，人们不再茹毛饮血，满足吃、穿、住、行的需要时也会考虑适当的方式和现有的社会条件。

（二）情绪状态的分类

根据情绪状态时间长短，情绪状态可分为三类：心境、激情、应激。

1. 心境

心境是一种微弱、平静和持久的情绪状态。生活中我们常说"人逢喜事精神爽"，指发生在我们身上的一件喜事让我们很长时间保持着愉快的心情；但有时候一件不如意的事也会让我们很长一段时间忧心忡忡，情绪低落。这些都是心境的表现。

心境具有弥散性和长期性。心境的弥散性是指当人具有了某种心境时，这种心境表现出的态度体验会朝向周围的一切事物。一个在班上受到表扬的同学，会心情愉快，回到家里同家人会谈笑风生，遇到邻居会笑脸相迎，走在路上也会觉得天高气爽；而当他心情郁闷时，在学校、在家里都会情绪低落，无精打采。古语中说人们对同一种事物"忧者见之而忧，喜者见之而喜"，也是心境弥散性的表现。心境的长期性是指心境产生后要在相当长的时间内主导人的情绪表现。虽然基本情绪具有情境性，但心境中的喜悦、悲伤、生气、害怕却要维持一段较长的时间，有时甚至成为人一生的主导心境。例如，有的人一生历尽坎坷，却总是豁达、开朗，以乐观的心境去面对生活；有的人总觉得命运对自己不公平，觉得别人都对自己不友好，总是保持着抑郁、愁闷的心境。

导致心境产生的原因有很多，生活中的顺境和逆境，工作、学习上的成功和失败，人际关系的亲与疏，个人健康的好与坏，自然气候的变化，都可能引起某种心境。但心境并不完全取决于外部因素，还同人的世界观和人生观有联系。一个有高尚的人生追求的人会无视人生的失意和挫折，始终以乐观的心境面对生活。

心境对人们的生活、工作和健康都有很大的影响。可以说心境是一种生活的常态，人们每天总是在一定的心境中学习、工作和交往，积极良好的心境可以提高学习和工作的绩效，帮助人们克服困难，保持身心健康；消极不良的心境则会使人意志消沉，悲观绝望，无法正常工作和交往，甚至导致一些身心疾病。所以，保持一种积极健康、乐观向上的心境对每个人都有重要意义。

2. 激情

激情是一种爆发强烈而持续时间短暂的情绪状态。人们在生活中的狂喜、狂怒、悲痛和异常的恐惧等都是激情的表现。和心境相比，激情在强度上更大，但维持的时间一般较短暂。

激情具有爆发性和冲动性，同时伴随有明显的生理变化和行为表现。当激情到来的时候，大量心理能量在短时间内积聚而出，如疾风骤雨，使得当事人失去了对自己行为的控制力。如《儒林外史》中的范进听到自己金榜题名，狂喜之下，竟然意识混乱，手舞足蹈，疯疯癫癫；有些人在暴怒之下，双目圆睁，咬牙切齿，甚至拳脚相加。但这些激情在宣泄之后，人又会很快平静下来，甚至出现精力衰竭的状态。

激情常由生活事件所引起，那些对个体有特殊意义的事件会导致激情的产生，如考上大学，找到满意的工作等；出乎意料的突发事件会引起激情，如多年失去音信的亲人突然回归，让人欣喜若狂。另外，违背个体意愿的事件也会引起激情，传说春秋战国时期的伍子胥过昭关，因担心被抓回楚国，一连几夜愁得睡不着觉，竟然愁白了头。可见，不同的生活事件会引起不同的激情。

激情对人的影响有积极和消极两个方面。一方面，激情可以激发内在的心理能量，成为行为的巨大动力，提高工作效率并有所创造。例如，激情激发战士在战场上冲锋陷阵，一往无前；激情激发画家在创作中，尽情挥洒，浑然忘我；运动员在报效祖国的激情感召下，勇于拼搏，勇夺金牌。但另一方面，激情也有很大的破坏性和危害性。激情中的人有时任性而为，不计后果，对人对己都造成损失。一些青少年犯罪，就是在激情的作用下，一时冲动酿成大错。激情有时还会引起强烈的生理变化，使人言语混乱，动作失调，甚至休克。所以，在生活中应该适当地控制激情，多发挥其积极作用。

3.应激

应激是在出乎意料的紧张和危急情况下引起的情绪状态。如在日常生活中突然遇到火灾、地震，飞行员在执行任务中突然遇到恶劣天气，旅途中突然遭到歹徒的抢劫等。无论天灾还是人祸，这些突发事件常常使人们心理高度警醒和紧张，并产生相应的反应，这都是应激的表现。

人在应激状态下常伴随明显的生理变化，这是因为个体在意外刺激作用下必须调动体内全部的能量以应付紧急事件和重大变故。加拿大心理学家塞里把整个应激反应过程分为动员、阻抗和衰竭三个阶段。首先是有机体通过自身生理机能的变化和调整做好防御性的准备；其次是借助呼吸、心率变化和血糖增加等调动内在潜能，应对环境变化；最后当刺激不能及时消除，持续的阻抗使得内在机能受损，防御能力下降，从而导致疾病。

应激的生理反应大致相同，但外部表现可能有很大差异。积极的应激反应表现为沉着冷静，急中生智，全力以赴地去排除危险，克服困难；消极的应激反应表现为惊慌无措，一筹莫展，或者发动错误的行为，加剧了事态的严重性。这两种截然不同的行为表现，既同个人的能力和素质有关，也同平时的训练和经验积累有关。例如，接受过防火演习和救生训练的人在遇到类似的突发事故时，能正确及时地逃生和救人。

四、情绪的功能

情绪的出现并不是一个简单的生理现象，而是一个更为复杂的心理现象，同时这种心理现象蕴含更多社会文化的功能和信息，能指引我们更好地生活。

1. 适应功能

个人在生存和发展的过程中，有多种适应方式。情绪是个体适应生存和发展的一种重要方式。如动物遇到危险时产生恐惧的呼叫，就是动物求生的一种手段。

情绪是人类早期赖以生存的手段。婴儿出生时，不具备独立的生存能力和言语交际能力，这时主要依赖情绪来传递信息（哭泣、笑声和肢体动作），与成人进行交流，得到成人的关注，使需要得到满足。成人也正是通过婴儿的情绪反应，及时为婴儿提供各种生活需要。在成人的生活中，情绪与人的基本适应行为有关，包括攻击行为、躲避行为、寻求舒适、帮助别人和生殖行为等。这些行为有助于人的生存及成功地适应周围环境。情绪直接反映着人的生存状况，是人的心理活动的"气象局"，如通过愉快表示处境良好，通过痛苦表示面临困难。人还通过情绪进行社会适应，如用微笑表示友好，通过情感传达维护人际关系，通过察言观色了解对方的情绪状况，进而采取相应的措施或对策等。

总之，人通过情绪了解自身或他人的处境，适应社会的需求，得到更好的生存和发展。当然，情绪有时也有负面作用，如一些人在喝醉酒后会表现出极度兴奋或者悲伤，胡乱说话，破坏公共财产，甚至造成人身伤亡。

2. 动机功能

情绪是动机的源泉之一，是人类动机系统的一个基本成分。它能激励人的活动，提高人的活动效率。适度的情绪兴奋，可以使身心处于活动的最佳状态，推动人们有效地完成各种任务。研究表明，适度的紧张和焦虑能促使人积极地思考和解决问题。同时，情绪对于生理内驱力也具有放大的作用，成为驱使人的行为的强大动力。如人在饥饿的情况下，产生了分泌唾液和胃液的生理表现，这种生理驱力可能没有足够的力量去激励行为，但是，这时人的恐慌感和急迫感就会放大和增强内驱力，使之成为行为的强大动力。

3. 组织功能

情绪的组织功能是指情绪对其他心理过程的影响。情绪心理学家认为，情绪作为脑内的一个检测系统，对其他心理活动具有组织的作用。这种作用表现为积极情绪的协调作用和消极情绪的破坏、瓦解作用。中等强度的愉快情绪，有利于提高认知活动的效果，而消极的情绪如恐惧、痛苦等会对认知活动的效果产生负面影响。消极情绪的激活水平越高，认知活动的效果越差。

情绪的组织功能还表现在人的行为上，当人处在积极、乐观的情绪状态时，容易注意事物美好的一面，其行为比较开放，愿意接纳外界的事物；而当人处在消极的情绪状态时，容易失望、悲观，放弃自己的愿望，或者产生攻击性行为。

4. 社会功能

情绪在人际间具有传递信息、沟通思想的功能。这种功能是通过情绪的外部表现，即表情来实现的。表情是思想的信号，如用微笑表示赞赏，用点头表示默认等。表情也是语言交流的重要补充，如手势、语调等能使语言信息表达得更加明确。从信息交流的发生时间上看，表情交流比言语交流要早得多，如在前言语阶段，婴儿与成人相互交流的唯一手段就是情绪。情绪在人与人之间的社交活动中具有广泛的功能。它可以作为社会的黏合剂，使人们互相接近；也可以作为一种社会的阻隔剂，使人们相互远离。

有恬静的心灵就等于把握住心灵的全部；有稳定的精神就等于能指挥自己！

——米贝尔

单元二　情绪管理，你我都可以

一、大学生常见的情绪困扰

（一）悲伤的情绪困扰

悲伤是个体最早出现的情绪之一，也是人类很早就开始认识的一种情绪。一般认为，悲伤是由分离、丧失和失败引起的情绪反应。悲伤可由分离、失落和丧失等外部事件所引发，然而受不同个体的评价标准、人格特质等因素的影响，同样的事件或情境能否引发悲伤或所引发的悲伤强度和持续时间会因个体差异而有所不同。而且不同情境的悲伤，其反应趋势及外部表现也不一致。这些问题都增加了对悲伤发生机制理解的困难，不同的研究者常常强调问题的某一方面，因而对悲伤的发生有着不同的看法。人们一般认为，觉察悲伤的产生，应综合考虑诸多因素，如诱发事件、认知加工、主观体验、脑区活动、反应趋势及外部表现等。

常见的诱发大学生悲伤情绪的原因有以下几种。

1. 失去重要的人或物品

生活不会一帆风顺，也不会一成不变。每个人总会经历失去，或是重要的人，或是重要的物品。当我们遇到这类事件的时候，只要有情感的链接，必然会有情绪的变化，这是人之常情，而悲伤的情绪自然也是一种常见的反应。在这样的情况下，请允许悲伤出现，无论男性女性，痛哭一场，大哭过后，请记得明天的光明仍然会到来。

2. 人际关系的危机

在大学里，人与人的关系不再像中学那样简单。因为在大学里同学之间相处的时间增多，人与人之间的摩擦也会随之增多。其次就是我们的心理状况变得更加成熟，更加明白朋友的真正含义。最后，功利性的需要开始出现，让同学之间的关系变得更加复杂。社会上有很多种人，我们需要和不同类型的人打交道，对于那些自己不喜欢的人又该怎样相处呢？与人相处是一门学问，当遇到喜欢的又能聊得来的朋友，请好好珍惜；遇到关系一般的，也要真诚待人；而遇到不喜欢的人，也别难过，因为他们也教会我们一些生活中的道理，也让我们更加懂得珍惜朋友的可贵。

案例分析

宿舍关系很糟糕

刘某，女，20岁，大学二年级学生。家庭经济状况一般，父母关系不和谐，经常吵架，在其小学四年级时父母离异，刘某随父亲生活。

个人陈述：最近一个月感觉根本不想待在寝室，感觉自己与人相处很失败，现在就连和同学交往都有些害怕了。我感到焦虑、郁闷、苦恼，感觉大家都挺虚伪的，一回到寝室，就胸口发闷。前天有一门考试，遇到一道难题，心里很着急，思绪很乱，就想到了前段时间和寝室同学闹矛盾的问题，觉得自己遇事老是不顺。大一的时候寝室同学关系还可以，大二开学后大家学习都比较轻松，室友们也不怎么关心学习。有个所谓本地的女孩子，老是和我针锋相对。一个月前的一天晚上熄灯后，我打开台灯在看书，她觉得影响了她的休息，就让我早点睡觉，说是明天还要上课呢，我就关了灯。第二天早上她起来得特别早，我想她肯定是在报复我，我就让她小声点，她就很冒火地和我吵起来。这件事过后我们俩就一直处于冷战状态。后来，又因为其他一些事情，我和室友的关系越发紧张，感到自己被孤立。

案例点评：宿舍里面每个同学都有自己的个性，很多的矛盾都是因为个性的差异造成的，随后逐渐积累爆发，演变成不可收拾的后果。因此，宿舍里面的问题可以通过沟通解决，相互理解和包容，和谐相处。

3. 恋爱关系的破裂

在大学里，恋爱是个人自由，学校不鼓励也不反对。但是恋爱也不是一个人的事，恋人是比朋友更加亲密的关系，有更加亲密的接触，而大部分同学的恋爱经历不多，因此交往的过程中难免有较多的矛盾出现。当恋爱关系破裂，悲伤的情绪很自然会出现。如果出现这种情况，请允许自己表达悲伤，这不是可耻的事情，悲伤时记得还有很多人在你身后默默地鼓励你、支持你。

除了以上三种原因，大学生还有可能因为其他原因引起悲伤的情绪，例如入学适应问题、学业问题和就业问题等。

（二）愤怒的情绪困扰

美国心理学家雅克·希拉尔说："愤怒是一种内心不快的反应，它是由感到不公和无法接受的挫折引起的。"无论是一触即发，还是一味隐忍，愤怒都是坏情绪的红色警报。那么，愤怒情绪是好是坏呢？心理学家艾耶·古罗·勒内说："我们必须要倾听自己的愤怒，因为它能帮助我们保持个性的完整。"

学会表达愤怒。很多时候，我们拒绝承受别人的愤怒，也不想表达自己的愤怒。其实，只要方法恰当，愤怒是可以表达出来的。认清自己的需要，学会表达愤怒，就会和他人建立更健康的关系。

很多人认为愤怒是一种雄性情感。然而，雷斯利·布鲁迪却指出："男性表达愤怒多于女性，并不准确。"一般来说，男性更多地以攻击性的方式表达愤怒，而女性则常以口头方式表示。在亲密关系中，女性往往在争吵时的态度更为激烈，甚至比男人更倾向于暴力。

男性发怒的原因常常是由于权利受到威胁，比如想做某事却被禁止；而女性发怒则是因为别人的行为不符合自己的意愿，尤其是感到被拒绝、被忽视和嫉妒时更容易发怒。

常见的诱发大学生愤怒情绪的原因有以下几种。

1. 生命安全受到威胁

每个人天生都有自我保护的本能，在安全受到威胁的时候，会自动启动自我保护的机制，用最大力量进行自我防卫，而最常见的防卫模式就是愤怒的对抗。愤怒不只可以保护自身生命安全，同时可以对外击退敌人。

2. 个人自尊受到伤害

引发大学生愤怒的原因，有相当多的事件是因为一些人的某些话语或者动作，在指向目标的时候会变成一种间接的伤害，这种伤害构成对他人自尊的伤害。个人的尊严非常重要，只有相互尊重才能达到关系的平衡。

3. 家庭教养模式的影响

当今家庭教养模式主要分为四类：控制型、疏忽型、放任型、民主型。社会心理学研究表明，在控制型的家庭中成长的孩子，更容易出现愤怒的情绪。该类家庭教养模式表现为父母通常对孩子要求很高，但是对孩子的需求却是低反应的。这样的孩子到了青春期，叛逆的可能性非常大，容易因与他人意见不同而产生愤怒情绪。

4. 社会环境

社会心理学先驱库尔特·勒温提出过一个解释个人行为的"场理论"，并提出了影响个人行为的"生活空间"概念，也可以简单理解成每个人在心中都有关于自己生存领域的界限。如果把易怒者想象成脾气很不好的猫，你就大概能了解为什么踏入他的那个"生活空间"会惹到他了。

（三）焦虑的情绪困扰

焦虑是个体由于达不到目标或不能克服障碍，致使自尊心或自信心受挫，或使失败感、内疚感增加，所形成的一种紧张不安且带有恐惧性的情绪状态。

一般认为焦虑是由紧张、不安、焦急、忧虑、担心、恐惧的感受交织而成的复杂的情绪状态，是与认知和身体症状相互作用的结果。大学生的焦虑情绪一般来自家庭、学校和社会环境，每种影响因素都不同，但是产生的结果可能是类似的。大学生常见的诱发焦虑的原因有下面几种。

1. 由事件的未知性引起的焦虑情绪

大学生处在步入社会前的阶段，绝大多数时间是在学校中度过，以学习知识为主。进入大学前对知识往往是机械式的学习，而在大学的教学中，从机械式学习转向实践学习和自主学习，这是一个新的转变，在这个过程中学生往往会出现无所适从的情况，焦虑的情绪也由此产生。

2.社会复杂变化引起的焦虑情绪

大学环境比中小学的环境复杂了不少，大学生同时还面临校园以外的环境影响。在这样的情况下，学生会产生既新奇又担忧的心理变化，特别是在有应激事件发生的情况下，更有可能出现焦虑情绪。

3.大学生自身的心理特征引起的焦虑情绪

有研究表明，大学生焦虑情绪的出现跟个人的人格特质有关系。人格是我们在成长过程中慢慢形成的一种较稳定的心理特质，同时也是影响和指导人完成各种任务的核心因素。面对同样的事件，有些人表现出愤怒的情绪，有些人表现出焦虑的情绪，有些人表现出抑郁的情绪，导致不同情绪反应的根本原因是人格特质的不同。因此，焦虑型人格的大学生在面对未知事件的时候，更容易出现焦虑情绪。

二、正视情绪，合理表达

（一）正视消极情绪

我们在日常生活中经常遇到的烦恼，很大一部分来自消极情绪的困扰。有的人能够坦然面对，轻松化解；有的人却难以接受，走向阴暗甚至极端。同样一件事，在不同的心境、不同的情绪状态下，作出的决定和选择会大不相同。被消极情绪所困时，我们要为自己的幸福负起责任，而不是成为一个束手就擒的被动受害者。请接纳消极情绪，正视它的存在，将其转化为积极正向的能量。

有些人会积攒一些消极情绪，在公共场合肆意释放，无意之中影响公众的大环境。比如在宿舍里，在同学面前唉声叹气、眉头紧锁、表情痛苦，这种消极情绪极有可能感染其他同学，让整个宿舍气氛变得压抑。

消极情绪如果在不经意间产生，我们可以通过参加体育锻炼或者户外活动等形式来进行排解，放空大脑深层次思维，舒缓不必要的消极情绪积压。只要不让消极情绪累积，在消极情绪未达到爆发的临界点之前就驱散它，这种放空也是一种放松自我的过程。我们还可以通过想象、憧憬一些美好的事物，让自己能够身心愉快，憧憬美好的未来去自主替代一味地抱怨。当然，有些人对付消极情绪的方法就是睡觉，还有些人通过洗澡、桑拿、按摩等活动来减轻消极情绪的影响。

正视消极情绪，既是给自己一米阳光，也是为了让身边的人感受到你的正能量。生活是美好的，正视消极情绪是一种积极享受生活的态度。

（二）合理表达情绪

1.学会用第一人称表达自己

什么是第一人称呢？就是说任何话都以"我""我们"作为开头。这样的表达能够更容易让别人知道自己的情绪，同时也不容易伤到别人。我们来对比一下。当我们用第二人称说话："你真是气死我了""你怎么能这么对我呢？""你真是伤透了我的心"。

我们再来看一下用第一人称的表达："我现在感觉很生气""我感觉自己被伤害了""我现在很伤心很痛苦"。

这么一对比，效果立刻就呈现出来了。当你用第一人称去表达的时候，对方会觉得你是在表达自己的感受，等你说完了这些话以后，对方也会不由自主地去想你的话，想着想着就有可能和你共情，体会你的不容易。但是用第二人称去表达的时候，对方会感觉到你是在指责他，这个时候你所有的需求都被掩盖住，对方非但不会去理解你，对你的误会反而会越来越深。

2.关键词法

所谓关键词法，首先就是要抓住自己想要表达的情绪的关键词、关键字眼，然后再把这些词用一句话或者几句话串起来，以此来表达自己真实的感受。

这样的表达有一个最大的好处，那就是我们能把情绪表达得更加精准，不容易让别人产生误解。举个例子：闺蜜跟她的好朋友周末出去玩不叫上你，这让你很不舒服，你想就这件事表达一下感受。那么你首先要做的就是提取关键词。你想要表达的感受到底是什么？愤怒、担心、害怕，还是其他什么？比如，你想表达的是"害怕"，当你确定了表达的主题以后，你还要找到两到三个关联词。跟"害怕"有关联的词可以是"胆子小""没有安全感"。然后，你就可以组成一句话："小敏，我一个人在宿舍好不开心呀，你也知道我胆子小，没有安全感，能不能早点回来陪我呀？"

3.学会描述你的情绪

很多人表达情绪时都喜欢用形容词，例如：开心、难过、气愤、伤心。但是，使用这种描述时对方其实是感受不到你的情绪，因为它没有场景，别人很难被代入，所以，我们要学会去描述场景。举个例子：当你表达高兴的时候，你可以这么说："我今天高兴极了，就像是中了大彩票，看外面的天空都特别蓝，看路上的人都很顺眼。"当你表达生气的时候，你可以说："我很生气，就像是一个快要爆炸的气球。"这样的表达更容易让别人去理解你。

三、情绪调节的常用方法

在生活中，我们总会遇到一些让我们情绪波动的事情，我们可以通过以下方法来帮助自己调节情绪，克服困难。

1.呼吸放松调节法

通常情况下，呼吸是通过口腔和胸腔完成的，但呼吸放松调节法提倡腹式呼吸，它是一种以腹部作为呼吸器官的呼吸方法。首先，找一个合适的位置站好或坐好，身体自然放松。然后，慢慢地吸气，吸气的过程中感到腹部慢慢地鼓起，到最大的限度时开始呼气。呼气的时候感觉到气流经过鼻腔呼出，直到感觉前后腹部贴到一起为止。

放松调节主要是针对身体肌肉进行的，要和腹式呼吸一起使用。头部放松调节的方法是分别把头向前和向后最大限度地低下和扬起，扬起的过程中进行腹式吸气，低头的过程中进行腹式呼气。放松调节也可以围绕腰部、四肢等展开。

2. 音乐调节法

音乐调节法就是指借助情绪色彩鲜明的音乐来控制情绪状态的方法。

很多人有这样的体验：听着催眠曲就不知不觉进入了甜美的梦乡；在紧张学习了一天之后，高歌一曲会消除疲劳。现代医学表明，音乐能调整神经系统的机能，解除肌肉紧张，消除疲劳，改善注意力，增强记忆力，消除抑郁、焦虑、紧张等不良情绪。运动员赛前如果有异常的情绪表现，如过分紧张，此时听一段轻音乐，往往能使情绪稳定下来。正如德国著名哲学家康德所说："音乐是高尚、机智的娱乐，这种娱乐使人的精神帮助了人体，能够成为肉体的医疗者。"

运用音乐调节法时，应该因人、因时、因地、因心情的不同而选择不同的音乐。适宜的音乐，常可取得很好的效果。

3. 合理宣泄调节法

合理宣泄调节法就是把自己压抑的情绪向合适的对象释放出来，使情绪恢复平静。产生消极情绪，人们觉得痛苦难忍，对这样的情绪如果过分强制地压抑会引起意识障碍，影响正常的心理活动，甚至会使人突然发病。这时向自己的亲朋好友把自己认为有意见的、不公平的事情坦率地说出来，倾诉自己的痛苦和不幸，甚至痛哭一场，都可使情绪平复。当然，情绪宣泄要合理，要注意对象、场合和方式。

4. 理智调节法

不少消极情绪往往是由于对事情的真相缺乏了解或者存在误解而产生的，需要冷静地、理智地分析一下，自己对事物的认识是否正确。当发现事情并不像自己认为的那样时，消极情绪也就不解自消了。消极情绪有时会被思想的狭隘性而强化。当某种消极情绪产生时，会逐渐把主体的思想卷入这种情绪的漩涡中去，忧者更忧，怒者更怒。这就需要进行辩证思考，多方面、多角度去思考问题，当发现事情的积极意义时，消极情绪就可以转化为积极情绪。此外，还要学会"心理置换"，当与其他人争执而动怒时，设身处地为对方着想，也许就可以心平气和了。

5. 暗示调节法

语言对情绪有极大的暗示和调整作用。当受消极情绪困扰时，可以通过语言的暗示作用来松弛心理上的紧张状态，使消极情绪得到缓解。比如，发怒时，可反复用语言暗示自己：忍得一时之气，免得百日之忧。牢骚勃发时，可用"牢骚太盛防肠断，风物长宜放眼量"的诗句来提醒自己。实践证明，这种方法颇有效果。

6. 情感升华法

把已经产生的消极情绪，如痛苦、怨愤、嫉妒转化为积极有益的行动，即高境界地表现出来，谓之升华。有人对很有成就的同行产生嫉妒情绪，理智又不允许他将这种心理表现出来，于是他加倍努力，奋力拼搏，最终超过对手；不少人身处逆境，忍辱负重，但乐观进取，自强不息，取得了出色的成绩，这些都是升华的典型。升华是调节消极情绪最高级的也是最佳的一种形式。

焦虑自评量表

焦虑自评量表,该量表共有20个项目,评分分为4级,用于评测出焦虑症状明显的人群。

下面有20条文字(括号中为症状名称),请仔细阅读每一条,每一条文字后有4级评分,其中,1——没有或偶尔;2——有时;3——经常;4——总是如此。然后根据你最近一星期的实际情况,在分数栏(1~4分)适当的分数下画"√"。

① 我觉得比平时容易紧张和着急(焦虑) 1 2 3 4
② 我无缘无故地感到害怕(害怕) 1 2 3 4
③ 我容易心里烦乱或觉得惊恐(惊恐) 1 2 3 4
④ 我觉得我可能将要发疯(发疯感) 1 2 3 4
⑤ 我觉得一切都很好,也不会发生什么不幸(不幸预感) 4 3 2 1
⑥ 我手脚发抖打颤(手足颤抖) 1 2 3 4
⑦ 我因为头痛、颈痛和背痛而苦恼(躯体疼痛) 1 2 3 4
⑧ 我感觉容易衰弱和疲乏(乏力) 1 2 3 4
⑨ 我觉得心平气和,并且容易安静坐着(静坐不能) 4 3 2 1
⑩ 我觉得心跳得快(心悸) 1 2 3 4
⑪ 我因为一阵阵头晕而苦恼(头昏) 1 2 3 4
⑫ 我有晕倒发作,或觉得要晕倒似的(晕厥感) 1 2 3 4
⑬ 我呼气吸气都感到很容易(呼吸困难) 4 3 2 1
⑭ 我手脚麻木和刺痛(手足刺痛) 1 2 3 4
⑮ 我因胃痛和消化不良而苦恼(胃痛或消化不良) 1 2 3 4
⑯ 我常常要小便(尿意频数) 1 2 3 4
⑰ 我的手常常是干燥温暖的(多汗) 4 3 2 1
⑱ 我脸红发热(面部潮红) 1 2 3 4
⑲ 我容易入睡并且一夜睡得很好(睡眠障碍) 4 3 2 1
⑳ 我做噩梦(噩梦) 1 2 3 4

计分方法:主要统计指标为总分。在由自评者评定结束后,将20个项目的各个得分相加,再乘以1.25以后取整数部分,就得到标准分。也可以查粗分标准分换算表作相同的转换。标准分越高,症状越严重。一般来说,总分低于50分为正常;50~60分为轻度焦虑,61~70分是中度焦虑,70分以上是重度焦虑。

抑郁自评量表

下面有20条题目，请仔细阅读每一条，每一条文字后有4级评分，分别表示：
1——没有或很少时间(过去一周内，出现这类情况的日子不超过一天)；
2——小部分时间(过去一周内，1~2天有过这类情况)；
3——相当多时间(过去一周内，3~4天有过这类情况)；
4——绝大部分或全部时间(过去一周内，有5~7天有过这类情况)。

① 我觉得闷闷不乐，情绪低沉	1	2	3	4
② 我觉得一天之中早晨最好	1	2	3	4
③ 我一阵阵地哭出来或是想哭	1	2	3	4
④ 我晚上睡眠不好	1	2	3	4
⑤ 我吃的和平时一样多	1	2	3	4
⑥ 我与异性接触时和以往一样感到愉快	1	2	3	4
⑦ 我发觉我的体重在下降	1	2	3	4
⑧ 我有便秘的苦恼	1	2	3	4
⑨ 我心跳比平时快	1	2	3	4
⑩ 我无缘无故感到疲乏	1	2	3	4
⑪ 我的头脑和平时一样清楚	4	3	2	1
⑫ 我觉得经常做的事情并没有困难	4	3	2	1
⑬ 我觉得不安而平静不下来	4	3	2	1
⑭ 我对将来抱有希望	4	3	2	1
⑮ 我比平常容易激动	4	3	2	1
⑯ 我觉得做出决定是容易的	4	3	2	1
⑰ 我觉得自己是个有用的人，有人需要我	4	3	2	1
⑱ 我的生活过得很有意思	4	3	2	1
⑲ 我认为如果我死了别人会生活得更好些	4	3	2	1
⑳ 平常感兴趣的事我仍然照样感兴趣	4	3	2	1

计分方法：主要统计指标为总分。把20条题的得分相加为粗分，粗分乘以1.25，四舍五入取整数，即得到标准分。抑郁评定的分界值为53分。低于53分，没有抑郁的烦恼；53~62分，需要引起注意，分数越高，抑郁倾向越明显；超过63分，应该及时寻求专业人员帮助。

 **推荐阅读**

《非暴力沟通》

本书作者是马歇尔·B·卢森堡博士,他发现了神奇而平和的非暴力沟通方式,通过非暴力沟通,世界各地无数的人们获得了爱、和谐和幸福。当我们褪去隐蔽的精神暴力,爱将自然流露。

非暴力沟通,相信人的天性是友善的,暴力的方式是后天习得的。我们所有人有共同的、基本的需要,人的行为是满足一种或多种需要的策略。

非暴力沟通的目的是通过建立联系使我们能够理解并看重彼此的需要,然后一起寻求方法满足双方的需要。换言之,非暴力沟通提供具体的技巧帮助我们建立联系,使友爱互助成为现实。

专题七
风雨同舟，人际关系是通往成功的阶梯

从高中进入大学以后，大学生的任务不再是单纯的课本知识的学习，更多是培养各种能力，如人际关系能力、创新思维能力、学习能力等，其中人际关系能力的培养尤为重要。伟大的革命导师马克思曾经说过，人是各种社会关系的总和，每个人都不是孤立存在的，他必定存在于各种社会关系之中。如何理顺这些关系、如何提高生活质量涉及交际能力的问题。因此良好的交际能力在大学里是非常重要的。

 **课前导入**

高山流水

在春秋时期，楚国有一位著名的音乐家，他的名字叫俞伯牙。俞伯牙非常聪明，天赋极高，又很喜欢音乐，他拜当时很有名气的琴师成连为老师。俞伯牙三年学成，为了追求更高的技艺，他开始游历四方，苦练琴艺。他在孤岛练琴，每日看着波涛汹涌的大海，听着鸟鸣山间，日复一日地在大自然中陶冶身心，心灵发生了巨大的变化，灵感辈出，琴技日益高超。此时，俞伯牙的琴技已达到炉火纯青的境界，但却始终没能找到一个知音。

一夜，俞伯牙乘船游览，面对清风明月，他思绪万千，弹起琴来，琴声悠扬，渐入佳境。忽闻岸上有人叫绝。俞伯牙闻声走出船来，只见一个樵夫站在岸边，他知道此人是知音，当即请樵夫上船，兴致勃勃地为他演奏。俞伯牙弹起赞美高山的曲调，樵夫说道："真好！雄伟而庄重，好像高耸入云的泰山一样！"当他弹奏表现奔腾澎湃的波涛时，樵夫又说："真好！宽广浩荡，好像看见滚滚的流水，无边的大海一般！"俞伯牙兴奋极了，激动地说："知音，你真是我的知音！"这个樵夫就是钟子期。二人成了非常要好的朋友并约定明年再在此地相会。

第二年，俞伯牙如期而至，却没料到，钟子期已离他而去，两人已是阴阳相隔。俞伯牙悲痛欲绝，谓世再无知音，在知己墓前弹奏了最后一曲，然后将自己珍惜如宝的琴砸碎于墓前，终生再也没有弹奏过琴。这也就是"伯牙绝弦"的故事。

 思 考

1. 俞伯牙和钟子期是怎样相识的？
2. 俞伯牙为什么要砸碎古琴？
3. 人与人之间如何更好地相处？

心 理 名 言

和太强的人在一起，我会感觉不到自己的存在。交朋友不是让我们用眼睛去挑选那十全十美的，而是让我们用心去吸引那些志同道合的。

——罗兰

单元一　人际关系概述

一、人际关系的概念

人际关系这一概念属于社会心理学范畴，主要指人在社会交往实践中形成的人与人之间的相互作用和相互影响。这一概念从个体的角度概括了人的各种社会关系，其涵盖个人在生活、生产及其他社会活动中形成的一切人与人之间的关系。一般来说，人在社会中面临五种基本的人际关系，即夫妇关系、父（母）子（女）关系、兄弟（姐妹）关系、君臣（领导与下属）关系、朋友关系。这五种基本的人际关系，在过去被称为"五伦"。除了这五种基本的人际关系外，还有一种关系，即人与社会其他成员的关系，这是一种间接关系，自从以家庭为基本社会单元的社会诞生以来，这些关系就没有改变过。

从社会学角度来看，人际关系的建立与维持不仅满足了人类的生存需要，还满足了人类健康发展的心理需要。社会文明程度越来越高的今天，人际关系在社会生活中所起的作用也越来越大。任何一个群体的内部，都会形成自己独特的人际关系结构，而这种人际关系结构对于整个群体的活动效率具有重要的意义。所以说，人际关系归根结底是一种社会关系，它在一定程度上影响着社会生产力的发展和社会的进步。

二、人际关系的作用

世界上每种关系都是因为需要而产生，每种关系都有它的意义、价值和作用。人际关系也是一种关系，其具体的作用表现在以下几个方面。

1. 促进共同合作

在这个世界上，每个人都是一个单独的个体，但又不是完全的个体。在日常生活中，我们总是需要和其他人交往，和其他人共同合作去完成某件事。拥有良好的人际关系，是实现我们与他人合作的基础，尤其在当今社会，许多工作都需要多人合作才能完成。

2. 促进信息交流和共享

随着互联网技术的发展及网络的普及，人们可以做到足不出户就知晓天下事。但研究表明，现代社会中一个人所得到的信息中有80%的信息还是通过交往所获得。拥有良好的人际关系，你的信息量就比别人更多，知晓信息的速度也比别人更快，离成功也就更近了一些。

3. 取长补短

一个人若总是活在自己的世界，不与别人交流，渐渐地就会看不清楚自己身上的优缺点。而良好的人际关系，能让人拥有许多朋友，在和朋友的交流过程中，能发现他人身上的闪光点，从而进行学习，发现自己的不足，进行改正。因此，好的人际关系能够帮助人们取长补短，让自己变得更加完美。

4.增强信心和自我意识

当一个人拥有良好的人际关系时，他会发现自己整个人都变得很有自信。身边朋友的陪伴，给了他生活的力量，让他感觉自己是有人支持的，自己不是一个人在奋斗，自己对于大家来说是很重要的，由此增强了信心和自我意识。

三、影响人际关系的因素

大量的研究显示，一个人所拥有知识、技巧、能力等几乎都来自与他人交往时所进行的社会活动，因此，人际关系的好坏直接影响着人的综合素质。那么，影响人际关系的因素又有哪些呢？

1.空间距离

空间距离是影响人际关系的第一要素。人与人在空间位置上越接近，越容易形成彼此间的亲密关系。空间距离的接近使双方相互交往、相互接触的频率不断增加，彼此更容易熟悉。但是，当交往者双方的关系紧张时，空间距离越接近，彼此的反应则会越消极。

心理学家发现，任何一个人都需要拥有一个自己能够把握的自我空间，这个空间的大小会因每个人不同的文化背景、生活环境、所处行业、性格个性等而不同。不同的民族对谈话时双方应保持多大距离有不同的看法。根据美国人类学家霍尔博士的研究，有四种距离表示不同情况。

（1）亲密接触（0～45cm）　交谈双方关系密切，身体的距离从直接接触到相距约45cm之间，这种距离适于最为密切的关系，例如夫妻关系或情人关系。

（2）私人距离（45～120cm）　朋友、熟人或亲戚之间交往一般以这个距离为宜。

（3）礼貌距离（120～360cm）　用于处理非个人事务的场合中，如进行一般社交活动或办公时。

（4）一般距离（360～750cm）　适用于非正式的聚会，如在公共场所看演出等。

2.交往的频率

交往的频率是指一定时间内见面或交谈次数的多少。交往是人际关系的基础，交往的频率越高越容易形成密切的关系，频繁的交往才能形成共同的语言、共同的态度、共同的兴趣和共同的经验。中国人自古以来推崇礼尚往来，人际交往亦如此。但是通常我们的交往频率会呈现出一个现象：跟少部分人交往比较高频，但谈及的话题都只停留在浅层的内容。因此交往的频率只是友谊产生的一个充分条件，而非必要条件，而必要条件则是交往深度。

3.态度和价值观的相似性

态度是个体对特定对象（人、观念、情感或者事件等）所持有的稳定的心理倾向。这种心理倾向蕴含着个体的主观评价以及由此产生的行为倾向。对具体的事物有相同或相似的态度，就是所谓的有共同语言。态度的相似性能让我们容易找到彼此都感兴趣的话题，并有共同的观点，同时能感受到对方是跟你站在一起的。

价值观是基于人的一定的思维感官之上而做出的认知、理解、判断或抉择，也就是人认定事物、分辨是非的一种思维或取向，从而体现出人、事、物一定的价值或作用。在阶级社会中，不同阶级有不同的价值观。价值观具有稳定性、持久性、历史性、选择性和主观性的特点。有相同的价值观，就容易产生共鸣，相互的关系会更为密切。

4. 需要的互补性

每个个体都不是完美的，也不可能做到完美，正所谓"金无足赤，人无完人"。即使是这样，我们每个人依然有追求完美的权利。而真正的完美体现在团队中，只有将每个团队成员都联系起来，取长补短，相得益彰，每个人将自己的优点都发挥到极致，才能使团队整体呈现出完美的一面。因此，相互满足是形成人际关系的前提条件。一旦有了需要和满足需要的期望，人与人的空间距离无论有多远，也可能做到"天涯若比邻"。

 心理故事

难能可贵的情谊

青年马克思就有着改造社会的强烈愿望并将其付诸行动，因而他受到反动政府的迫害，长期流亡在外。他生活很苦，常常靠典当维持生活，有时竟然连买邮票的钱都没有，但他仍然顽强地进行研究工作和革命活动。1844年，马克思在巴黎认识了恩格斯，共同的信仰使彼此把对方看得比自己都重要。

恩格斯为了帮助马克思维持生活，宁愿经营自己十分厌恶的商业，把挣来的钱不断地寄给马克思。他不但在生活上帮助马克思，在事业上，他们更是互相关怀、互相帮助，亲密地合作。他们同住伦敦时，每天下午，恩格斯都到马克思家里去，讨论各种问题，一连几个钟头。分开后，他们几乎每天通信，彼此交换对政治事件的意见和研究工作的成果。

他们之间的关怀还表现在时时刻刻设法给予对方帮助，为对方在事业上的成就感到骄傲。马克思答应给一家英文报纸写通讯稿时，还不精通英文，恩格斯就帮他翻译，必要时甚至代他写。恩格斯从事著述的时候，马克思也常放下自己的工作，编写其中的某些部分。马克思和恩格斯合作了40年，建立起了伟大的友谊，共同创立了伟大的马克思主义。

5. 人的个性

人的个性的形成在很大程度上由自身的经历所决定，同时受交往的态度、频率和方式所影响。在现实生活中，人的个性没有好坏之分，但是在环境中却有是否符合场合要求之分。所以如果人的个性比较单一，那么他适合的场合就比较少；相反，如果一个人个性丰富，那他便能在多种场合中都表现得符合大众的期待。因此，人在现实人际关系中所表现出的行为倾向性、人格、气质、能力等个性品质，也影响了人际关系的建立与发展。

建立人脉关系就是一个挖井的过程，付出的是一点点汗水，得到的是源源不断的财富。

——哈维·麦凯

单元二　大学生人际关系现状

建立良好人际关系的能力是事业取得成功的重要保证。对于大多数大学生而言，大学是其步入社会前的最后一个加油站，在这个重要的人生阶段，接受一些人际关系方面的指导，学会营建良好人际关系的方法，对于其未来的事业发展至关重要。然而，面对一个新的环境、新的人群，往往有不少的大学生会出现这样或那样的担忧，在实际交往中出现某些困扰，下面介绍大学生人际关系存在的几类常见问题及形成原因。

一、大学生人际关系常见问题

（一）交往中缺乏自信和主动性

自信和主动性是建立良好人际关系的必要条件。在人际关系中，自信不能停留在想象上。要成为自信者，就要像自信者一样去行动。我们在生活中自信地讲话，自信地做事，我们的自信才能真正建立起来。面对社会环境，我们每一个自信的表情、自信的手势、自信的言语都能真正在心中培养起对自我的肯定。

广义地讲，自信本身就是一种积极性，是在自我评价上的积极态度。狭义地讲，自信是与积极密切相关的事情。自信是发自内心的自我肯定与相信。自信无论在人际关系，事业工作上都非常重要。只有自己相信自己，他人才会相信你。自卑、害羞、孤僻、不喜欢参与社交活动、对人冷淡等这些大学生自身性格方面的缺陷都对良好的人际关系造成了阻碍。

自信来源于实力，更来源于对自身实力的准确定位与判断。对自身实力的定位取决于外界的反馈与取得的成就，判断则避免不了与他人相比较。在外界反馈不良、取得成就不多、与他人相比相差甚远的时候，自然比较难建立自信。但自信不仅限于此，还会带着对未来的期许。有的时候自信就是，相信通过自己的努力未来一定会变得更好。前路漫漫，未来可期，走好脚下的每一步，是我们越来越自信的基础。

案例分析

>>>>> 社团改变了我 <<<<<

小美，女，大一学生。刚进入大学的时候，小美懵懵懂懂，对大学中各种新鲜的事物都很好奇，但是在与人交往中总是怕自己说错话，因此说话小心翼翼，时间长了，其他同学以为小美天生说话结巴，慢慢地，其他同学开始减少跟小美的交流。小美也开始陷入人际关系的困惑中，每到深夜便独自思考，为什么其他同学不想跟自己说话了，如果再这样下去该怎么办。小美很担心。

过了一段时间，学校社团开始招新活动。小美抱着试一试的心态报名了自己喜欢的心理学社团和演讲社团。在面试中小美同样表现出说话慢和结巴的情况，本来以为自己没有什么希望，结果竟然被录取了。小美特别高兴，但同时也很疑惑，为什么自己会被录取呢？

在第一次例会后，小美迫不及待地问了当时面试她的师兄，想了解录取她的原因。师兄很真诚地说："虽然你的表达能力确实不是很出众，但是你却是面试者中最早到的，而且是面试完还会在外面等结果的人。"这样一句话，让小美很感动，决心一定要留在这个社团好好提升自己的能力。

经过一年在社团的锻炼，小美跟其他同学建立了很好的关系，并且第二年竞选上了部长。小美回忆自己过去一年的变化，发现参加社团活动不仅锻炼了自己的能力，更重要的是培养了自己的自信和主动性。

案例点评：大学社团是除了班级和宿舍以外第三个锻炼人际关系的场所，同时也是能够认识到不同专业背景的同学的地方。社团同学跟同班同学最大的区别是不用每天见面，但却为了共同的兴趣和目标奋斗。因此在社团中可以减少很多利益的冲突和人际的摩擦，同时也能培养自信和提升个人能力。

（二）以自我为中心的意识强烈

大学生在与他人相处的时候，不少同学喜欢使用"我"和"你"作为说话的第一个字。在表达的时候绝大部分时间都在陈述自己的观点，很少顾及他人的感受，不愿意接纳他人的想法，习惯性地从自己的角度出发思考问题，只关注个人的利益，不考虑对别人是否公平，是否会伤害到他人。

人际关系讲求互惠原则，希望别人对自己好，自己就应该有相应的付出。正如一句经典的广告语所说："大家好，才是真的好"。如果在交往中只维护自己的利益，与其他人形成对立，最终只能将自己封闭起来，将自己与外界隔离开来。

（三）交往中目的性和功利性较强

"目的性"这个词语在大学生中使用的频率不是特别高，因为一谈到"目的性"，同学们都会有一种回避的表现，认为"目的性"是一个贬义的词语，对生活有负性影响。虽然该词语被说得不多，但在大学生人际关系中却掺杂了不少目的性和功利性。

对于交往初衷的目的性和功利性，我们要学会辩证地看。要求人际交往中没有任何目的，显然是不现实的，因为人是一种社会性动物，需要群体在一起才能发挥最大的价值，否则人就跟独居动物一样，无法享受群体温暖。但假如人际关系变得极端，只为了物质利益而建立，那么人与人之间的关系就变得冷漠，没有了温情和感动，甚至变得让人感到厌恶。因为，人际关系不是物化的产物，而是人与人情感和精神联系的纽带。

（四）虚拟交往为主，忽略现实交往的重要性

随着互联网技术的崛起，互联网很大程度地改变了人们的生活方式，其中也包括人际交往方式。我们不难发现，虚拟的网络交往已变成当今主要的交往方式，引导着很多同学。但当我们静下来思考，这种无法触碰、无法感受温暖的人际交往方式是否真的能完全解决我们交往的需要？很显然，答案是否定的。人们社交需要的不仅是文字、声音和图形，更需要触碰、温度和心与心的联系。

虚拟的交往有太多不确定性，也有太多的迷惑性，就像一颗糖衣炮弹，甜美的外

表下却包裹着可怕的内心。例如，南京一名男子在网络上认识了一个陌生人，对方自称是一名女大学生，并且没有男朋友，对方发来的照片也让男生很心动。于是两人开始在网络上聊天，感情也在嘘寒问暖中逐渐升温。不久后，对方称，如果男子帮助其还钱，她就愿意做他的女朋友。男子相信了，并先后转账了一万多元。就在钱到手后，这位"女朋友"向男子"揭开了面纱"，表明自己其实是一名男性，男子发现被骗赶紧报了警。所以，虚拟交往不能代替现实交往，任何虚拟交往都需要用现实来检验其真实性和价值性。

二、导致困境的原因

（一）客观原因

1.社会原因

首先，在当前我国经济高速发展的环境下，当代大学生的消费能力普遍提高，生活水平远高于十年前的学生。大学生的消费习惯和消费模式逐渐成为人际关系的影响因素之一。例如，朋友之间相互赠送礼物的档次不断提高，同学之间下馆子的频率不断提高，周末外出逛街购物的行为增加等。这些现象仿佛都在说明一个结论：有钱就能得到良好的人际关系。但事实上，金钱消耗得越多，越难建立良好的人际关系，反而更容易滋生出功利主义和拜金主义。因为良好的人际关系需要真实情感的链接，也就是所谓的"君子之交淡如水"。因此，在大学生的人际关系中，有意识地控制、平衡物质和情感的需要更利于良好人际关系的建立。

其次，东西方文化交流的日益增多，带来了不同观念的冲击和碰撞。我国传统的风俗习惯、伦理道德以及社会价值目标等都发生了一定的变化，同时，价值评价和价值目标日趋多元化和多样化，给大学生原有的传统观念带来了很大冲击，导致大学生出现困惑，在人际关系方面表现为无所适从。

2.学校和家庭原因

首先，中小学的教育往往偏重智力教育，忽视情感、意志、性格等非智力因素的培养；注重思想政治教育，较少关注心理的沟通疏导；注重知识的灌输，能力的培养不足。所以大学生在上大学后发现，个人的人际交往能力较弱。

其次，现在的大学生大多都是独生子女，他们在家里往往是最受关注的，受到家庭的过分保护和宠爱；再加上不少父母对子女的期望较高，但又缺乏科学、正确的引导，从而给孩子造成了过重的心理包袱。这些都会导致大学生在人际关系中过于以自我为中心，对人缺乏真诚，不尊重他人，不善于理解他人并设身处地为他人着想，习惯性地以自己的标准来要求别人。

（二）主观原因

1.大学生身心发展不一致

大学生的年龄一般是在18岁到23岁之间，在这个年龄段里，大学生的生理已经成熟了，然而他们的心理发展却是滞后的，表现为心理承受能力差、比较冲动、善于幻想等。这样，过高的心理需求和较差的心理承受能力之间时时产生冲突，形成冲突心理状态。大学生渴望与他人交往，希望了解他人，也希望他人了解自己，有一种强烈的希望自己能被同学、朋友和社会接受的心理需求。当这种需求得到满足时，他们是愉快的、高兴的，人际关系是和谐的；当这种需求得不到满足时，他们就感到悲伤、空虚、孤独无助，这种情况进一步发展就会引起人际关系问题。

因此，关注大学生心理水平的发展可以更好地促进其心理水平与生理水平相匹配，帮助他们处理好当前的主要矛盾，更好地过渡到下一个心理阶段。

2. 缺乏交往技巧

在中小学的时候，大家都只有一个念头：好好学习，将来考个好大学。因此大家会把时间和精力都集中在学习上，人际关系比较简单，无非就是亲人关系和简单的朋友关系。到了大学后，大学生的学习与生活环境变得宽松自由，学习之余，大学生都渴望与他人交往。然而，由于他们还是使用中学时形成的交往方式和方法，缺乏一些技巧，这就使得很多大学生在交往中遇到了挫折，从而导致情感的损伤，甚至陷入严重的人际关系危机中。

友情在我过去的生活里就像一盏明灯，照彻了我的灵魂，使我的生存有了一点点的光彩。

——巴金

单元三 主动解决人际问题，提高交际能力

在实际生活中，无论做什么事，无论处于什么样的环境，都会碰到"怎样和人相处"的问题，大学生需要学习掌握一些人际交往中的知识、方法和技巧，培养锻炼自身的交际能力，促进人际关系和谐发展。

一、塑造有利于人际关系的性格

俗话说"江山易改，本性难移"，这句话虽然有一定道理，但表述过于绝对。虽然多年养成的性格不容易改变，但并不是不能改变。人是发展变化的，而非到了某个年龄就固定下来。大学生活中，随着大学生社会实践的增加、知识面的拓宽，大学生的个人观念、意识和性格都会有很大的变化。因此，只要我们有意识地改变自己的性格，定会收到好的效果。

首先，要确立信心，正确认识自己。既不可盛气凌人，也不能被自卑感压倒。

其次，要扩大自身的信息存储量。多读书，多看报，关心时事，扩大知识面，开拓视野。

再次，要注重丰富自己的业余生活。多参加运动、书法、绘画、下棋等活动，通过这些活动增加与他人交往的频率，在潜移默化中改变自己的性格。

最后，在性格塑造方面，可以做以下努力。

1. 人到绝境必有转机

遇上烦恼时不妨乐观地给予自己积极的暗示。例如，我们可以用"塞翁失马"的故事激励自己，让自己意识到当下状态已经是最糟糕的，没有比这个还要糟糕的了，以后的事情肯定都是好事。久而久之，会养成乐天的性格。

2. 从感兴趣的事情中充实自己

每个人都有自己喜欢的东西，尽量去尝试不同的事物，从中发现自己的兴趣。尽量利用空闲时间做自己喜爱的事，参加不同的活动，扩大交际圈，增长见识。

3. 掌握交友技巧

在着手与他人建立友谊前，要掌握以下交友小技巧。

① 要持友善态度。

② 接纳他人的性格和观点，不可强求改变他人。

③ 朋友相交要以互助为原则，不可一味向朋友奉献或索取。

④ 向朋友叙说你的感觉和想法，应根据彼此相交的深浅程度，控制谈话的尺度，以免出现尴尬局面。

⑤ 要明白真正的朋友有这样一些特点：不会贬低你来抬高自己，会保守你的秘密，不会恶言中伤你，会包容你的缺点，不会贸然断交。

二、培养和提升大学生交际能力

（一）建立良好的人际关系的方法

和谐、友好、积极、亲密的人际关系属于良好的人际关系，对于大学生的学习和生活是有益的；不和谐、紧张、消极、敌对的人际关系则是不良的人际关系，对大学生的生活和学习是有害的。因此，大学生掌握建立良好人际关系的方法是十分必要的。建立良好的人际关系的具体方法有很多，但在日常生活中，最为主要同时又可以有效地为大学生所运用的主要有以下几个方法。

1. 建立良好的第一印象

人际关系是在人们的交往中产生的。交往伊始，大学生必须遵循一定的风俗、习惯、规范、礼仪给人以良好的第一印象。例如，称呼要适当，登门拜访要有礼貌，喜庆节日要致意，谈话态度要诚恳，开玩笑要掌握分寸等。同时，衣着整洁、大方，举止文明会给人一种亲近感；反之，过分修饰，油头粉面，浓妆艳抹，则会给人一种不合宜的印象。北京某名牌大学的一个毕业生，到一家公司去求职。在面试时，这位自我感觉良好的大学生一进门就坐在沙发上，跷起二郎腿，还不时地摇动。结果，主考官一个问题都没有问，只是客气地说："回去等消息吧。"最终的结果可想而知，他因给主考官的第一印象不好失去了一个很好的工作机会。

2. 主动交往

要想与他人建立良好的人际关系，须掌握主动原则。例如，主动问候，主动示好，认真倾听，常说"我们"，学会欣赏，善于制造幽默等。这些都是在交往中能获得良好心理效应的方式。因此，我们要想赢得别人的好感，同别人建立良好的人际关系，就必须做交往的始动者，处于主动地位。当成功的经验越来越多，你就会越来越自信，你的人际关系处境便会越来越好。

3. 待人要真诚热情

实事求是，态度热情，通常给人信赖感和亲近感，这有利于交往的继续深入。当一个人遇到坎坷、碰到困难、遭到失败时，往往对人情世态最为敏感，最需要关怀和帮助，这时，哪怕是一个笑脸、一个体贴的眼神、一句温暖的话语，都能让人感到安慰，感到振奋。因此，当别人遇到困难、陷入困境时，只要你能伸出援助之手，帮助困难者，安慰失意者，就能很快赢得别人的信任，与他人建立起良好的人际关系。

（二）人际交往中要讲究艺术，善用技巧

人际关系是一门学问，更是一种艺术，只有将科学性和艺术性结合起来，掌握并灵活运用一些技巧，才能改善人际关系，提高交往的效果。

1. 人际交往中需遵循的基本原则

要在人际交往中体现出艺术性并善于运用技巧，首先，我们必须遵守人际关系中的一些原则。在人际交往过程中应把握这样几个原则。

（1）平等原则　人与人的地位没有高低贵贱之分，只有以平等的身份进行交往，才能深交。大学生不应因工作时间短、经验不足、经济条件差而自卑，也不能因为自己学历高、条件好而趾高气扬，这些心态都影响人际关系的顺利发展。孟子曰："君子所以异于人者，以其存心也。君子以仁存心，以礼存心。仁者爱人，有礼者敬人。爱人者，人恒爱之；敬人者，人恒敬之。"真正对他人存有仁爱之心、懂得以礼待人、尊重他人的人，没有人不喜欢他，这才是真正的君子。

（2）相容原则　相容主要是指心理相容，即人与人之间的融洽关系，与人相处时的包涵、宽容、忍让。主动与人交往，广交朋友，交好朋友，不但交与自己相似的人，还要交与自己性格相反的人，求同存异，互学互补，处理好竞争与相容的关系，更好地完善自己。

（3）互利原则　人际关系是一种双向行为，故有"来而不往，非理也"之说，只有单方获得好处的人际关系是不能长久的。无论是物质方面，还是精神方面，交往双方都要讲付出和奉献，要让双方都受益。但互利不等于阿谀奉承，也并非"拍马屁"等一些虚伪的表现，而是真心想着"你好我好大家好"。

（4）信用原则　交往离不开信用，信用既是做人的根本，也是关系发展的加速器。以诚实为本，不轻易许诺，承诺一定要建立在对自己实际情况的准确评估下，一旦许诺要设法实现，以免失信于人。

（5）宽容原则　在交往中对非原则性问题不要斤斤计较，要宽容大度。大学生个性较强，相互间接触又密切，难免产生矛盾。这就要求大学生在交往中不要斤斤计较，要谦让大度、克制忍让，并勇于承担责任。宽容克制并不是软弱、怯懦的表现，相反，它是有度量的表现，是人际关系中的润滑剂，能"化干戈为玉帛"，赢得

更多的朋友。

2.人际关系中需掌握的艺术与技巧

交际能力是需要培养的，大学生在人际关系中要学会一些交往的艺术与技巧，这对提高人际关系能力很有帮助。例如，记住别人的姓或名，主动与人打招呼，称呼要得当，让别人觉得被礼貌相待，给人以平易近人的印象；举止大方，坦然自若，使别人感到轻松、自在，激发交往动机；言行幽默风趣，幽默而不失分寸，风趣而不显轻浮，使别人感到和谐、愉快；与人交往要谦虚，待人要和气，这样不仅能体现出自身的涵养，使自己快乐，别人也会心情愉悦；要注意关注他人的状态，及时给予反馈，增进感情：安慰受创伤的人、鼓励失败的人、恭贺真正取得成就的人、帮助有困难的人；要处事果断，富有主见，精神饱满，充满自信，激发别人的交往动机，博得别人的信任。

（1）交际语言艺术　　交际中受人欢迎、具有魅力的人，一定是掌握交际语言艺术的人。交际语言的艺术性表现在适时、适量、适度三个方面。

① 适时。说在该说时，止在该止处，这才叫适时。有的大学生在社交场上该说时不说：见面时不及时问候，分手时不及时告别，失礼时不及时道歉，被提问时不及时解答，对求助不及时答复……有的大学生该止时不止：在热闹喜庆的气氛中唠唠叨叨诉说自己的不幸，在别人悲伤忧愁时嘻嘻哈哈开玩笑，在别人心绪不宁时仍滔滔不绝发表言论……设想一下，假如你在交际中遇见了上面这些人，你会对他们产生什么样的印象呢？

② 适量。交际语言的适量是指说话声音大小适量。大庭广众之下说话音量宜大一点，私人拜访交谈音量宜适中。如果是密友、情人间交谈，小声则可以表现亲密无间、情意绵绵的特殊关系，给人一种亲切感。

③ 适度。主要是指根据不同对象把握言谈的深浅度，根据不同场合把握言谈的得体度，根据自己的身份把握言谈的分寸度。

以上这些都是在人际交往中应该掌握的最基本的语言艺术。

如何较好地运用语言是一门艺术，有的人从小就注意培养，所以驾驭语言的能力显得比较强。但是，大多数人的口才，都是在成人后有意苦练得来的。例如，古希腊卓越的雄辩家德摩斯梯尼年轻时有口吃毛病，为了纠正口吃，能清晰地发音，他把小石子含在嘴里朗诵，迎着大风讲话。经过苦练，他终于成为一位闻名于世的雄辩家。大学生应积极参加演讲和辩论活动，在大众面前勇敢发言，多锻炼自己，临场经验多了，口才也自然会好起来。另外，大学生在课堂讨论或分组讨论的活动中，应踊跃发言，珍惜锻炼的机会，只要持之以恒，刻苦训练，语言表达能力一定会提高。

（2）少关注对方缺点，多关注对方优点　　所谓"金无足赤，人无完人"，每个人都有缺点。如果我们紧盯着别人的缺点，就会在心理上产生戒备与拒绝，在言行上流露出不满，影响我们与他人的关系；假如我们多看别人的优点，对别人的缺点少一份挑剔，多一份理解，自然会发自内心地表现出亲近感，别人也会对我们友善起来。理解是心灵沟通的桥梁。人际关系中，如果都能站在对方立场，多替别人着想，势必会减少许多不必要的误会与不愉快的冲突,从而使人际关系更加和谐。

（3）能较好地辨析环境　社交环境瞬息万变,交往的对象亦有不同的特质,要适应不同社交环境、人物,需要对环境有较强的辨析能力。会较好地辨析环境是人际关系中需要掌握的一个重要技巧。一个人如果能够对情境间的细微不同之处加以区分,往往更能根据社交环境的变化做出合宜的行为以适应不同性质、千变万化的环境,这便是"因时制宜"。《中庸》说:"国有道共言足以兴,国无道其默足以容。"讲到在不同环境下应根据时局变化采取相应的措施、方法。由此可见,要成功地达成目标,需要审时度势、因时变通,以适应各种不同的交际情境。

在一项研究中,研究人员选用了一些虚构的处境,然后询问受测者在这些处境中会有什么反应。研究结果显示:环境辨析能力越高的人,社交能力也越高。他们在与人交往时,能较好地完成交往目标,并能增进双方的交情。需要强调的是,"因时制宜"并非指盲目跟随形势变化而改变自己的行为,而要有自己的既定目标,这些目标也可以是一些利他的目标。例如,为某贫困同学进行募捐筹款。环境辨析能力高的人,在实现这个目标时,懂得审时度势,能够让起初不愿捐款的人也能解囊相助,并让他们觉得捐款后心情愉快,这就是辨析能力高所体现出的应用价值了。

（4）洞察别人的心理状态　学会洞察别人的心理状态也是提高人际关系能力的重要技巧。一些人看到别人的行为时,不尝试去了解对方做事时的处境和感受,便草率地根据别人的行为去判断对方是一个怎样的人。这种重判断而轻了解的习惯,是社交能力发展的一大障碍。在国外的一项社会学研究中,曾向受测者描述一个人的行为,然后请他将他所听到的转述给另一位受测者。在转述过程中,有些人自发地加入了一些对故事人物的性格和道德上的判断,而有些人则主动地对故事人物的内心世界进行剖析。在这项研究中我们发现,越倾向性格、道德判断的人,他们的社交能力越差。反之,越倾向作内心剖析的人,他们的社交能力则越强。

研究指出,一个人对性格和道德的看法是影响人际关系的重要因素。有些人觉得性格和道德是不可改变的个人素质,而有些人相信性格和道德都是可以改变的。有这样一些简单的问题,"甲旅行时给同事买了些纪念品,那很可能是因为……"或"乙将一盒橙汁倒在同学的图画上,那很可能是因为……"。那些相信性格是不可改变的人,较多给出"甲是一个善良的人,而乙则是一个无赖"等判断。反之,相信性格是可以改变的人,较多给出"甲想取悦他的同事,而乙则嫉妒他的同学"等判断。由此可见,相信性格不可改变的人较重视评估别人的性格和道德,注意力集中于从别人的言行举止来推断对方具备哪种性格。而相信性格是可以改变的人则较留心别人的行为动机和做事的情绪状态,较留心环境因素的改变如何影响一个人的心理状态,而心理状态的改变,又如何影响一个人的行为。

倾向判断他人行为、性格或道德好坏的人,不但容易忽略别人的心理状态,也较容易因为对他人作以偏概全的评价而产生偏执和成见。总而言之,要增进个人的交际能力,一方面要提高对自己及别人的需求、思想、感受的洞察力,另一方面亦要细心观察不同的情境和人物心理状态,分辨其中不同之处并加以理解分析,以加强对千变万化的社交环境的掌握。虽然心理学家认为交际能力是可以训练提高的，但要真正地提高交际能力，亦非一朝一夕可以做到，成功与否还是取决于一个人的决心、努力与恒心。

3.学会利用人际关系的心理效应

社会心理学研究表明，在人际关系中，对交往对象的认知、印象、态度以及情感等，都会直接影响交往的正常进行。

（1）首因效应（第一印象效应）　首因效应是指第一次交往中形成的印象对以后的交往关系产生深刻的影响，即心理学上所讲的前摄作用。在与陌生人的第一次交往中，双方都不是很了解对方，通过对方的外观和与对方简单的交流形成一个大概的心理感受，这个心理感受会影响后续的交往，这就是首因效应。因此，假如你给人第一印象是积极、阳光的，别人就会对你形成这样的第一感觉。

（2）近因效应（最后印象）　近因效应是指个体对某人的评价是通过最近获取的信息形成的。最后留下的印象往往是最深刻的，这就是心理学上的后摄作用。例如，小明已经很长时间没见过小东了，对小东的印象一直停留在他是一个积极乐观的人，但是最近从其他人口中知道小东因偷窃坐牢了，小明发现，原来小东是这样一个不诚实的人，之前的印象都是假的，这就是近因效应。首因效应与近因效应不是对立的，而是一个问题的两个方面。对第一次交往的人，首因效应比较明显，而对相对熟悉和久违的人来说，近因效应所起的作用则更大一些。

（3）晕轮效应（光环效应）　晕轮效应是指人们在交往认知中，对方的某个特别突出的特点、品质会掩盖人们对其其他特点和品质的正确了解，造成一种错觉。晕轮效应又叫"英雄光环"。例如，"情人眼里出西施"的现象，当我们特别喜欢一个人的时候，会把对方的优点过度放大，将对方的缺点忽略，而随着时间的推移，晕轮效应淡化，才会慢慢发现真实的对方。

（4）刻板印象　刻板印象是指以个体某个特征对全体进行笼统的概括，甚至人为地划分类型加以认识的心理现象。由于所处环境、文化及职业的不同，人们对一定类型的人（如同地缘、同职业的人群）有一种沿袭已久的固定看法，而这种看法往往积淀为人的一种心理定式，并用于判断、评价具体人的人格特征。

（5）投射效应　投射效应是指个体把自己内心的真实感情、意志或特性有意识或无意识地映射在他人身上，并以此引导自身做出某种行为。例如，有脱发困扰的同学就特别关注他人的头发，爱吃东西的同学每天都会与他人探讨哪里有好吃的。

以上这些都是我们在人际交往中常见的效应，我们既需要认识到这些效应的原理，也需要利用好这些效应，为我们的人际关系添砖加瓦。例如，我们可以利用首因效应，在与朋友初次见面时打扮好自己，注意自己的言行举止，给对方留下良好的第一印象，以便后续的长期交往；再如，与朋友因为某些原因陷入冷战，一段时间后，可以主动向对方示好或道歉，这样不仅可以化解恩怨，还能让两个人关系升温，这就是近因效应帮助人们改变形象、弥补过错，在人际交往中发挥出的巨大作用。

心理测试

人际关系测试量表

本测验共有36道题目。请你根据自己的实际情况，对其中的每一个问题作出回答。符合你的情况，则把该问题后面的"是"圈出来；不符合你的情况，则把该问题后面的"否"圈出来。

① 你平时是否关心自己的人缘？　　　　　　　　　　　　　　　是　否
② 在食堂里你一般是独自吃饭吗？　　　　　　　　　　　　　　是　否
③ 和一大群人在一起时，你是否会产生孤独感和失落感？　　　　是　否
④ 你是否时常不经同意就使用他人的东西？　　　　　　　　　　是　否
⑤ 当一件事没做好，你是否会埋怨合作者？　　　　　　　　　　是　否
⑥ 当你的朋友有困难时，你是否时常发现他们不打算来求助你？　是　否
⑦ 假如你的朋友们跟你开玩笑过了头，你会不会生气，甚至反目？　是　否
⑧ 在公共场合，你有把鞋子脱掉的习惯吗？　　　　　　　　　　是　否
⑨ 你认为在任何场合下都应该不隐瞒自己的观点吗？　　　　　　是　否
⑩ 当你的同事、同学或朋友取得进步或成功时，你是否真的为他们高兴？
　　　　　　　　　　　　　　　　　　　　　　　　　　　　　是　否
⑪ 你喜欢拿别人开玩笑吗？　　　　　　　　　　　　　　　　　是　否
⑫ 和与自己兴趣爱好不相同的人在一起相处时，你也不会感到兴味索然，无话可谈吗？　　　　　　　　　　　　　　　　　　　　　　　　　　是　否
⑬ 当你住在楼上时，你会往楼下倒水或丢纸屑吗？　　　　　　　是　否
⑭ 你经常指出别人的不足，要求他们去改进吗？　　　　　　　　是　否
⑮ 当别人在融洽地交谈时，你会贸然打断他们吗？　　　　　　　是　否
⑯ 你关心甚至常谈论别人的私事吗？　　　　　　　　　　　　　是　否
⑰ 你善于和老年人谈他们关心的问题吗？　　　　　　　　　　　是　否
⑱ 你讲话时常出现一些不文明的口头语吗？　　　　　　　　　　是　否
⑲ 你是否时而做出一些言而无信的事？　　　　　　　　　　　　是　否
⑳ 当有人与你交谈或对你讲解一些事情时，你是否时常觉得很难聚精会神地听下去？　　　　　　　　　　　　　　　　　　　　　　　　　　　　是　否
㉑ 当你处于一个新的集体中时，你会觉得交新朋友是一件容易的事吗？
　　　　　　　　　　　　　　　　　　　　　　　　　　　　　是　否
㉒ 你是一个愿意慷慨地招待同伴的人吗？　　　　　　　　　　　是　否
㉓ 你会向别人吐露自己的抱负、挫折以及个人的种种事情吗？　　是　否

㉔ 告诉别人一件事情时,你是否试图把事情的细节都交代得很清楚?
　　　　　　　　　　　　　　　　　　　　　　　　　　　　　是　否

㉕ 遇到不顺心的事,你会精神沮丧、意志消沉,或把气出在家里人、朋友、同事身上吗?　　　　　　　　　　　　　　　　　　　　　　　是　否

㉖ 你会是否经常不经思索就随便发表意见?　　　　　　　　　是　否
㉗ 你是否注意赴约前不吃大蒜、大葱,以及防止身带酒气?　　是　否
㉘ 你是否经常发牢骚?　　　　　　　　　　　　　　　　　　是　否
㉙ 在公共场合,你会很随便地喊别人的绰号吗?　　　　　　　是　否
㉚ 你关心报纸、电视等信息渠道传播的社会新闻吗?　　　　　是　否
㉛ 当你发觉自己无意中做错了事或损害了别人,你是否会很快承认错误或做出道歉?　　　　　　　　　　　　　　　　　　　　　　　　　是　否

㉜ 闲暇时,你是否喜欢跟人聊聊天?　　　　　　　　　　　　是　否
㉝ 你跟别人约会时,是否常有人等你?　　　　　　　　　　　是　否
㉞ 你是否有时会与别人谈论一些自己感兴趣的话题?　　　　　是　否
㉟ 你有逗乐儿童的小方法吗?　　　　　　　　　　　　　　　是　否
㊱ 你平时告诫自己不要说虚情假意的话吗?　　　　　　　　　是　否

计分与评价:请把你的答案和下面的答案逐个对照。

① :是　　② :否　　③ :否　　④ :否　　⑤ :否　　⑥ :否
⑦ :否　　⑧ :否　　⑨ :否　　⑩ :是　　⑪ :否　　⑫ :是
⑬ :否　　⑭ :否　　⑮ :否　　⑯ :否　　⑰ :是　　⑱ :否
⑲ :否　　⑳ :否　　㉑ :是　　㉒ :是　　㉓ :是　　㉔ :否
㉕ :否　　㉖ :否　　㉗ :是　　㉘ :否　　㉙ :否　　㉚ :是
㉛ :是　　㉜ :是　　㉝ :是　　㉞ :否　　㉟ :是　　㊱ :是

如果某题你圈的答案与上面所列的这道题的答案相同,得1分;如果不相同,不得分。把全部得分加起来。得分越高,表示你的人际关系越好,最高得分为36分。

推荐阅读

《卡耐基人际关系学》

　　该书详细介绍了卡耐基对处世之道的深入探究,提供了卡耐基圆满解决人际关系的成功经验。其中,既有卡耐基自己的亲身经历,又有他为各方人士开出的"妙方"。学习卡耐基的处世艺术,对渴望成功的人大有裨益。因为即使一个人拥有财富和人脉资源,如果他缺乏相应的处世艺术,他个人的发展也会受到种种人为因素的限制。处世艺术是成功人士必备的素质之一。

专题八
爱情花开,走进青春的秘密花园

  爱情是人类永恒的主题,也是大学校园里亮丽的风景。随着性生理的成熟和性心理的发展,想谈恋爱已成为大学生较为普遍的心理状态。掌握大学生性心理及恋爱心理的规律特点,有利于大学生培养健康的恋爱观、择偶观。

专题八　爱情花开，走进青春的秘密花园

爱情还是婚姻

　　某年夏天，小凯搭公交回家，在车上无意中看到一个衣着单薄瑟瑟发抖的女孩子，出于好心，小凯把座位让给了这个女孩并将背包中的外套递给了她。小凯的善良之举让女孩顿时感到特别的温暖，两个同龄人就这样在车上相识。女孩的名字叫小萌，是个乖巧温婉的姑娘。互生好感的两人开始交往，没过多久，小萌做了小凯的新娘。

　　然而，婚后的生活就像划过的火柴，擦亮之后就再也没了光亮。小凯不拘小节，不爱干净，崇尚自由，喜欢无拘无束。虽然小萌很乖巧，对小凯言听计从，从来不敢提出自己的想法，可日子久了，彼此的想法渐渐有了分歧，生活中开始出现各种矛盾，小到几点起床，大到什么时候要小孩。当初恋爱时的甜蜜和憧憬，在婚姻生活中渐渐烟消云散，两人的关系渐渐变得紧绷，彼此的交流逐渐减少，甚至宁愿找各自的亲戚朋友交流也不愿意与对方交流。结果，双方都有了离婚的想法。

1. 爱情和婚姻是怎样的关系？
2. 从这个爱情故事中，你得到了什么启发？

　　爱情就像在银行里存一笔钱，能欣赏对方的优点，就像补充收入；容忍对方缺点，这是节制支出。所谓永恒的爱，是从红颜爱到白发，从花开爱到花残。

——培根

单元一　爱情是什么

　　爱情一直是在哲学、心理学、文学与社会学中引起激烈争论的话题。爱是什么？爱的动力源是什么？著名的性学家霭理士认为："爱情的动力和内在本质是男子与女子的性欲。"人本主义心理学家卡尔·罗杰斯说："爱是深深的理解和接受。"心理学家马斯洛认为："爱的需要涉及给予和接受爱，我们必须懂得爱，必须能教会爱、创造爱、预测爱。"心理学家弗洛姆认为："爱是我们对所爱者生命与成长的主动关切，没有这种关切就没有爱。"

一、爱情的成分

要完整地理解爱情就需要从爱情的生物成分、心理成分及社会成分去考虑。

1. 生物成分

爱情产生的生物学基础是生理的成熟。青年期是童年与成年之间的一个发展过渡期。青年期的第一性征是指生殖所必需的器官，女性第一性征是阴道、卵巢和子宫，男性第一性征则为阴茎、睾丸与前列腺。这些器官的不断发育导致了性成熟。女性成熟的基本征兆是月经，男性成熟的基本征兆是尿液中首次出现精子。第二性征是和性器官无直接关系的性成熟征兆，包括生理变化、皮肤变化、声音的变化，以及阴毛、鬓毛、腋毛等体毛的变化。

2. 心理成分

生理的成熟常常会带来心理上的变化。身体的早熟与晚熟会影响青年的心理。早熟的男孩平衡、自然、放松、受同伴的欢迎，较多成为群体中的领导；而晚熟的男孩常常觉得自己能力不足，有依赖心，缺乏安全感，攻击性强，反抗父母，常被拒绝、被支配；早熟的女孩敏感、害羞，心理变化微妙。

3. 社会成分

人和其他大部分高等动物相似，在身心发育到一定程度时，便会在社会中寻找自己的另外一半，并且不断地挑选，以各种关系维系着群体生活，从而形成人类社会。因此，生理成熟为大学生恋爱提供了物质基础，但心理与社会性的成熟是恋爱的必要准备。

恋爱，不仅是一种内心情感，更重要的是一种行动。社会性是爱情的本质属性，即爱情是人类社会生活的产物，受社会条件（经济、政治、道德、文化、习俗等）和社会关系的制约。

二、爱情的特点

爱情根据其产生的原因、发展的阶段、行为特征等，具有以下特点。

1. 自主性和互爱性

真正的爱情是不可强求的，只能以当事人双方的互爱为前提，当事人既是爱人者又是被爱者。

2. 专一性和排他性

男女一旦相爱，就会要求相互忠贞，并且排斥任何第三者。

3. 持久性和阶段性

爱情的持久性表现在爱情的不断深化、提高，这是建立和保持婚姻关系的基础。但在人生的不同阶段，爱情的表现会有所不同，具有阶段性。

4. 社会性和道德性

爱情虽然是男女之间的私情，但具有丰富的社会内容。爱情的内涵、本质及追求爱情的方式，必然要受到各种社会关系及社会因素的影响。爱情的道德性是指爱情中对对方强烈的责任心和义务感。

5. 周期性

心理学家默斯特因提出的恋爱心理学理论认为，亲密关系的发展依双方接触次数的多寡分为刺激、价值和角色三阶段。不同的阶段，爱情的表现形式不一样，有热烈甜蜜期，亦有爱情休眠期。爱情休眠期会出现争吵、厌倦、平淡及敌对的情绪。这时最好的办法是，不要质问、猜疑或指责对方，给对方一个独立的空间，让其自身调整。经过休眠期便会进入下一个甜蜜期。

三、爱情的元素

美国耶鲁大学斯腾伯格教授提出了爱情三元素论。这个理论认为爱情包括亲密、激情、承诺三种元素。

亲密是指与伴侣间心灵相近、互相契合、互相归属的感觉，属于爱情的情感元素。

激情是指强烈地渴望与伴侣结合，促使关系产生浪漫和外在吸引力的动机，也就是与性相关的动机驱力，属于爱情的动机元素。

承诺则包括短期和长期两个部分。短期的部分是指个体决定去爱一个人；长期的部分是指对两人之间亲密关系所作的持久性承诺。承诺属于爱情的认知元素。

仅有激情的爱是一种迷恋的爱，仅有承诺的爱是一种空洞的爱，仅有亲密的爱只是喜欢，激情与承诺结合是愚蠢的爱，激情与亲密结合是浪漫的爱，亲密与承诺结合是友谊的爱。只有三个元素都结合在一起才是圆满完美的爱。

随着双方认识时间的增长及相处方式的改变，上述三种元素也将有所改变。斯腾伯格进一步提出：在三种元素下有八种不同的爱情关系组合，如表8-1所示。

① 无爱：三种元素均无。
② 喜欢：只包括亲密元素。
③ 迷恋的爱：只存在激情元素。
④ 空爱：只有承诺元素，类似契约搭伙。
⑤ 浪漫的爱：结合了亲密与激情元素。
⑥ 友谊的爱：包括亲密和承诺元素。
⑦ 愚蠢的爱：激情加上承诺元素。
⑧ 美满的爱：三种元素同时存在于关系当中。

表8-1 斯腾伯格的爱情三元素理论：爱的组合

爱的种类	亲密	激情	承诺
无爱	-	-	-
喜欢	+	-	-
迷恋的爱	-	+	-
空爱	-	-	+
浪漫的爱	+	+	-
友谊的爱	+	-	+
愚蠢的爱	-	+	+
美满的爱	+	+	+

注："+"表示存在；"-"表示不存在。

 **拓展阅读**

吊桥实验

著名心理学家阿瑟·阿伦曾经做过一个经典的现场实验，从心理学的角度说明了爱情产生的缘由。实验中，研究者找了一位漂亮的女性担任研究助手，并让她找到一些男大学生做一个调查。

首先，让这些男生完成一个简单的问卷，然后，根据一张图片编一个小故事。实验的特别之处在于，参加实验的大学生被分为三组，调查发生在三个不同的地点：第一个地点是一个安静的公园；第二个地点是一座坚固而低矮的石桥；最后的地点是一座危险的吊桥。这位漂亮的女性在对所有的大学生做完简短的调查之后，把自己的名字和电话号码告诉了每一个参加实验的大学生。如果他们想进一步了解实验或者跟她联系，可以给她打电话。研究者所要研究的问题是：大学生们会编出什么样的故事？谁会在实验后给漂亮的女助手打电话？

参加实验的大学生编写的故事千差万别，给女助手再打电话的人也是各不相同。最有趣的发现是：与其他两组相比，在危险的吊桥上参加实验的大学生中给女调查者打电话的人数最多，而且他们所编的故事也更多含有情爱的色彩。

通过实验分析，当人居于危险的情境中时，会不由自主地心跳加速、呼吸急促，形成相应的恐惧感，这是不以人的意志为转移的。那些在危桥上的参与者们更容易形成生理激动。根据情绪的二因素理论，他们会为自己的生理表现寻求一个合适的解释。与其他两组参与者不同的是，对于自己心跳和呼吸的异常表现，在吊桥上的男生可以产生两种都看似合理的解释，一是因为调查者的无穷魅力让他们意乱神迷，二是因为吊桥的危险让他们心如撞鹿。两种解释似乎都有道理，都可以接受，而真正的原因却是难以确认的。在这种情况下，一些大学生对自己的生理唤醒进行了错误归因，即对于吊桥上的一些人，本来是危险的环境致使他们心跳过速，但是他们却错误地理解为是调查者的魅力所致。而正是这样的原因，导致那些处于危险情境中的男大学生们，与其他环境中的人相比较，对自己身边的调查者产生了更多的兴趣，更多地拨通了漂亮女调查员的电话。

> **心理名言**
>
> 爱情不是花荫下的甜言，不是桃花源中的蜜语，不是轻绵的眼泪，更不是死硬的强迫，爱情是建立在共同的基础上的。
>
> ——莎士比亚

单元二　大学生的恋爱观及常见问题

一、大学生的恋爱观及择偶模式

（一）大学生的恋爱观

恋爱观是人们对爱情问题的根本看法和态度，是人们对待爱情的动机、情绪情感、态度与认知等，它的内容主要包括：什么是爱情、爱情的本质、爱情在社会生活和个人生活中的位置、择偶标准、如何对待失恋等。恋爱观是人生观的反映。恋爱观在不同的历史时期，由于受不同的社会制度、经济条件及思想文化状态的影响和制约，有着不同的内容，并且随着社会发展而不断发展和变化。

1.恋爱的动机

动机是直接推动个体进行活动的内部动因或动力。个体的活动不管是简单的还是复杂的，都要受到动机的调节和支配。动机可以转化为行为目标，而行为目标也可以转化为动机。同是恋爱行为，但恋爱动机可能不尽相同。恋爱的动机通常可以通俗地理解为"你爱他（她）什么"或"他（她）什么地方吸引你"等问题。引发恋爱的动机通常有性的内驱力，异性的容貌、身材、气质、性格、学历、才华、经济状况、社会地位、权利等。

2.恋爱的情绪情感

恋爱过程中，人们会体会到幸福甜蜜、苦涩痛苦、嫉妒怨恨等复杂的情绪。积极的情绪情感能维持和促进爱情的发展，而消极的情绪情感则会使恋爱出现种种矛盾，甚至走向终结。在恋爱中，人们的情绪往往容易被诱发、被激惹，消极的情绪战胜理智，酿成很多爱情的悲剧。

3.恋爱的态度与认知

恋爱中人们所表现出来的对爱情的理解和看法，择偶标准，对配偶、婚姻、家庭的态度，道德行为，两性关系，金钱观，价值观等都属于态度与认知范畴。态度与认知是恋爱关系能否长久的决定性因素，如果男女双方在这方面的差异较大，恋爱关系不会长久。

不同动机、情绪情感、态度和认知、人生观和心理素质，形成了不同的恋爱类型，大学生的恋爱类型概括起来有以下几种。

① 寻求感情寄托。
② 志趣相投，日久生情。
③ 练习恋爱，为真正稳定的关系做准备。
④ 存在攀比心理和好奇心理。
⑤ 实用功利，相互利用。
⑥ 把爱情当游戏。

⑦ 理想虚幻，想象。

当代大学生需要端正恋爱动机，树立科学的恋爱观，发展适当的恋爱关系。具体地说，有以下几方面的内容。

① 培养志趣相投、相互平等的爱情。大学生选择恋人的最重要的条件应该是相互喜欢、相互欣赏、志趣相投。

② 正确处理爱情与学业之间的关系。爱情是美好的，但大学生目前的主要任务是学习，要摆正爱情与学业的关系，不要把宝贵的时间全部用于谈情说爱而放松了学习。

③ 爱情是一种责任和付出。大学生在恋爱中应该懂得，爱不仅是得到，不仅是索取，更重要的是一种责任和付出。

④ 恋爱要态度认真、感情专一。爱情是一个男性与一个女性之间的爱慕关系，这种关系包括自己特有的感情和义务，它只能存在于恋爱者两人之间，不容许第三者介入。恋爱不是儿戏，双方要真诚相待，不要为了得到一个人，故意表现得很完美，相处一段时间便原形毕露。

⑤ 在恋爱过程中，应多一些理解、信任和宽容，互相尊重，相互平等，共同进步。爱情是以互爱为基础，相爱的双方，都要有自己独立的人格和精神世界，既不能完全依附对方，也不能要求完全占有对方。爱情与做人一样，理解、信任、诚实和宽容都是十分可贵的品质。爱很多时候要相互理解、相互尊重、相互包容，相爱双方地位平等。

⑥ 经得起失恋的挫折。不是所有的爱情都会有结果，要正确面对失恋，懂得爱情不是生活的全部。

（二）大学生的择偶模式

社会学家研究发现，无论是东方人还是西方人，都具有类似的择偶现象，对这些现象进行总结，有以下几种择偶模式较为常见。

1. 同类匹配模式

人们总是倾向于选择年龄、种族、籍贯、教育、信仰、角色认同相似的异性对象。一般来说，符合这种模式的恋人或者配偶之间相处比较和谐，冲突较少。古代有"门当户对"之说，其实亦是一种同类匹配。

2. 互补交换模式

人们也会倾向于选择最能满足自己某种资源需要的对象，如金钱、地位、住房、户口、学历等，互通有无，取长补短。"郎才女貌"就是一种典型的互补交换现象。

3. 择偶梯度模式

男性一般倾向于选择金钱、地位、学历、身高、年龄等方面比自己低的女子，而女性更容易选择受教育程度、薪金收入等方面比自己高的男性。这种"男高女低"或"男强女弱"的择偶现象是男权主义的一种体现。

4. 父母家庭模式

有些人容易参照父母的性格或行为模式选择另一半，这种情况多半是父母的感情比较好，家庭幸福；另一种情况恰恰相反，父母感情不和，从小在争吵的家庭环境中长大，甚至是父母离异家庭中的孩子，往往希望找到一个不同于父母类型的对象。

5.偶像明星模式

一些人受浪漫小说或影视剧的影响，倾向于按照自己心中的偶像形象去寻找配偶，希望在他那里体会到浪漫情结，满足自己的内心需要或某种虚荣心。

总之，以上择偶模式都有它的优势和劣势。在现实生活中，人们在选择另一半的时候往往不是采用单一的择偶模式，经常是多种模式相互交叉或重合。

二、大学生常见的恋爱误区及应对策略

（一）大学生常见的恋爱误区

大学生谈恋爱已经是司空见惯的事情，各高校对于大学生的恋爱行为，一般采取既不赞成也不反对、适时引导的工作策略。但是现实中，很多大学生虽然想谈恋爱，却不知道如何跟异性相处，恋爱动机不端正，有的人把握不好恋爱尺度等，具体表现在以下几个方面。

1.感情认识的误区

（1）友情　友谊的同义词，是指朋友之间的感情。它具有比较广泛的基础，友情不仅仅针对一个人。

（2）爱情　指两个人之间强烈的依恋、亲近及向往，以及无私并且无所不尽其心的情感。

（3）喜欢　对某人或事物有好感或者产生兴趣。喜欢与爱有着一定的区别与联系。

（4）恋爱　两个人在一定的物质条件和共同的人生理想的基础上，能够在各自内心形成的对对方最真挚的仰慕，希望共同生产生活，并渴望对方成为自己终身伴侣的最强烈、最稳定、最专一的感情，是男女相互倾慕的行动表现。

由此可见，友情、爱情、喜欢、恋爱有着本质的区别。但很多大学生因为青春期需求和渴望感情寄托，盲目地开启一段恋爱。很多时候误把友情当成喜欢，误把喜欢当成爱情，在相处的过程中对对方要求过高，导致在恋爱中遭受挫折，给学业和身心健康带来不利影响。

2.恋爱动机的误区

大学生的恋爱动机跟普通社会青年的恋爱动机有相同之处，也有明显差别。大学生们年龄相近，住在同一个大学校园里，更加方便彼此了解，产生感情也是特别自然的一件事情。这种情感确实与社会上的一些恋爱不同，它是在特定的时间、特定的阶段产生的。虽然大学生谈恋爱现象比较普遍，但不少大学生的恋爱动机不纯正。对大学生恋爱动机的分析中发现，性满足的动机、情感亲密的动机、自我确认的动机、自我证明的动机占的比例均高于结婚的动机所占的比例。

随着社会的发展，大学生的恋爱动机也呈现出多样化的趋势。大学生恋爱动机大致可以分为"比翼双飞型""生活实惠型""时尚攀比型""玩伴消费型""追求浪漫型""功利世俗型"。

3.恋爱方式的误区

恋爱方式主要是指恋人之间相处的方式，对待感情的方式，对爱情的认知等。恋爱方式的误区主要有四种。

误区一：没有恋爱标准或者恋爱标准不切合自身情况。很多大学生谈恋爱时，既没有动机也没有标准，抱着"尝试一下""看看再说""她追我，所以我就接受了""反正我也不缺这一个男（女）朋友"的态度去恋爱。殊不知，每次恋爱失败对双方造成的伤害是巨大的。

误区二：认为爱就是被爱，而不付出爱。很多人总想着"被爱"，而不主动去爱。于是，在相处中一味地索取，要求别人满足自己的需求。如果别人不能满足自己的需求，就怀疑别人不爱自己，怀疑这段感情。

误区三：把恋爱理解为找到合适的爱的对象，而不是要具备爱的能力。很多人认为爱的问题就是爱的对象的问题，而不是爱的能力的问题。在这样的误区下，人们往往认为爱是简单的，只要找到一个合适的爱的对象就可以，其实爱情需要经营，需要处处体现爱的能力。

误区四：认为爱情就是相互迷恋，而不是共同经营。人们常常把"坠入"爱河时的最初体验和"置于"爱中的稳定状态混淆不清。一旦爱情不能给他们带来最初的"痴迷"和"眩晕"，他们就认为不爱对方，或者怀疑对方不爱自己。殊不知，爱情不仅仅有激情，还要有承诺；爱的阶段也不仅仅是痴迷与浪漫，还需要陪伴和守候。爱情需要双方共同努力去经营。

上述种种恋爱方式的误区，轻则会影响当事人的身心健康，重则可能会危及生命安全，发生恶性事件。

4. 对待恋爱结果的误区

虽然恋爱动机不同、恋爱方式不同，大学生的恋爱结果基本只有两种：继续发展或宣告失败。有些人一开始谈恋爱就是出于不负责任的态度，从未考虑过对对方负责，或者给对方承诺，这样的结果无疑是恋爱失败；有些人虽然拼尽全力去爱，由于种种原因，还是免不了分手的结局。恋爱应该是一个人寻找合适的另一半的过程，恋爱失败所产生的挫败感和遗憾感是正常的，一段恋爱失败不应否定爱情，更不能因此否定一个人的一生。

（二）走出恋爱的误区

（1）正确看待爱情地位，树立正确的恋爱观　爱情是人生旅途中的重要历程，但不是全部。爱情不是游戏，择偶标准需谨慎但不应苛刻，浪漫和责任需相辅相成。

（2）理清感情概念，谨慎处理感情　理清感情概念，可以帮助我们处理好很多感情纠纷。认清友情与爱情的区别，拒绝暧昧不清的行为。

（3）多阅读相关资料，提高个人感情素养　多阅读一些爱情心理学相关的书籍，多了解相关的心理学知识，有助于我们认清爱情的本质，树立正确的恋爱观。

三、培养爱的能力

爱的能力是指和他人建立亲密关系的能力，它对人的人生发展有着重要意义。对于当代大学生来说，只有培养好爱的能力，才能获得美好的爱情。

（一）表白爱的能力

1. 建立关系

如何通过表达给对方形成初步印象，要遵循三个原则。

原则一：第一时间开口说话。在遇到心仪的异性时，在彼此眼神对视的第一时间，就尝试开口说话。

原则二：以第三方事物为共同话题。不要谈论对方本人，这会增加对方的紧张感，降低成功率。

原则三：问最容易回答的问题。

2. 自我表露

如果两个人不分享一些个人的、私密的信息，不能认为两个人是亲密的。自我表露让人感觉良好，它会改善人的心情。

① 自我表露的三个关键因素：45分钟、对等性、敏感性。一般来说，有效的自我表露通常需要45分钟，时间太短的交流很难达到沟通的效果；自我表露的时候需要双方提供对等的信息，如果一方一直自我表露，而另一方总是被动接收，很容易造成不公平的感受；敏感性主要体现在，当对方自我表露的时候要敏锐地感受对方的内心情感，给予积极的回应，善于倾听和共情，而不是站在道德层面去评判。

② 自我表露的过程：自我表露一般由浅及深、由少到多。太快的自我表露（一见钟情式）暂时引起兴奋，但冲突随之而来。"交浅言深"则没有建立信任的基础。

③ 自我表露的对象。在自我表露方面，女性会对男性表露情感，男性也会对女性表露情感；女性之间容易相互表露，情感开放；男性之间很少互相表露情感。

④ 自我表露和关系的满意度。自我表露与喜欢成正相关，伴侣之间自我表露越多，彼此的感情就越稳定，幸福感越强。值得注意的是，即使在最亲近的关系中，我们也需要保留一些只属于自己的东西，保有自己的秘密。

3. 表白

在表白之前，对对方要有一定的了解。对方的性格特征，对方喜欢什么、讨厌什么，对方对你是不是有感觉，对方有没有伴侣，都要仔仔细细了解清楚。

表白要考虑好，并选择合适的时机。表白需要天时、地利、人和。一般夜晚的时候表白，成功率会比较高。因为夜晚给人浪漫的感觉。表白的时候，最好营造出一个浪漫的氛围，比如花海之路、烛光晚餐、音乐美景等，让对方能感受到你的爱。表白时，如果拥有一个强大的后援团效果会更好，他们会帮助你，鼓励对方答应你。

总之，与陌生人交谈是一项可以习得的技能。自我表露会增加亲密度和幸福感。表白是感情水到渠成后的自然选择。

（二）经营爱的能力

一段感情要想维持下去，不仅要有好的开始，更重要的在于如何经营。

著名婚姻家庭专家盖瑞·查普曼博士提出的"爱的五种语言"，被认为是经营恋爱、婚姻关系的一剂良药。

1. 肯定的言辞

马克·吐温说："一句称赞的话，可以让我活两个月。"这足以说明，"肯定的言辞"对一个人的重要性。也许，一句鼓励的话语、一句仁慈的言语，就会温暖对方，使他（她）被激励，完成原本不可能完成的事情。肯定的言辞，让人感觉被欣赏、被肯定。

恋爱的初期，正是这些肯定的、欣赏的、赞美的言辞，使得感情快速升温，关系进一步升华。但当爱情进入稳固阶段，人们最容易犯的错误就是，对亲近的人吝啬赞美之词，甚至讲最严厉的话。恋人或夫妻之间要保持爱情的甜蜜，就要经常赞美和鼓励对方。

2. 精心的时刻

"精心的时刻"不是指两个人待在一起，你打你的游戏，她追她的电视剧，而是要让对方感受到你是在全心全意地陪伴他（她），而不是敷衍了事。你们可以一同看一部电影，聊聊电影里的人和事；可以一起做顿饭，共同享用你们的劳动果实；可以聊一聊一天之中发生的事情，烦心事、开心事、趣事等。

3. 接受礼物

礼物，是爱的视觉象征，也是一种仪式感的象征，是直观的、能看到的、有迹可循的爱。

礼物对于有些人来说，是重要的、有意义的。例如结婚戒指，有的人觉得结婚戒指代表着某种意义，从戴上结婚戒指的那刻起，就一刻都不忍摘下。

有些礼物，不一定是昂贵的，礼物的价钱并不重要，重要的是这一份心意。从某种意义上说，礼物是看得见的爱。

4. 服务的行动

假设，你的另一半为你端上你爱吃的水果，你会不会觉得特别幸福？如果你的另一半为你将洗好的床单铺好，你会不会感到特别开心？在日常相处中为他（她）做一些简单而讨人欢心的事，会在对方的脑海里留下深刻的记忆，让他（她）觉得幸福。

5. 身体的接触

身体接触的本质是对方在感情上接受自己。当一个人远离另一个人的身体时，就是在感情上远离他（她）。在争吵中，最有效的方法就是给他（她）一个有力的拥抱，或者亲吻他（她）。

盖瑞·查普曼博士说："人们说着不同的爱的语言，每个人都有属于自己的最主要的爱的语言。"大学生在现实恋爱中，该如何将"爱的五种语言"应用到实际生活中呢？

首先，你要发现自己和另一半的主要爱语。事实上，这五种爱的语言对感情来说，都是很重要的，但一般会有一种占主要地位，其他辅之。比如，你的另一半最主要的爱的语言是"肯定的言辞"，如果你总是在言语上打击他（她），尤其是在争吵中说伤害他（她）的气话，他（她）会觉得自己被人否定，不被人爱，内心一定很难过；再比如，你的另一半最主要的爱的语言是"精心的时刻"，如果你和他（她）在一起的时候总是玩手机、打游戏，有一搭没一搭地附和他（她）说话，那么他（她）一定会感到孤独，会觉得他（她）在你心里没有分量，最终得出"他（她）不爱我"这样的结论。

其次，在另一半面前表达他（她）的主要爱语，而不是你的爱语。爱的目的不是得到什么，而是为爱的人付出什么。主动展示他（她）的爱语，让对方感受到你的爱，那么他（她）也会用同样的方法回报你。

（三）化解恋爱矛盾的能力

在恋爱中，争吵、矛盾、冲突不可避免，有些争吵、矛盾不仅会影响感情，有时还会带来严重的后果,因此,我们要学习一些化解矛盾的方法。

1.事半功倍的沟通

不同类型的个体在行为、语言等方面具有不同的特点,有的人擅长用视觉景象进行思考,有的人喜欢用声音语言进行思考,还有一类人多用感受体验进行思考。大学生情侣之间,通过了解彼此的行为和语言特点,可以有效地避免日常相处中的很多矛盾。即使有了矛盾,也可以结合彼此的特点进行有效的沟通。

现实中,恋人之间沟通不畅的原因,主要是个人心理有冲突、有矛盾,这些内在冲突、内在矛盾向外投射,就会演化为人与人之间的沟通不顺利或无效。特别是当我们有消极情绪的时候,经常话一出口就破坏了气氛,甚至引发新的冲突。

沟通若没能解决恋人之间的问题,就可能会引发争吵。著名的"婚姻教皇"约翰·戈特曼在华盛顿大学创立了爱情实验室,对婚恋关系进行了长达30年的研究。约翰·戈特曼的研究发现:从不吵架的夫妻,在短期内婚姻满意度最好,但3年以后,这群人的婚姻满意度最低。很多时候不吵架,是有一方或双方都在容忍、在压抑。因为压抑了对彼此的不满,使这些不满升级为不可调和的矛盾,因此,有时争吵也可以视为一种特殊的沟通。

2.有"建设性"的争吵

(1)重点不在对错 情侣间的冲突往往不是一个人的错。吵架时,许多情侣心里想的根本不是同一件事,因此要学会换位思考,体察对方的内在需求和潜在动机。

(2)检视吵架的真正原因 很多时候情侣之间吵架,往往是因为一些鸡毛蒜皮的小事,没有任何意义,吵来吵去也是"无解"。"无解"的解决之道是包容和妥协。

(3)避免指责对方 争吵沦为指控,沟通之门就关闭了,对恋爱关系是莫大的伤害。争吵一定是双方共同引起的,即使对方有错在先,自己的态度或言语也激化了矛盾。吵架时激化矛盾的说辞包括:①提对方以前做过的丑事;②用对方缺点来攻击对方;③攻击对方的家人;④拿对方跟别人比较;⑤轻易说分手或者离婚;⑥言辞激烈、生硬,让人下不来台。

(4)适时给争吵降温 争吵时要学会巧妙地喊停。男人要学会主动忍让,不要跟女人争个高低上下;女人要学会示弱、撒娇,适时给对方一个拥抱,勇敢地表达内心深处的真实感受。表达时注意氛围和措辞,不纠结于发生过的事,说出自己的感受。用幽默冷却情绪,例如做鬼脸、吐吐舌头等,或是讲只有你们俩懂得的秘密笑话等。

案例分析

某大学一女一男两名学生坠楼身亡

2009年4月,北京的一对学生情侣在一栋高楼的阳台上发生矛盾,激烈争吵后,男生愤怒地把女生推下了楼,男生随后也跟着跳了下去。经过抢救,两人都已无生命迹象。

案例点评:在令人惋惜的同时,也让人感叹两人在恋爱中的沟通上存在极大的问题。对于恋爱中出现的矛盾、问题,首先要努力通过沟通来解决。为了让沟通更有效,我们要知道面对的是怎样的人、在什么场合该说什么样的话、怎么说话才能打动对方等。

（四）正确对待失恋挫折的能力

1. 纠正错误的失恋心理

一般意义上的"失恋"是指一个人被其恋爱对象抛弃。失恋引起的主要情绪反应是烦恼与痛苦。大多数人能正确对待和处理恋爱受挫，愉快地走向新生活。也有一些人不能及时排除这种强烈情绪，导致心理失衡，性格反常。在现实生活中，大学生失恋以后，通常的心理反应是：对他（她）那么好，他（她）为什么离开我；他（她）抛弃了我；我忘不掉他（她）；他（她）怎么那么无情；他（她）是个玩弄感情的人；他（她）可能从来没有真心爱过我；我究竟哪里不好。

有以上种种感受，主要是因为感到被抛弃。有时，提出分手的一方，也有被抛弃感，正是为了尽可能地回避失恋带来的痛苦，或者为了满足自尊心，才抢先一步提出分手。一般情况下，被动接受的一方，更为痛苦难受。除了被抛弃感，还可能会产生愤怒、羞耻、无尊严、不甘心等感受，导致失恋后的想法和行为表现变得不理智、鲁莽。具体表现为以下几种类型。

（1）赔礼道歉型　毫无原则地道歉或认错以换回对方的心。这种行为对以下几种情况可能适用：对方性格软弱，富有同情心；对方分手的态度不坚决；对方想以分手胁迫情侣为其做改变。

（2）强化自卑型　原本不自信的人，伤心过后会更自卑。一般会有以下几种想法：自己是一个不值得别人去爱的人；不相信以后还有人会爱上自己；被抛弃是因为自己不够好，不够优秀，不值得别人付出。

（3）一朝被蛇咬型　不相信自己还有能力开始新的感情；不相信自己还有勇气能面对未来未知的结局。

（4）自暴自弃型　自暴自弃实质上是对责任的放弃。表现为情感放纵，对新的恋情不再付出真心；性放纵，不在乎天长地久，只在乎曾经拥有；自杀或自残。

（5）不甘放弃型　一时无法收回投注在对方身上的感情；不被尊重所引发的屈辱感和愤怒感导致其产生伺机报复的心理。

2. 真诚地提出分手

① 本着对双方负责、尊重感情的态度。
② 分手时态度要明确，模棱两可最折磨人。
③ 分手场合要适合，环境优雅、不偏僻、不吵闹。
④ 尊重对方，不用伤害性、刺激性语言。

3. 正确对待失恋

失恋是很正常的事情，有恋情的开始，就可能会面临恋情的终结，很多人都会经历失恋。应对失恋的方法主要分为三步。

第一步：宣泄

① 哭出来。在悲痛欲绝时大哭一场，可以使情绪平静。专家认为，眼泪能把有机体在应激反应过程中产生的某种毒素排出去。
② 体育运动。尤其是户外运动，有助于释放激动情绪带来的负能量。
③ 转移注意力。心情不好的时候，可以做些自己感兴趣的事或者自己愿意做的

事，转移一下注意力。

④ 自我安慰。当得不到自己心爱的人或者失去爱人时，给自己找一些理由来解释这种挫折，从而获得精神上的安慰。

⑤ 社交、倾诉。向可以信任的身边人（例如老师、同学、朋友等）诉说自己心中的失落、烦恼，也可以写日记记录自己的心情，或写信给自己诉说现在的情绪状态。如果感觉心中的积郁实在太深，自己无法排解时，还可以找心理咨询师进行心理辅导。

第二步：情境转移

失恋后，之所以难以摆脱失恋的困扰，是因为很多人的生活在方方面面都与昔日的恋人有着千丝万缕的联系。要想摆脱失恋的痛苦，有条件的情况下，可以暂时离开曾经熟悉的环境，换一个崭新的环境。由于失恋后的空虚感，让人暂时难以适应，可以用学习、参加社团活动或其他方法来充实自己的生活，不让自己在空余的时间胡思乱想。

第三步：化悲痛为力量

要尽快把失恋升华为一种奋发向上的动力，尽快投入到学习或者其他工作中去。不可因为失恋而一蹶不振，认为生活、人生都失去了意义。恋爱虽然是生活的重要组成部分，但并不是生活的全部。要树立正确的爱情观，摆正爱情的位置，处理好爱情与学习、爱情与人生、爱情与婚姻的关系。

总之，失恋只是恋爱选择的一个结果，是人生中很平常的事情。失恋给人机会再去开始新的恋情，我们要去思考失恋的原因，在失恋中总结经验，在失恋中学习成长。

案例分析

大二男生因失恋而自伤

大二男生小X最近刚失恋，十分难过，并且很困惑。在一天晚上他用刀子割伤自己的手腕，发视频给前女友，要求复合。前女友被吓到，立刻告诉辅导员，辅导员紧急求助心理中心。小X告诉心理咨询老师，女友提出分手的原因是性格不合，可他不这样认为，他认为他们相处得还挺甜蜜，他觉得分手的原因是女友变心了，而自己在这段感情中付出了很多，现在被人辜负，他要进行报复，并且还是希望能跟前女友复合，于是做出了割腕的举动。他承认自己割腕并不是真的想自杀，只是想借此与前女友复合。

案例点评：小X的案例是比较典型的失恋导致的自伤行为。其真实的用意是希望通过自伤来要挟前女友，让前女友妥协以维持这段关系。从心理分析的角度看，在爱情中的自伤行为往往不是因为这段关系而导致，而是在小时候与父母或其他血缘亲人之间的情感链接出现问题而导致的，因此，在情侣关系中出现自伤行为是过去没处理好的关系演变出来的结果。

> 爱情只有当它是自由自在时，才会叶茂花繁。认为爱情是某种义务的思想只能置爱情于死地。
>
> ——罗素

单元三 性心理概述

一、性心理的发展

（一）性心理的发展阶段

人的性心理和性行为随着年龄增长而不断发展变化。根据生理特征，弗洛伊德提出了五个性心理发展阶段，即口唇期、肛门期、生殖器（性欲）期、潜伏期、生殖期。

1. 口唇期（婴儿期，1岁以内）

在这期间，嘴是最初的性敏感（引起性欲的）地带。从刚出生到大约8个月的时候，婴儿在被喂养、吮吸和吞咽中寻找快感。后一阶段（长牙的过程中），他们的快感来自撕咬和咀嚼。对母亲乳房撕咬和咀嚼的满足有助于信赖感和独立性的培养，但吮吸挫败或过多的快感可能增加断奶时的创伤影响和产生口唇固着（儿童在0～1岁的时候口欲没有获得满足，长大后就形成了口欲依赖，喜欢咬东西、舔东西等）。

2. 肛门期（儿童早期，1～3岁）

随着儿童对括约肌的控制在生理上成为可能，儿童的注意力从嘴转移到了肛门区域，并唤醒了儿童的兴趣。在早期阶段，性本能的快乐集中在排泄上。自发排便是满足性本能的主要方法。在蹒跚学步的孩童中，排便、排尿是典型的快乐。后期阶段变为肛门滞留，幼儿园上厕所的训练就意味着第一次以社会性的努力来控制儿童的本能冲动。这一时期儿童心理发展的重点是通过自主地排便获得独立性，发展自律性。如果父母过分关照或过于严苛要求，孩子的自律性发展和适应环境的能力将可能受到抑制。

3. 生殖器（性欲）期（学前期，3～6岁）

这一时期，儿童的性别认同意识逐渐出现。这一时期的儿童不但对自己的生殖器格外好奇，喜欢展示自己的裸体，也对别人的生殖器和排便姿势好奇，对两性差异开始产生兴趣。比如，爱玩跟两性有关的游戏——过家家。

4. 潜伏期（学龄期，6～12岁）

这一时期的儿童对性的兴趣下降，开始对游戏、体育运动等产生新的兴趣，这一时期社会化的主要任务是让儿童乐于学习，富有好奇心及求知欲，培养勤奋感。如果这一时期社会化程度不足，会导致儿童出现学习适应不良、产生自卑感等消极的自我意识，对批评易采取防卫性的反应，可能会出现性别角色认同障碍、依赖性强、缺乏主动进取精神和意志力差等心理发育障碍。

5. 生殖期（青少年期，12～20岁）

这一时期，男女性器官发展迅速，性生理发育成熟。这一时期由于躯体、内分泌系统的迅猛发展，第二性征也日益明显，此时青少年的性心理也有迅猛的发展。弗洛伊德认为，性心理成熟的标志，是力比多集中于与异性性器官的结合（性交），此阶段称为"性器欲期"或"生殖欲期",在此之前则称为"前生殖欲期"。

(二)影响性心理发展的因素

影响性心理健康发展的因素主要包括内外两个方面的因素。内部因素主要指的是遗传因素,外部因素主要指的是家庭环境的因素。家庭环境的状况,决定了个体的性心理发展。例如,成长于性非常开放的家庭,就会出现性暴露过早的情况;父母在孩子面前穿着过于随便,或者行为举止过于亲密,可能会诱发孩子的性早熟(尤其是面对正在发育的年纪比较大的儿童时);还有一些家庭对性避而不谈,谈性色变,生活在这样家庭的孩子常常会对性产生一种神秘感或惧怕感。因此良好的家庭氛围对一个孩子的性心理发展非常重要。

除了家庭环境,社会大环境对于个体的性心理发展也有影响。例如,社会媒体对性的过度宣传或抨击,对孩子的性心理发展有非常大的影响。

二、健康的性心理

世界卫生组织对性心理健康的定义:通过丰富和完善人格、人际交往和爱情方式,达到性行为在肉体、感情、理智和社会诸方面的圆满和协调。性心理健康主要指除了性器官、性发育、性生殖、性卫生以外,关于性需求、性意识、性情感以及性举止等方面的健康。

性心理健康必须具备以下四个条件:

第一,个人的身心应有所属,有较明显的性别角色认同。

第二,个人有良好的性适应,包括自我性适应以及与异性的性适应,即对自己的性特征、性欲望能够悦纳,与异性能和谐相处。

第三,对待两性的问题应该公平公正,不应自我制造分裂、歧视或偏见。

第四,能够自然、愉悦地享受性生活。

健康的性心理既是正常恋爱的基础,也是未来幸福婚姻的保障。

三、常见的性心理障碍

性心理障碍也称性变态,泛指两性行为的心理和行为明显偏离正常,并以这类性偏离作为性兴奋、性满足的主要或唯一方式为主要特征的一组精神障碍,除此之外与之无关的精神活动并无其他明显异常。

> **心理名言**
>
> 肉体上的两性爱,不是真正意义上的爱情……爱情是心灵上的一种狂欢,是一种人神相通的带有神秘色彩的精神状态。
>
> ——柏拉图

单元四　大学生的性心理

一、大学生性心理的特点

（一）性心理的发展与性生理的成熟并不同步

随着年龄的增长，摄入足够营养，身体迅速发育，人的性生理到了大学阶段基本成熟，但是性心理的发育与性生理发育往往有比较大的差异。最明显的现象是同学们长得又高又壮，性生理特征也很明显，但是与他们交谈时会发现，他们的心理认知还不够成熟。所以从认知的角度来说，性生理和性心理的不同步成熟，提醒我们要更加注意健康性心理的培养。

（二）恋爱的热望与对异性了解不深的状况并存

进入大学后，学业压力不像高中时期那样繁重，自己能掌握的时间更多了。同时因为在中学时期与异性交往的机会很少，累积下来的性动力只能在大学自由的交友环境中释放出来。大学生渴望恋爱，希望找到真心相爱的对象，但由于与异性接触的经验不足，使他们对异性并不了解。

（三）性欲需求与社会道德责任之间的矛盾

当代大学生是活力和精力都非常充沛的成年人，性动力非常充足。但是作为成年人，需要按照成年人的准则来做事，要考虑做每件事的意义和后果。在性欲需要的背后，大学生要认真思考，是否真的要按照自身的性欲需要做出某些行为，是否能承担起行为背后的责任。因为性行为不仅涉及道德问题，甚至还会涉及法律问题。有研究表明，目前我国还存在相当多的"性盲"，他们对性健康知识了解不全面，容易出现道德和法律上的问题。

二、大学生常见的性心理困扰及对策

（一）性认知偏差

1.性禁忌：下流、见不得人、羞于启齿

由于成长的背景和经历影响，有些学生认为谈性是一件见不得人的下流的行为，对性的认识存在偏差。其实只要场合适当是可以谈论性方面的问题。

2.性随便：过于随便、追求生理刺激

当代大学生的性意识较开放，他们认为性与爱的关系是十分密切的。跟恋爱相关的性关系是可以理解的，但是大学期间与情侣贸然发生性关系对双方影响都很大，如果措施不当，有可能未婚先孕、感染艾滋病等，这些不良后果超出大学生现实可以承受的范围，对学业和身心产生很大影响。

（二）性特征焦虑

1. 对自己的性特征不满意

比如，有的大学生觉得自己个子矮、体态胖、身体有气味、腿短、脸上有痘痘，对性器官的大小不满意等。有调查表明，经常焦虑会影响生长激素的分泌，有可能影响身高。由此可见，对于个人的身体特征完全没有必要去担心，保持情绪稳定，心平气和反而会增加恋爱成功的概率。有研究表明，热情开朗更容易吸引异性。

2. 男生的遗精困扰

精满自溢是男性生殖成熟的外在标志。男大学生处于性生理成熟的年龄，遗精是正常现象，是男性性功能正常的表现，应该感到欣慰而不是忧虑。但要警惕病态的遗精现象，如遗精次数过多（每周两次以上）或者清醒时遗精，同时伴有头昏、精神颓靡、腰腿酸软、失眠等现象。对于病态遗精现象，要及时就医，寻求专业的帮助和治疗。

3. 女生的月经困扰

经前综合征是指月经前7到14天（黄体期）反复出现的一系列精神、行为及体质方面的症状。主要表现为：紧张抑郁、焦虑易怒、情绪淡漠、失眠头疼、肠痉挛、眼睑水肿、乳房胀痛等。经前综合征无法避免，但是可以进行心理调适，例如保持情绪稳定，学会缓解压力，加强人际交往等。

（三）性行为困扰

1. 自慰（手淫）的罪恶感

1994年，性社会学家潘绥铭教授对北京高校1025名学生做了关于手淫的调查，发现有89.7%的男生有手淫的经历，而有手淫经历的女生为49.4%。有些学生尤其是男生对性自慰有很深的恐惧感，他们认为性自慰会给身体带来很大的伤害，其实不然。专家认为性自慰是性生活的一种形式，是一种自我限定行为；性自慰是合法的、不涉及他人的、道德的性能量的自我发泄方式。自慰虽然无害但也不可以滥用。频率上无节制的手淫会导致过度疲劳，精力难以恢复；方式、方法、手段不当会造成机体结构或功能损伤，例如可能会引发泌尿系统感染或实质性生活的性冷淡。

2. 对于性冲动的困扰

性冲动来自性欲，性欲则由性激素产生。人进入青春期性激素分泌开始增加，这使人的性发育更快。性冲动是生理和心理的正常反应，是在性激素和外界环境的刺激下产生的。可以通过适度调适缓解性冲动困扰。

（1）适度压抑　适度压抑可以分为健康的压抑和病态的压抑。健康的压抑主要是避免刺激，比如不登录色情网站，因为这些刺激能极大地引发性冲动。病态的压抑是对性完全避而不谈。压抑到一种无法忍受的状态，可能会产生一种相反的结果。

（2）升华　当有性冲动的时候，可以将其引导转化为更高的精神追求来淡化这种性冲动。

（3）直接宣泄　当有性冲动的时候可以通过体育活动或劳动，甚至是适度、有节制的手淫来宣泄这种冲动。

3. 对性梦的误解

（1）认为是个人品质问题　当性梦的对象是自己接受不了的人物时，就会产生深深的罪恶感。其实性梦是性心理和性生理发育正常的标志。

（2）把无意识的性梦当成了自己自觉的愿望　认为在性梦过程中梦见对方就是爱上了对方，进而在性梦的驱使下去盲目求爱。比如，不切实际地去追逐某个明星等。其实，性梦是无意识的，性梦过程中的对象只是类似一个符号，并没有什么特殊意义。做性梦的人只不过是通过这种形式宣泄了性冲动而已。

 推荐阅读

 《性心理学》

作者哈夫洛克·霭理士是与弗洛伊德齐名的性科学泰斗和先驱，著名的思想家、文艺评论家，被称为"最文明的英国人"。

霭理士最负盛名的著作当属七卷本《性心理学研究录》。由于《性心理学研究录》只适合专业人士研读，他于1933年出版了普及性读物《性心理学》，方便大众尤其是青少年阅读。

潘光旦译注由霭理士著的《性心理学》《性的教育》《性的道德》，其中《性心理学》是霭理士写给普通读者和学生的一本性心理学入门读物，其简单明了地介绍了人类性生理和性心理的各种常态及病态，目的是"供给一些线索，好教有志于深造与应付前途更复杂的问题的读者，知所问津"。《性的教育》《性的道德》两书均来自霭氏的成名作《性心理学研究录》（第六辑），因译者认为该辑"每一篇论文都代表着性与社会的关系的一个方面，即一般的读者也一定会感觉到不少的兴趣"，故特别选译此两篇。

为了能让中国读者更好地理解原文，译者特意从浩如烟海的中国典籍里摘录注释和附录十余万字，以便形成对原著的印证、补充和修正。这些译注，已经成为"一部中国性文化史的大纲"。

> **心理名言**
>
> 对于爱情，年是什么？既是分钟，又是世纪。说它是分钟是因为在爱情的甜蜜之中，它像闪电一般瞬息即逝；说它是世纪，是因为它在我们身上建筑生命之后的幸福的永生。
>
> ——雨果

专题九
遨游网海，网络心理的爱恨情仇

  在浪潮汹涌的网络时代，作为时代"弄潮儿"的大学生在网海中自由遨游，体会网上冲浪的乐趣。另一方面，也有一些大学生沉迷于网络的虚拟世界而不能自拔，出现各种心理疾病。抵制不良网络信息诱惑，健康上网，绿色用网，应该是每位大学生的自觉行为。

 **课前导入**

※☞ 等待"戈多" ☜※

"也不是不困,就是想再等等,至于等什么呢,不知道,反正就是想再等等。"这段话成为不少大学生的口头禅。而这个"等等",多数是在玩手机。

四川某大学学生吴某每天都会使用手机上网,使用时长在6小时左右。"每天醒来就是刷手机,这已经成了我的习惯,现在上网是日常所需,感觉除了上网我也没有太多事做,不上课时就喜欢上网聊天、看新闻、打游戏,一玩手机就停不下来。"

 思 考

1. 大学生每天的生活有哪些相同之处?
2. 大学生对网络的依赖程度是怎样的?
3. 如何合理使用网络?

> 心 理 名 言
>
> 国际互联网是一个浪潮。它将冲击计算机工业以及许多其他的工业,淹没那些在这一浪潮中还没有学会游泳的人。
>
> ——比尔·盖茨

单元一 网络概述

一、网络的定义和特点

(一)网络的定义

汉语中,"网络"一词最早用于电学。《现代汉语词典》(第5版)对"网络"解释为"由若干元件或设备等连接成的网状的系统;由许多互相交错的分支组成的系统"或"特指计算机网络"。

在计算机领域,网络是信息传输、接收、共享的虚拟平台,通过它把各个点、面、

体的信息联系到一起,从而实现这些资源的共享。网络是人类发展史上最重要的发明,它有力地促进了科技和人类社会的发展。

(二)网络的特点

互联网深受大家的喜欢,源于以下几个特点。

1. 自主性和开放性

互联网的自主性是指使用者在网络环境中,可以自主选择所需要的信息,自由发表个人观点。随着科技和互联网技术的飞速发展,互联网已经成为现代社会最为先进、使用人数最多的信息传播技术。网络中所涉及的信息包括政治、经济、军事、文化、外交、医学、教育、艺术等社会生活的各个方面,内容极其丰富。使用者可以自由选取、自主加工和处理信息,自由发表言论。

互联网的开放性是指网络是一个开放的信息系统,只要具备上网的硬件条件,任何人随时随地都可以从网上获取自己想要的信息资源。

2. 平等性和虚拟性

平等性是指在网络上,个人身份都以符号的形式存在,无论处于世界哪个角落,只要有网络,都可以平等自由地交流;不同年龄、不同行业、不同阶层的人可以利用网络平台就一个共同的话题展开自由讨论,发表自己的观点。以前人们可能很确定地说:"好好学习,就能考上好大学;学历越高,越容易找到好工作;好工作就一定比卖口红的挣钱多。"但是网络红人李佳琦告诉你,坐在家里卖口红也可以挣很多钱。这就是网络的魅力。

虚拟性与实体性相对应。在网络中,因为人们可以以虚拟的形象和身份进行沟通和交流,因此在网络这个虚拟的空间中,人们可以尽情尝试去扮演不同社会角色,实现现实生活中无法实现的梦想。

3. 交互性

网络营造的虚拟现实是一种特殊的场所,在这个场所中大家通过计算机网络实现情感交流、信息交换以及物品交换等。网络已经融入我们日常生活的方方面面,给人们的工作、学习和生活带来极大的便利。

二、大学生网络使用现状

《中国互联网络发展状况统计报告》显示,截至2019年6月,我国网民规模达8.54亿,互联网普及率达61.2%,我国手机网民规模达8.47亿,网民中使用手机上网的比例达99.1%。当代大学生伴随着互联网的发展而成长起来,是信息时代最活跃的"数字原生代"。刷微信、看朋友圈、关注微博、网上购物、追剧、打网络游戏等,已经成为大学生的基本网络生活形态。

网络的普及有利也有弊,一些不善于安排学习与生活的大学生,会沉迷网络,在网络上花费较多时间。广东某职业院校对大学生网络使用情况进行调查发现,有超过40%的学生每天网络使用时间在6个小时以上。江苏省教育部门的一项调查显示,大学生中经常上网的人数达80%，而这些大学生中60%的人是上网聊天，25%的人则是上网玩游戏，只有15%的人是为学习而上网。

大学生思维活跃，充满好奇心，对新事物的接纳程度比较高。现代信息技术飞速发展，大学生收集信息的能力比较强，也能敏锐追逐和传播各种网络焦点，同时也有不少同学积极利用互联网的优势，在大学期间开始尝试自主创业，将自己的兴趣和职业发展有机结合，快速实现自我价值。

然而网络也是把"双刃剑"，一方面方便大学生在网海中遨游，另一方面也成了一些学生的避难所。一些大学生或为了逃避学业压力，或为了排解孤独，而深陷网络泥潭，严重影响了自己的学习和人际交往，甚至极大影响了个人的未来发展。

三、网络对大学生的影响

网络对大学生的影响，有利有弊，主要看大学生个人如何正确使用网络，如何识别网络中的各种信息。

（一）网络对大学生的积极影响

1. 为学习和生活提供了便利

网络信息的丰富性和共享性为大学生的学习和生活提供了便利。图文、视频、软件、动画等取之不尽的海量资源，不仅可以帮助学生完成课内的学习，还可以帮助学生巩固和拓展专业知识。同时，网络上丰富的交友工具、娱乐工具、生活出行工具等，也为学生的课外生活提供了丰富的选择。

2. 打破了原有的地域限制

网络的开放性，扩大了原本受地理位置限制的交往范围。网络时代的大学生完全不受时空、地域的束缚，他们通过网络可以和不同国家、不同民族、不同文化的人进行沟通和交流。学生再不像以往生活在"象牙塔"，网络拉近了他们与社会的距离，通过网络收集到社会中的各种信息，增长见识。

（二）网络对大学生的消极影响

1. 迷恋网络导致学业荒废，甚至出现网络心理障碍

网络信息的丰富性对于求知欲强烈、易于接受新事物的大学生有无限的吸引力，这种吸引往往会导致大学生对网络的极度迷恋，如果不能分辨自己所需，一味被各种信息牵引，就会发展成为病态的网络沉溺。

2. 网络的虚拟性造成了人际关系日渐疏远

大学阶段是大学生人际交往能力提高的重要时期，网络虽然增加了学生的交往途径，但是人与电脑的频繁接触使得人与人之间面对面交往的机会和参加集体活动、社会实践等社交活动的机会也大为减少。部分学生疏远了现实中的人际交往，与现实社会产生了距离感，造成了现实中人际交往的淡漠和退缩，更加趋于社会孤立化，导致人际交往能力下降。这种情况又会进一步加重个体的心理焦虑、孤僻、压抑和冷漠，导致学生出现各种不同程度的心理障碍。

3. 导致畸形恋爱心理的滋长

大学生正处于情感体验的高峰时期，情感交往成为大学生网上交往的一个主要方面。在网上，大学生一方面在寻找异性朋友或对象，另一方面也为寻求情感满足和心理愉悦，因此，"网恋"便流行起来。但是通过网络建立起来的情感因为没有现实交往和彼此了解作为基础，很容易造成较大的感情或心理伤害，甚至有时候会导致严重的感情创伤。

4. 网上的不良信息毒害广大学生的身心健康

由于法律滞后、管理不完善等种种主观和客观原因，网络上的信息良莠不齐，不断侵袭和腐蚀着世界观和人生观尚未定型的大学生的思想。因为法律意识淡薄，一些大学生受到网络不良信息的影响，甚至走上了违法犯罪的道路。

> 心理名言
>
> 数字革命使人们有条件逐渐远离现实世界，这给人类自我认识和自我定位带来巨大威胁。
>
> ——让·博德里亚尔

单元二　大学生常见的网络心理问题

一、大学生的网络心理需求

了解大学生上网心理需求，是正确引导学生健康使用网络的前提。网络虚拟世界与大学生心理需求的关系是多方面的。

1. 可以满足大学生强烈的求知欲和好奇心

大学生具有积极探索外在世界的心理倾向，求知欲强，想象力丰富，渴望了解书本以外的各种知识和丰富多彩的世界。网络就是一部百科全书，集娱乐和各种资讯为一体，具有可获得性和趣味性，深受大学生的喜欢。

2. 可以满足大学生人际交往的需求

根据马斯洛的需要层次理论，当人的生理需求和安全需求得到满足后，就开始追求归属感，希望被人喜欢和接纳。网络不仅满足了大学生间的实时沟通和交流需要，而且丰富了大学生的人际交往方式，关系发展更加便捷，提高了沟通效率。同时，在虚拟空间中，大学生可以隐藏自己的真实身份，更容易表达内心的真正想法，避免交往中的尴尬。

3. 可以满足大学生自我实现需求

强烈的自我意识是大学生群体的一个显著特征，每个人都希望得到他人的尊重，获得成就感。研究发现，经常上网的学生能从网络中感受到平等的社会支持和评价，在网络中体验到成功、实现抱负，能够将网络作为个人价值实现的平台，所以网络对提高大学生自尊水平有一定积极作用。

4.可以满足大学生的休闲需求

互联网集文本、声音、图像、动画等多媒体形式于一体，极大地丰富了大学生的娱乐内容与形式。大学生可以足不出户进行游戏、聊天、听音乐、看电影、阅读书籍等，在网上获得视觉和听觉的双重享受，获得精神上的满足与愉悦。

二、大学生的网络心理问题

大学生的世界观、人生观和价值观尚未充分形成，还很不稳定。因此他们在充分享受网络带来的大量有益信息的同时，也不可避免地受到不良信息的影响，形成了具有时代特色的大学生网络心理特征。

网络心理问题是指无节制地上网导致行为异常、人格障碍、交感神经功能失调。具体表现在以下几个方面。

1.网络恐惧

网络恐惧是指使用者在接触网络后，因为缺乏网络知识，担心被他人嘲笑、被社会淘汰或者怕被网络所困而产生的焦虑紧张等不适应状况。

虽然网络已经非常普及，仍有部分大学新生不能熟练使用电脑，不太会使用网络工具，由此产生对网络的恐惧感；一些大学生担心掌握不了最新的网络技术而被人嘲笑，也会产生恐惧感；还有一部分学生害怕抵御不了网络的诱惑，从而对网络敬而远之。

2.网络依恋

网络依恋是指长时间地沉溺于网络游戏、上网聊天、网络技术，醉心于网上信息、网上猎奇，造成对网络的过度依恋和依赖，导致大学生身心严重受损的表现。

网络依恋的类型主要包括：

① 网络色情依恋，迷恋网上的色情音乐、图片以及影像；

② 网络交际依恋，利用各种聊天软件长时间聊天；

③ 网络游戏依恋，沉迷于网络游戏，无法自拔；

④ 网上情缘依恋，沉醉于网络虚拟恋爱；

⑤ 网络收集依恋，强迫性从网上收集无关紧要的或不迫切需要的信息，收藏和传播这些信息等。

案例分析

❧ **网络是一把双刃剑** ❧

大学一年级的女生小梅，从小父母离异，跟着父亲生活，父亲只是满足她的物质需要，对其情感关注不够。小梅性格又比较内向，在学校里也没有什么朋友，所以找不到安全感和归属感的小梅，在大学里就将全部的精力投注到网络聊天和交友上。短短一年时间结识了上百位网友，并且开始网恋，最后导致学业荒废。

案例点评：网络容易让人接触到新鲜事物，同时能解决一部分人生活中的心理需求，但这种心理需求的满足只能处在中低层的水平。网络不是完美的生活工具，往往难以满足人们深层的心理需求。

3.网络孤独

网络孤独是指个体虽沉迷网络但并未解除其内心的孤独感，反而因为从现实生活中脱离加重了其在生活中的孤独感的表现。

一些大学生，由于性格内向、自卑，不愿意或者不善于与人交往，厌恶社会上那种虚情假意的人际往来，转而通过网络向陌生人讲述自己的故事，宣泄自己的不良情绪，排解忧愁。通过网络，确实暂时舒缓了自己的情绪，得到了支持，但是现实中，还是没有找到可以畅所欲言的朋友，愈发觉得孤独。研究发现，人与人的交往中80%的信息是通过非语言的方式，比如眼神、姿势、手势等传达，那些只能通过冷冰冰的键盘、鼠标、显示器等传达的平面语言，是无法真正排解人们内心的孤独和忧郁。

4.网络迷失和自我认同混乱

现实生活中，人们的言行举止一般保持相对的统一性和一致性。一些学生借助网络的虚拟性，试图摆脱现实世界的各种规范和要求，在网络上隐匿身份或者变换不同身份，随心所欲地谩骂、编造谎言或者欺骗他人，行为表现与现实的自我完全判若两人，人格缺乏相应的稳定性和一致性，从而形成虚拟角色与现实角色相混淆的二重人格冲突。

心理学家埃里克森曾经指出，青少年心理发展中所面临的常见冲突是"同一性和角色混乱"的矛盾。网络所提供的各种虚拟情境，使得在虚拟世界不断改变角色的人们最终不知道自己究竟是什么样的人，或者想要成为什么人，难以形成清晰的和稳定的自我认同。他们往往会将网络中的他人认为是现实中的他人，将网络中的虚拟现实认为是真实的生活，产生角色混乱（即不能整合自己所应承担的各种角色）、性别混乱（产生性别角色认同偏差或性变态心理）、权威混乱（盲目反抗或盲目服从权威）等自我认同危机。

5.网络成瘾

网络成瘾，是指由于过度使用网络而导致明显的社会、心理功能损害的现象。

国际流行病学研究表明，网络成瘾已经成为影响公众健康的问题，在大学生中发病率为8%～13%，在青少年中发病率为1.4%～17.9%。网络成瘾的特征表现包括过度使用（无节制地花费大量时间上网）、戒断症状（紧张、焦虑、抑郁、愤怒）、耐受性（更长的使用时间才能达到一开始的满足感）和负面影响（说谎、逃课、疲劳、社会隔离）。网络成瘾已经成为大学生网民的一种"时尚病"，给大学生的身心健康和学习生活造成非常不利的影响。

三、网络成瘾的诊断及分类

（一）网络成瘾的诊断

1.网络成瘾诊断量表

不同的学者根据自己的理解，编制出网络成瘾的诊断标准。目前影响较大的网瘾诊断标准是美国学者K.S.Young制定的网络成瘾诊断量表，该量表主要从使用网络功能、情感卷入程度、是否存在非理性认知、个人生活事件等8个方面进行评估。

2.网络成瘾严重程度诊断量表

这个量表是由学者I.Goldberg提出，他认为可以从7个方面对网络成瘾障碍的严重程度进行评估。

① 突显性，即网络占据了使用者的思维与行为活动的中心，上网成为其主要活动，无法上网时体验到强烈的渴望；

② 耐受性，即上网者为了获得满足感不断地增加上网时间与投入程度；

③ 戒断症状，即停止网络使用会产生不良的生理反应与负性的情绪；

④ 冲突性，即网络使用与日常的活动或人际交往发生冲突；

⑤ 复发性，即成瘾行为反复发作，甚至表现出更强烈的反弹倾向；

⑥ 心境改变，即上网成为成瘾者应付环境压力、追求某种主观体验、改变消极心境的一种习惯策略，上网可以产生激惹、兴奋和紧张等情绪体验，也可以获得一些安宁、逃避甚至麻木精神的效果；

⑦ 渴望程度，即个体渴望更经常地上网或更经常地停留在网上。

（二）网络成瘾的分类

网络使用者会受到不同网络功能特点的吸引，产生不同的网络成瘾类型。

1.网络色情成瘾

网络色情成瘾指的是强迫性地使用和沉溺于网络上的色情内容（包括色情文字、音乐、图片、动画、电影和色情聊天等）不能自拔。

案例分析

迷恋网络色情

男大学生刘某，从小学习好，老实，兴趣爱好比较少。在初中时接触电脑，边学边玩，也没有影响学习。凭借天资聪颖，考上了某重点大学。由于在大学时自由支配的时间比较多，再加上学校管理宽松，刘某开始渐渐沉迷网络，而且浏览一些色情论坛，没有想到从此一发不可收拾。慢慢地，他已经不能满足于在网上搜索各种黄色视频和图片。凭着聪明的头脑，他自建了一个黄色网站，专门进行色情文章、色情电影、色情图片等的交流，甚至在"圈子里"小有名气。当有关部门将其抓获时，人们都很难相信他竟然是一名大学生。

案例点评： 刘某因为某个偶然机会浏览了色情网站，这种强烈的刺激和体验使得刘某陷入其中无法自拔，甚至利用自己的聪明才智，建立了黄色网站，害人害己。究其原因是刘某没有接受科学的性教育，没有建立成熟的性道德观念，法律意识淡薄。大学阶段是大学生性意识的萌芽阶段，所以大学生要增强对性知识的学习，消除对性的好奇感，培养良好的心理品质，提高自控力。

2. 网络交际成瘾

网络交际成瘾者经常通过各种聊天软件进行网上交流，并将精力全部投注于在线关系的建立，而忽视了现实环境中的人际交流。

案例分析

无法控制的网络聊天

小美，某高校的大一新生。她性格腼腆、内向，在寝室与人为善，只要有人找她帮忙，她总是来者不拒。本想着这样的她，应该很受同学们的欢迎，可现实却截然相反，寝室同学总是在需要她帮忙的时候才会对她表现亲近，平时活动却不叫她一起参加。有时候她有事需要室友的帮忙，室友会推三阻四或者表现得极不耐烦。小美很失望，也恨极了这些同学，她开始不断地通过微信或者QQ向以前的朋友哭诉，获取他们的同情。之后小美开始慢慢地在网上和很多陌生人成为好友，经常找他们聊天，从中感受到关心和爱护。于是，小美渐渐地开始把自己封闭起来，不再和周围人建立关系，不主动找周围同学聊天，只和网上的朋友聊天。她总是待在自己的网络世界里，变得越来越孤独。

案例点评：小美因为对现实中的人际关系不满意转而沉溺于虚拟的网络世界，虽然得到了片刻的支持和温暖，但是虚拟终究不能替代现实，现实中的人际交往问题依然存在，没有解决。长期沉溺在虚拟的人际关系中，会对现实的人际关系更加敏感和缺乏耐受性，稍有不如意，就会否认现实，退缩到虚拟空间，这对个体的适应性是非常不利的。

3. 网络信息收集成瘾

网络信息收集成瘾者强迫性地从网络上查找那些不太需要的信息，甚至是无关的或无用的信息，为此花费了大量的时间，导致学习效率下降。有些大学生习惯浏览网页或者微信、微博，看到比较感兴趣的内容就喜欢将其收藏和保存，可是之后却再也没有看过，甚至都忘记自己曾经存储的这些资料。这些花费大量时间收集网络信息却根本不使用的现象，可能就是网络信息收集成瘾的表现，需要引起大家的关注。

4. 网络游戏成瘾

网络游戏成瘾指的是过度沉迷于游戏，为之彻夜不眠，无心学习，并且影响正常的社会功能或身心健康。大学生上网目的调查表明，玩游戏已经成为大学生上网的首选项目，所占比例高达40%以上。网络游戏的趣味性、智力性、互动性和挑战性吸引了大学生的积极参与，满足了他们喜欢竞争、渴望刺激、宣泄情绪和获得成就感的心理需求，从而使不少大学生流连忘返。通过网络游戏可以打造出个体独特的英雄形象，在游戏中肆意张扬，获得成就感。但是，有些游戏充满了淫秽、色情、血腥暴力和恐怖场景，长时间沉溺于这些游戏，会让大学生分不清现实和虚拟，将虚拟游戏中的暴力行为无意识地运用到现实中，对大学生身心发展以及人际交往都会产生非常不利的影响。

谁来帮帮我

一名大一学生，因为学习需要购买了电脑。由于同学间经常讨论网上游戏的精彩，他也产生了好奇，遂上网玩游戏成瘾，导致上课时身心疲倦，注意力难以集中，学习成绩下降。父母、老师进行多次教育，本人也认识到网瘾的危害，也为此烦躁焦虑，但不能控制自己的行为。家中管控严格，他就会通过手机偷偷玩或者到网吧上网，每天上网至少6小时，甚至出现连续两天通宵上网的情况。

案例点评：表面上这个学生因为玩网络游戏而荒废了学业，而实际上可能与现实生活的状况有密切关系。该同学的现实状况到底是怎么样的，比如人际关系、学习、情感等是否遇到了难以克服的困难或难以解决的问题？当学生的需求得不到满足，或者没有勇气去面对现实中的困难时，就会将注意力转移到虚拟的世界中。

5. 网络强迫行为

网络强迫行为是指不可自控地参加网络赌博、网上购物、网上拍卖等交易活动。大学生常见的网络强迫行为是网上购物成瘾。网购成瘾表现为强迫性地购物、过度消费，常伴随生理和情绪的不适，对生活和学习造成影响。网购成瘾的大学生常常具有低自尊、情绪不稳定、容易冲动等特点。一些同学为了满足自己网购的需求，不惜网贷，最后却无法还清网贷，严重影响了自己的学习生活，甚至造成更加可怕的后果。

四、网络成瘾的原因探析

造成大学生网络成瘾，既有网络本身的原因，也有社会环境的原因，更有大学生自身的原因。

（一）客观因素

1. 社会环境因素

首先，网络的可获得性使得学生上网便利，无需花费大量金钱等就可以轻松上网。

其次，学生从高压的中学生活中走出来，离开了父母的管教和老师的耳提面命，开始独自面对生活，或因方向迷失，或因自律性差，或因兴趣爱好较少，而沉溺网络。

再次，在家庭或学校环境中，缺乏人际沟通。在家庭中，父母对孩子过多干预、冷漠、拒绝、否认等，父母有嗜酒、赌博等不良行为，亲子冲突等都会导致学生将更多的精力转向虚拟的网络世界。在学校里，人际关系不良、不被接纳，也会导致学生将注意力转移到虚拟网络上寻求支持。

2. 网络自身的特点

网络内容丰富，可以满足大学生强烈的求知欲和好奇心，同时也可以满足大学生寻求短暂感官刺激和寻求释放的需求。另外，网络人际交往和网络游戏，让学生体验到虚拟世界的平等和尊重，同时也可以让学生摆脱现实条条框框的束缚，充分展示自我。

（二）主观因素

1. 心理需求

（1）逃避现实　初入大学的学生或因为对大学生活的迷茫，或对枯燥课程的逃避，或是对大学复杂人际关系的逃避，亦或是对残酷现实的逃避，选择将注意力转到虚拟的网络世界，在网络上获取自己的存在感和成就感，如沉溺网络电子游戏。

（2）寻求自我认同　现实中，一些学生的现实自我和理想自我冲突比较严重。有些学生特别喜欢获得他人的赞赏，在意他人的评价，虚荣心非常强；有些学生本身比较自卑，自信心不强，总认为不如别人，常常为自己的不足而苦恼，希望在网络上能够改变现状，成为理想中的自己。这两类人都可能从网上寻找寄托，前者通过晒自己的朋友圈或者微博等手段，获得他人的赞赏；后者借助网络表达自己的感情，通过微信、QQ等聊天工具，博取大家的同情和支持。

（3）寻求情感慰藉　随着大学生生理、心理的逐渐成熟，情感也变得丰富。他们表现出对异性的喜爱，开始追求爱情，以满足自己的情感需要，在大学校园里甚至盛行这样的言论："大学阶段不谈恋爱，大学生活就白过了。"每个大学生都希望融入环境，被大家喜欢。一些比较内向，不善于社交的同学，因为在现实生活中得不到自己想要的人际关系，容易在网上寻求情感的寄托。网上交流可以避免面对面的尴尬，大家更容易畅所欲言，使从未谋面的陌生人很快成为知己。久而久之，个体很容易依赖网上虚拟的友谊，忽略或远离真实世界的社交活动，越发孤独。

2. 人格特征因素

国外研究显示，大学生网络成瘾症患者往往具有下列人格特征：喜欢独处、敏感、倾向于抽象思维、警觉、不服从社会规范。国外有学者指出，患网络成瘾症的大学生的人格特征倾向于情绪激动、易烦恼、忧虑抑郁、缺乏自信，在生活中表现为无法面对现实、急躁不安、易受环境的支配。那些性格内向、在人际交往中感到困难且家庭缺乏幸福感的学生，更容易从网络上获得自信，网络带来的快乐弥补了他们内心的空虚，同时也增加了他们对网络的依赖。

心理测试

网络成瘾测试

请你根据句中所描述的情形与最近半年你的实际情况进行选择，在方框内用"√"标出。读完题目后，请尽快做出选择，不要花费过多时间反复考虑。

1= 从来没有发生；2= 很少发生；3= 偶尔发生；4= 较常发生；5= 经常发生。

题　目	选项
1.你的上网时间是否比预期的要长？	1　2　3　4　5
2.你会因为上网忽略自己需要做的事情吗？	1　2　3　4　5
3.你更愿意上网而不是和亲密的朋友待在一起吗？	1　2　3　4　5
4.你经常在网上结交新朋友吗？	1　2　3　4　5
5.实际生活中，朋友或家人会抱怨你上网时间太长吗？	1　2　3　4　5
6.你因为上网影响学习了吗？	1　2　3　4　5
7.你是否会不考虑需要解决的问题而经常上网查邮件或留言？	1　2　3　4　5
8.你因为上网影响正常的生活了吗？	1　2　3　4　5
9.你是否担心网上的隐私被人知道？	1　2　3　4　5
10.你会因为心情不好去上网吗？	1　2　3　4　5
11.下线后，你会渴望下一次上网吗？	1　2　3　4　5
12.如果无法上网，你会觉得生活空虚、无聊吗？	1　2　3　4　5
13.你会因为别人打搅你上网而发脾气或不满吗？	1　2　3　4　5
14.你会深夜上网而不去睡觉吗？	1　2　3　4　5
15.下线后，你还会想着网上发生的事情吗？	1　2　3　4　5
16.你在上网时会对自己说"就再玩一会"吗？	1　2　3　4　5
17.你有想方设法减少上网时间而最终失败吗？	1　2　3　4　5
18.你会对其他人隐瞒你的上网时间吗？	1　2　3　4　5
19.你宁愿花费更多时间上网而不愿意和朋友们出去玩吗？	1　2　3　4　5
20.你会因为不能上网变得烦躁不安，情绪低落，而一旦能上网就不会这样吗？	1　2　3　4　5

每道题目的选项数字为所得分数，总分的范围是20～100分。总分在50分以下者为正常网络使用者；总分越高，网络成瘾程度就越严重；总分达到80分及以上者为重度网络成瘾者。

> **心理名言**
>
> 我不看勾心斗角的宫廷大戏，不看蛮横残忍的暴力电影，不深究他人的八卦关系，不进行无意义的"炒作"推理。一个人过日子花时间的方式，决定了他生命的品质，人生苦短，我欠自我一个简单成熟的心灵。
>
> ——张怡筠

单元三　调整上网行为的心理建议

一、构建内在健康的心理模式

（一）培养对网络的正确认知

网络是现代信息技术飞速发展的产物，是我们学习、工作和休闲的工具。网络所营造的虚拟世界，无论如何逼真，它和现实生活还是不同的，它也无法取代现实生活。作为朝气蓬勃的大学生，要能够正确认识网络，既不能因为网络存在的各种问题完全拒绝接触，也不能被网络"牵着鼻子走"，不知不觉中将自己的年华都白白消耗掉。"取其精华，去其糟粕"，我们要科学地使用网络。

（二）端正上网动机和态度

首先要明确自己上网的需求是什么，是为了检索信息、学习各种科学知识和生活知识，还是仅仅为了在学习劳累时、情绪低落时的短暂休息放松，只有动机合理、正确，才能给自己带来积极而愉悦的上网感受。如果将上网作为逃避现实生活或者负面情绪的工具，久而久之，只会导致更加难以适应现实社会，更难解决现实问题，这种错误的上网动机也将会给自己带来消极的上网感受。

态度是推动行为的内在动力。端正上网态度是指要正确理解和评价网络的功能和网络信息的价值。网络上的内容良莠不齐，要学会批判地继承，善于利用网络，自觉控制上网时间，避免上网成瘾，学会理性、科学、健康地使用互联网，自觉抵制浏览不良信息的冲动。

（三）强化自律意识

自律是一个人良好而宝贵的品性。一个缺乏自律的人很难成为一个自尊自爱的人。大学生作为成年人，要逐步养成良好的生活、学习的作息规律，控制上网时间，加强自我管理。

那么，如何控制上网时间呢？首先，上网应该有明确的目的，有选择地浏览自己需要查看的内容。其次，上网过程应该保持心态平和，不宜过分投入。控制上网时间的方法可以是设置闹铃提醒自己或者找朋友帮忙提醒，也可以给自己找个学伴，两个人一起相互督促，共同进步。

二、掌握使用网络的心理技巧

（一）建立社会支持系统

积极健康的人际关系有助于人与人之间的相互理解和支持。沉溺于网络的原因之一就是现实生活中人际关系不良，难以得到基本的社会理解和支持。因此，帮助大学生学习一定的人际交往技能，改善现实人际交往状况，建立积极健康的社会支持系统，是大学生由虚拟网络回归现实生活的重要途径。同时，学校和班级也要开展丰富多彩的课外活动，鼓励学生积极参与，拓宽自己的人际圈，寻求更多的社会支持。

（二）学习积极的应对方式

应对方式是指一个人面对困难与挫折时，习惯采用的行为模式或行为取向。积极的应对方式包括解决问题，求助，自我安慰或者通过唱歌、体育锻炼进行合理宣泄等；消极的应对方式包括退缩，自责，幻想或者通过酗酒、吸毒、暴力等方式宣泄。网络成瘾者往往在面对困难和压力时，采用消极的防御机制，不正面问题，而是通过将注意力转移到网络游戏、追剧、网聊等形式回避问题。每个人在成长中都会经历挫折和压力，未来也会不断经历，逃避问题而不去解决问题，反而导致情况变得越来越糟。可以通过转移、替代、升华等积极的应对方式摆脱对网络的依赖；可以通过运动、绘画、增强人际交往等多种方式，增强对抗挫折的能力。

（三）加强时间管理

相当一部分大学生在玩手机前，经常对自己说："我就想玩一会儿，或者我就玩半个小时。"结果变成1小时、2小时、3小时……导致学习任务没有完成或是学习时间被不断压缩，学习成绩每况愈下。

美国管理学家科维提出的时间管理方法，即将任务按照重要和紧急两个维度划分为四个象限：重要且紧急的事务（比如即将到期的作业）、重要不紧急的事务（比如建立人际关系）、紧急不重要的事务（比如接听电话）、不重要不紧急的事务（比如上网闲聊），见图9-1所示。可以利用这样的时间管理法则，根据时间四象限法，对任务的紧急程度和重要程度进行划分，根据轻重缓急确定任务优先等级，进而对时间进行合理安排，提高效率。当然，也可以使用"番茄工作法"或者利用其他的时间管理软件，帮助大学生更好地管理上网时间。

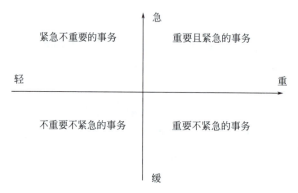

图9-1 时间管理坐标体系

（四）主动寻求专业帮助

当个人网络成瘾的程度比较严重时，依靠个人的力量或者朋友的帮助难以解决时，积极寻求专业的心理辅导或心理治疗是非常必要的。各高校都有面向全体学生的心理健康发展中心，大家要充分利用学校资源，积极面对问题，解决问题，真正为自己的身心发展负责。

 心理测试

❧ **我的业余生活** ❧

下面表格中，有一些与工作或学习以及业余生活相关的内容，请你选择能代表你大学生活内容的一周，并将在这一周里你每天做的事情在表中勾画出来，看看你在这一周内最经常做的活动是什么，并根据每一项活动所花费时间的长短将活动排序。

社团活动	谈恋爱	吃零食	看电影
上网	聊天	逛街	游玩
学习专业知识	睡懒觉	打牌	看书
社会实践	听音乐	运动	其他：_____

通过表格填写并结合日常生活状况，思考以下问题：

1. 你对自己目前的大学生活和业余生活满意吗？
2. 满意或不满意的理由是什么？
3. 你觉得你和你周围同学的业余生活有哪些不得当的表现？
4. 你觉得对于这些不得当的表现，改进的办法有哪些？

 推荐阅读

《心理游戏》

　　本书作者是英国作家特莉·特里。书中讲述了在未来的某个时空里，存在两个世界——真实世界和虚拟世界。人们在很小的时候就被植入芯片，他们可以通过接入电源装置进入虚拟世界。渐渐地人们忽略了真实的世界，最终被虚拟世界所控制，空留一个现实的躯壳。

　　希望大家通过学习此书，可以反思自己现在被手机、游戏控制的生活。虚拟世界让我们变得迷离，没有追求，让我们在最好的年纪选择了安逸。虚拟世界本身并没有错，错的是我们失去了自己。

参考文献

[1] 何静春,袁一平.大学生心理健康课堂.北京:化学工业出版社,2017.

[2] 邱鸿钟.大学生心理健康教育.广州:广东高等教育出版社,2018.

[3] 马伟娜,桑标,洪灵敏.心理弹性及其作用机制的研究述评.华东师范大学学报(教育科学版),2008,26(1):89-95.

[4] 胡寒春.青少年核心心理弹性的结构及实证研究.长沙:中南大学,2009.

[5] 滕秀杰,崔丽霞,李旭培.认知行为团体心理辅导促进大学生心理弹性的实证研究.中国健康心理学杂志,2010,18(7):875-877.

[6] 段海军,王雪微,王博韬,等.急性应激:诱发模式、测量指标及效果分析.心理科学进展,2017,25(10):1780-1790.

[7] 傅俏俏,叶宝娟,温忠麟.压力性生活事件对青少年主观幸福感的影响机制.心理发展与教育,2012,28(5):516-523.

[8] 傅小兰,张侃,陈雪峰,等.心理健康蓝皮书:中国国民心理健康发展报告(2017-2018).北京:社会科学文献出版社,2019.

[9] 刘贤臣,刘连启,杨杰,等.青少年生活事件量表的信度效度检验.中国临床心理学杂志,1997(1):39-41.

[10] 卢国华.坚韧人格与应激、心身反应的关系.天津:天津师范大学,2008.

[11] 聂衍刚,张卫,岳颂华,等.青少年压力:两个华人社区之比较研究.心理科学,2006(2):332-335.

[12] 齐铭铭,张庆林,关丽丽,等.急性心理性应激诱发的神经内分泌反应及其影响因素.心理科学进展,2011,19(9):1347-1354.

[13] 王晓娟,王健.心理应激的影像学实验模式及其脑机制研究进展.应用心理学,2011(3):275-280.

[14] 杨娟,侯燕,杨瑜,等.特里尔社会应激测试(TSST)对唾液皮质醇分泌的影响.心理学报,2011,43(4):403-409.

[15] 张月娟,阎克乐,王进礼.生活事件、负性自动思维及应对方式影响大学生抑郁的路径分析.心理发展与教育,2005,21(1):96-99.

[16] 江光荣.关于心理健康标准研究的理论分析.教育研究与实验,1996(3):49-54.

[17] 梁宝勇,郝志红.《中国大学生心理应激量表》的编制.心理与行为研究,2005,3(2):81-87.

[18] 刘欣,徐海波.15年来中国心理卫生杂志有关大学生心理健康研究的总结.中国心理卫生杂志,2003,(02):124-126.

[19] 王振亚,李一凡,胡启帆.校园贷,"贷"来便捷还是麻烦.湖南教育,2016(4):10-11.

[20] 赵立.互联网信贷对大学生消费行为的影响.现代经济信息,2015(23):293.

[21] 王雨新.社会学视野下的当代大学生网购心理探究.学理论,2013(09):70-71.

[22] 刘英杰,孙永泰.体育专业大学生心理健康的思想政治教育途径.体育科学研究,2009(02):84-86.

[23] 刘英杰.体育专业大学生心理健康教育的运动处方干预.体育科学研究,2009(03):64-66.

[24] 张立新,杨静. 体育与非体育类专业大学生心理健康状况比较分析. 武汉体育学院学报, 2009（09）：69-72.

[25] 傅芳香,宋允清. 广东省体育专业大学生心理健康现状调查及对策研究. 山西师大体育学院学报, 2008（04）：84-88.

[26] 李军. 关于建立大学生心理健康教育体系的探讨. 济南大学学报, 2002, 12（4）：86-88.

[27] 樊富珉. 团体心理咨询. 北京：高等教育出版社, 2005：4.

[28] 俞国良,陈虹. 学生心理健康教育教师指导手册. 北京：开明出版社, 2001.

[29] 段雨吟,陈娟,胡小强. 基于朋辈心理辅导看团体辅导对大学生心理咨询的作用. 西南农业大学学报（社会科学版）, 2014（2）：110-113.

[30] 狄晗. 心理测验在大学生心理健康教育中的作用. 教育教学论坛, 2014（04）：269-270.

[31] 李祺,刘莹. 在高校体育教学中实施心理健康教育的研究. 科技信息, 2013（18）：301.

[32] 王金祥. 医学院校加强大学生心理健康教育探讨. 新乡医学院学报., 2011（05）：662-664.

[33] 杨鹏. 临床医学实习生心理浅析及应对方法. 中外医学研究, 2011（23）：138-139.

[34] 蒋彩凤,姚明荣,施斌,等. 加强临床医学教学中的人文素质教育. 西北医学教育, 2009（02）：263-265.

[35] 程晓娟,唐绍洪. 论勤工助学对推动贫困大学生心理健康发展的作用. 广西质量监督导报, 2007（05）：105-106.

[36] 马金耀,崔开艳,王旸. 实习期临床医学生心理健康状况的应对方式及个体因素研究. 中国健康教育, 2007（06）：434-436.

[37] 肖旻婵. 中小学心理健康教育研究：中美比较研究. 上海：华东师范大学, 2005.

[38] 张静. 当代大学生儒道传统价值观与心理健康的关系研究. 长春：吉林大学, 2009.

[39] 赵鑫. 上海中学心理健康教育二十年. 上海：华东师范大学, 2007.

[40] 颜意娜. 体育活动对高校学生心理素质的影响. 浙江体育科学, 2006（06）：49-52.

[41] 马志青,李晓斌,刘丽宁,等. 临床实践中的医学人文关怀. 解放军医院管理杂志, 2009（01）：92-93.

[42] 吴清兰. 大专生心理健康教育工作机制探讨. 南方论刊, 2008（12）：99-101.

[43] 陈灵泉,王迅,成宏涛. 高校大学生心理健康教育工作机制探讨. 中国石油大学胜利学院学报, 2008（04）：70-74.

[44] 温永慧. 大学生心理健康教育的现状探析. 山东省青年管理干部学院学报, 2007（02）：48-51.

[45] 代东航. 高职高专院校辅导员开展大学生心理健康教育的挑战与对策. 太原城市职业技术学院学报, 2010（05）：45-46.

[46] 李巧巧. 大学生心理健康教育与生命教育融合的实现途径研究. 高教探索, 2015（2）：121-124.

[47] 吴继红. 从大学生心理健康教育到生命教育的省思. 青岛职业技术学院学报, 2011（6）：33-36.

[48] 冯亚莉,石丹妮. 试论大学生心理健康教育与生命教育的融合途径. 吉林农业科技学院学报, 2013（4）：31-33.

[49] 丁燕. 论高校思想政治教育与心理健康教育的契合. 山东省青年管理干部学院学报, 2007（127）: 65-69.

[50] 邹增丽. 大学生心理健康教育与思想政治教育的契合路径探讨. 教育教学论坛, 2014（04）: 256-257.

[51] 黄海. 思想政治视域下的大学生心理健康教育研究. 重庆: 西南政法大学, 2011.

[52] 许素梅. 我国高校心理健康教育现状调查分析. 吉林工程技术师范学院学报, 2011（03）: 8-10.

[53] 任祥华, 张丽华. 高校班级管理工作中心理健康教育探究. 河北大学成人教育学院学报, 2011（01）: 72-73.

[54] 杨稣, 武成莉. 基于积极心理学的青年学生心理健康教育路径探析. 理论导刊, 2011（3）: 103-105.

[55] 孙雄辉. 从"消极"走向"积极"——积极心理学理念下的高校心理健康教育. 重庆电子工程职业学院学报, 2010（4）: 84-85.

[56] 涂明华, 杨耀防, 姚果原, 等. 医学专科学校人才培养类型及培养模式的研究与实践. 西北医学教育, 2000（1）: 13-15.

[57] 梁忆非, 杨国宏, 王静. 关于农村医疗卫生人才队伍建设的思考. 中国卫生事业管理, 2008（8）: 516-517.

实践篇

专题十
打开心扉,拥抱真实的自己

老子曰:"知人者智,自知者明。"苏格拉底说:"你要认识自己。"真正认识自己,认识全部的自己,是一件艰难而又正确的事情。从别人那里得到启蒙是一个线索,而真正的觉察和理解来自自己。缺乏自我认识的人不可能解除自身的困惑和痛苦,也不可能真正想清楚自己的人生梦想是什么。

怎样才算是认清自己,了解自我?

在本专题中,我们将会一起进行自我探索,挖掘自身的不同特点,发现自我最真实的一面。

活动一 探索已知的自己

1. 活动意义

"自我"可以简单分为已知和未知两部分,探索自我已知部分有助于个人更加坚定自身存在的价值和对自我的肯定。

2. 活动目的

通过参加简单的小游戏,加强自己与他人的沟通,发现当下自身的优势,增进自我了解。

3. 活动人数及场地

参与者30人左右、助教1~2人;团体活动室。

4. 活动物品

心理成长相互尊重保密协议(资料1)、"我是谁"活动单(资料2)、双面胶、白纸、彩色笔、签字笔。

5. 活动内容

项目	目标	内容和步骤	建议时长	物品准备
签订相互尊重保密协议	学会尊重他人	1. 参与活动者到达指定地点后,导师讲解本次活动的目的和意义 2. 每位参与者认真阅读"心理成长相互尊重保密协议",签署协议	10分钟	心理成长相互尊重保密协议(资料1)、签字笔
认识自己	掌握"自我"的概念,增进自我了解	1. 导师讲解"自我"的概念 2. 参与者填写"我是谁"活动单 3. 助教引导参与者相互走动,相互进行自我介绍	30分钟	"我是谁"活动单(资料2)
我和别人眼中的"我"	通过具体描绘自身的外在特点,促进"自我"和"他我"形象的形成	1. 助教给每位参与者一张白纸和一盒彩色笔,让参与者在纸上画出自己的样子 2. 完成自画像后,参与者找5个人对其自画像进行补充,并请他们说明补充绘画的原因 3. 导师判断时间到后,让参与者们停下来,回到自己的位置 4. 导师引导参与者相互分享感受	30分钟	白纸、彩色笔
自我之镜	整合"自我"和"他我"的信息,汇聚成已知的自我	1. 根据"认识自己"和"我和别人眼中的'我'"两个活动的材料,参与者补充已知自我的信息 2. 导师对部分表现突出的参与者的成果进行展示、分析	10分钟	签字笔
活动总结	活动分享,聚焦主题	1. 导师鼓励每位参与者进行活动分享,并对参与者的表现进行积极反馈 2. 导师进行活动总结,并简单介绍下一单元的活动	30分钟	

资料1

心理成长相互尊重保密协议

1. 理念

本次团体活动通过游戏和分享等形式实现心理互动,发现真正的自我,促进自我成长。

2. 目标

①了解自我,认识自我,形成客观、理性的自我评价;②增进自我觉察,不断获得自我成长;③发展良好的适应能力,有效应对今后的学习、生活。

3. 出席

每位参与者务必准时出席每次活动,并积极参与到游戏和分享环节中。如无法准时出席,请与组织者联系,并说明情况。如参与者有特殊情况需要在活动中退出,请提前跟组织者说明情况,征得组织者的同意后离开。

4. 作业

每位参与者在下次团体活动前,需要利用活动以外的时间完成练习和作业。如完成过程中有任何困难,请及时与组织者或导师联系。

5. 保密

任何一位参与者在团体活动中所说的话都是绝对保密的,任何人不得随意在团体辅导活动以外进行议论。尊重每位参与者的隐私权,当你不想和其他参与者分享时,你有权保持沉默。

6. 签名

本人已经认真阅读并充分了解本协议的内容。

参与者签名: 　　　　　　　　　日期:

资料2

"我是谁"活动单

请以"我……""我是……""我要……""我曾……""我可以……""我想……"等句型写下不少于10个用来描述自己的句子,并在括号内填写表示重要程度的数字,例如,1代表很重要、最核心的描述,以此类推。
(　　)
(　　)
(　　)
(　　)
(　　)
(　　)
(　　)
(　　)
(　　)
(　　)

活动二　探索未知的自己

1. 活动意义

在探索完已知的自我后，还需要对未知的自我进行探索。未知的自我蕴含巨大的能量，等待我们去挖掘、去释放。

2. 活动目的

通过导师带领参与者进行数个与自我潜意识和潜能发掘相关的活动，让参与者能更好地发现自己与众不同的特点以及该特点的价值。

3. 活动人数及场地

参与者30人左右、助教1～2人；团体活动室。

4. 活动物品

投射练习表（资料3）、生命物件表（资料4）、"我是一个独特的人"活动单（资料5）、反馈单（资料6）、签字笔。

5. 活动内容

项目	目标	内容和步骤	建议时长	物品准备
再次相聚	介绍本单元的活动	1. 导师对大家的继续参与表示欢迎，并简单回顾上次活动的情况 2. 导师介绍本单元的活动意义及流程	10分钟	
我的想法蕴含无穷信息	通过自我投射的练习，发现未知的自我	1. 参与者充分热身后，填写"投射练习表" 2. 在参与者填写完表格后，助教指引参与者寻找不少于5位其他参与者相互核对双方表格中的信息，若上半句"假如我是……，我想是……"有相同的内容时，则对下半句"因为……"的原因进行交流并摘抄下来 3. 每位参与者与他人交流信息后，在表格空白处记录对该人的总体评价	30分钟	投射练习表（资料3）、签字笔
生命物件大拍卖	看清自己与他人生命物件的价值差异并思考其原因	1. 对全体参与者进行分组（约10人一组），并选出一位拍卖官 2. 参与者在指定时间内对"生命物件表"中每样物品填写自己认为的价格 3. 拍卖官对每样物品进行拍卖，出价高者得 4. 全部物品拍卖后小结，并请每位参与者发言	30分钟	生命物件表（资料4）、签字笔
我是一个独特的人	帮助参与者全面认识自己，接纳独特的自己，帮助参与者接纳独特的他人	1. 导师说明每个人的独特性以及发展的必要性 2. 助教指导参与者完整填写表格"我是一个独特的人"，写完后在团体内分享 3. 导师鼓励每位参与者将自身突出的特征向其他参与者进行分享	30分钟	我是一个独特的人（资料5）、签字笔
惜别	活动分享，导师总结	1. 导师引导参与者积极进行活动分享 2. 参与者认真填写反馈单 3. 在导师的祝福中结束团体活动	30分钟	反馈单（资料6）、签字笔

资料3

投射练习表

1. 假如我是一种动物，我想是_____ 　因为_____
2. 假如我是一朵花，我想是_____ 　因为_____
3. 假如我是一棵树，我想是_____ 　因为_____
4. 假如我是一种食物，我想是_____ 　因为_____
5. 假如我是一种交通工具，我想是_____ 　因为_____
6. 假如我是一种电视节目，我想是_____ 　因为_____
7. 假如我是一部电影，我想是_____ 　因为_____
8. 假如我是一种乐器，我想是_____ 　因为_____
9. 假如我是一种颜色，我想是_____ 　因为_____
10. 假如我有一种超能力，我想是_____ 　　因为_____

资料4

生命物件表

序号	物品	我心中的价格	最后成交价
1	亲情		
2	爱情		
3	友情		
4	工作		
5	时间		
6	健康		
7	金钱		
8	勇气		
9	自信		
10	智商		
	合计		

资料5

我是一个独特的人

我的长处	我的不足

当我再一次看清自己的长处和不足之后，我感到：

资料6

反馈单

团体辅导主题：_____

本次调查问卷答案没有正误之分，请如实回答。

1. 您觉得本次团体辅导效果如何？（　　）

A.非常好　　B.好　　C.一般　　D.不好　　E.非常不好

2. 您喜欢此次团体辅导的哪种活动形式（可多选）？（　　）

A.个人游戏　　B.团体游戏　　C.集体交流　　D.个人分享　　E.老师讲解

3. 通过此次团体辅导，您的主要收获有哪些（可多选）？（　　）

A.各方面能力得到提升，使我的人生目标更明确。
B.有一定启发，掌握一些认识自我、自我调控的方法和技巧。
C.对自己有所了解，但还是缺乏一些行动力。
D.跟原来差不多，问题还未得到解决。

4. 通过团体辅导，您认为自己还有哪些方面需要提升（可多选）？（　　）

A.自我认识能力　　B.人际交往能力　　C.目标规划能力　　D.学习能力
E.时间管理能力　　F.承受挫折及自我调节能力　　G.团队合作能力

5. 您还希望参加以下哪些团体辅导（可多选）？（　　）

A.生命教育　　B.人际交往　　C.未来规划　　D.自我认识　　E.学习能力
F.时间管理　　G.团队合作

6. 您会推荐其他人参加类似这样的团体辅导吗？为什么？

7. 您对此次团体辅导活动有什么建议？

活动解读

自我意识，指个体对自己的各种身心状态的认识、体验和愿望。它具有目的性和能动性等特点，对人格的形成、发展起着调节、监控和矫正的作用。在认识自我中，有一重要理论——乔哈里视窗，它也被称为"自我意识的发现——反馈模型"。这个理论最初是由乔瑟夫和哈里在20世纪50年代提出。视窗理论将自我认识的过程比作一扇窗子，它被分为四个区域：公开象限、隐藏象限、盲点象限、潜能象限，见图10-1所示，人的自我认识过程就是这四个区域的有机融合。

视窗中的四个象限代表了我们遇到的四种不同情况，各具特色，需要分别处理。

① 左上区域，公开象限（区）是自我认识中，你知我知的信息（你知，我知）。在所有人中，公开象限最大的是名人、明星等公众人物。他们频繁露面，参加公开活动、发表演讲、出席仪式，也都是扩大其公开象限的过程。公开象限越大，大家了解的信息就越多。

② 左下区域，隐藏象限（区）是我自己知道别人不知道的信息（我知，你不知）。人人都有隐私，隐藏象限内部也有层次，共分为三层。其中最深处的是"又深又黑的秘密"，这是不可告人的部分。在这层之上，是程度较轻的秘密，比如你不好意思开口、但对方也能猜到的事情。再向上，是最浅层的秘密，是我们通过委婉表达就能让对方心知肚明的秘密。

③ 右上区域，盲点象限（区）是别人知道关于我的信息，但我自己并不清楚（你知，我不知）。盲点象限是我们自我认识中的黑暗地带，指的是他人知道、但我们自己不知道的部分。消除盲点象限，需要借助他人的帮助，由他人说出我们自己没有注意或者无法发现的盲点。

④ 右下区域，潜能象限（区）是双方都不了解的全新领域（你不知，我不知）。它对其他区域有潜在影响。潜能象限是这四个象限中最大的一部分，每个人的潜能都值得去努力挖掘。

乔哈里视窗中的四个象限可以互相转化。

图10-1 视窗理论区域间相互转化

从乔哈里视窗的四个象限可以看出来，真正有效的沟通是在公开区里进行的。所以，想让沟通更有效，就要尽可能地扩大"自己知道，别人也知道"的公开区，去缩减那些隐藏区、盲点区和潜能区。我们有三个方法可以扩大公开区。

1. 请教反馈，主动获取

这个方法需要我们先减小"别人知道，自己不知道"的盲点区。请教反馈就是主动请求对方指出自己的盲点。

2. 自我暴露，让别人知道你的小秘密、小缺点

这个方法是针对"别人不知道，自己知道"的这个隐藏区。什么叫自我暴露？自我暴露即主动告知朋友你自己的一些小秘密，让对方感受你信任对方，相对地，对方也开始信任你。

3. 共享发现，在主动获取和主动交代之间寻求沟通

这第三个方法，是尝试搞定"别人不知道，自己也不知道"的潜能区。共享发现，其实就是结合上面的两点，在寻求反馈的同时，主动地自我暴露。

为了获得理想的自我认识效果，就要通过提高个人信息曝光率、主动征求反馈意见等手段，不断扩大自己的公开区，增强信息的真实度、透明度。在自我认识的策略上，可以在隐藏区内选择一个能够为双方都容易接受的点来进行交流，这个点被叫作"策略信息开放点"。当双方的交流进行了一段时间，"策略信息开放点"会慢慢向公开区延伸，从而实现公开区被逐渐放大的目的。需要注意的是，选择"策略信息开放点"时要避免过于私人的问题，如性问题、严重的过失等。

人生最终的价值在于觉醒和思考的能力，而不只在于生存。

——亚里士多德

专题十一
活在当下,生命探索之旅

  人的生命只有一次,世界因为生命而变得精彩。但生命到底是什么?生命的意义和价值是什么?我们应该如何理解自己的生命?如何才能珍惜生命并活出生命的精彩?要回答这些问题,就必须对生命的内涵和本质有一个深刻的认识,对生命的意义和价值进行深入探索。

  在本专题中,我们将会一起开启生命的探索之旅,找寻你和他人的生命中那些闪闪发光的珍贵,发现生命之美,更加珍惜自己,热爱当下的生活。

活动一　生命的五样

1. 活动意义

拥有幸福感的人，才能深切地感受这个世界。一个人只有懂得爱自己、珍惜生活，才能够更好地去善待别人、享受生活。

2. 活动目的

通过这个体验活动，感受失去，珍惜拥有，体验内心的富有，然后更好地去爱生活、爱自己、爱他人。

3. 活动人数及场地

分组进行，每组10人左右；团体活动室。

4. 活动物品

心理成长相互尊重保密协议（资料1）、生命的五样（资料2）、签字笔。

5. 活动内容

项目	目标	内容和步骤	建议时长	物品准备
签订相互尊重保密协议	学会尊重他人	1. 参与活动者到达指定地点后，导师讲解本次活动的目的和意义 2. 每位参与者认真阅读"心理成长相互尊重保密协议"，签署协议	10分钟	心理成长相互尊重保密协议（资料1）、签字笔
我生命的意义	探索自我生命的意义	1. 导师说明探索生命意义的重要性 2. 成员凭直觉写下自己生命的意义有哪些，然后选择最重要的五项，填写在"生命的五样"活动表内	15分钟	生命的五样（资料2）、签字笔
生命的意义知多少	拓展对生命意义的认知，尊重他人生命的意义	小组内每位成员轮流分享自己生命的五样是什么，简单说明选择的理由，注意体会聆听他人生命的意义时的感受	30分钟	
生命的选择题	感受失去，深入探索自我生命的意义	导师指导成员将"生命的五样"中的四样逐一删去，只留下最重要的一样，记录删除的先后顺序，体会当时的内心感受	15分钟	签字笔
活动总结	活动分享，聚焦主题	1. 导师鼓励每位参与者进行活动分享，并对参与者的表现进行积极反馈 2. 导师进行活动总结，并简单介绍下一单元的活动	30分钟	

资料1

心理成长相互尊重保密协议

1. 理念

本次团体活动通过游戏和分享等形式实现心理互动,发现真正的自我,促进自我成长。

2. 目标

①了解自我,认识自我,形成客观、理性的自我评价;②增进自我觉察,不断获得自我成长;③发展良好的适应能力,有效应对今后的学习、生活。

3. 出席

每位参与者务必准时出席每次活动,并积极参与到游戏和分享环节中。如无法准时出席,请与组织者联系,并说明情况。如参与者有特殊情况需要在活动中退出,请提前跟组织者说明情况,征得组织者的同意后离开。

4. 作业

每位参与者在下次团体活动前,需要利用活动以外的时间完成练习和作业。如完成过程中有任何困难,请及时与组织者或导师联系。

5. 保密

任何一位参与者在团体活动中所说的话都是绝对保密的,任何人不得随意在团体辅导活动以外进行议论。尊重每位参与者的隐私权,当你不想和其他参与者分享时,你有权保持沉默。

6. 签名

本人已经认真阅读并充分了解本协议的内容。

参与者签名: 日期:

资料2

生命的五样

请凭你的直觉，在下方写下在你生命中最重要的五样东西。这五样东西可以是具体的，也可以是抽象的；可以是你已经拥有的，也可以是你非常期待的。不必思前想后，脑海里涌出什么念头就提笔把它写下，如实记录即可。不必考虑顺序，排名不分前后。
（　　）　　　　　　　　　　　　　　　　　　　　　　　　　　　　　（1）
（　　）　　　　　　　　　　　　　　　　　　　　　　　　　　　　　（2）
（　　）　　　　　　　　　　　　　　　　　　　　　　　　　　　　　（3）
（　　）　　　　　　　　　　　　　　　　　　　　　　　　　　　　　（4）
（　　）　　　　　　　　　　　　　　　　　　　　　　　　　　　　　（5）
（　　）
（　　）
（　　）
（　　）
（　　）

活动二　洞口余生

1. 活动意义
思考自我生命的价值，也要体会别人的生命价值。只有拥有生命，一切才皆有可能。

2. 活动目的
明确自己生命的重要性以及对他人生命的珍视，进一步激发大学生对生命的热爱与珍惜。

3. 活动人数及场地
分组活动，每组5～6人；团体活动室。

4. 活动物品
"洞口余生"活动表（资料3）、反馈单（资料4）、签字笔。

5. 活动内容

项目	目标	内容和步骤	建议时长	物品准备
再次相聚	介绍本单元的活动	1. 导师对大家的继续参与表示欢迎，并简单回顾上次活动的情况 2. 导师介绍本单元的活动意义及流程	10分钟	
洞口余生	挖掘自我生命的价值，确定未来的目标	1. 每位成员说明自己求生的目的和将来可能做出的贡献，由队长统一记录 2. 队长负责填写"洞口余生"活动表 3. 在指定时间内完成活动表	30分钟	"洞口余生"活动表（资料3）、签字笔
一个都不能少	修正自我的价值观	听了别人的意见后成员是否想修正原有的想法，小组内讨论以什么标准决定逃生的顺序，协商排出顺序	20分钟	
惜别	活动分享，导师总结	1. 导师引导参与者积极进行活动分享 2. 参与者认真填写反馈单 3. 在导师的祝福中结束团体活动	30分钟	反馈单（资料4）、签字笔

资料3

"洞口余生"活动表

成员	求生目的	未来可能的贡献	逃生顺序

资料4

反馈单

团体辅导主题：＿＿＿＿＿＿＿＿＿＿＿＿＿＿＿＿＿＿

本次调查问卷答案没有正误之分，请如实回答。

1. 您觉得本次团体辅导效果如何？（　）

A.非常好　　　B.好　　　C.一般　　　D.不好　　　E.非常不好

2. 您喜欢此次团体辅导的哪种活动形式（可多选）？（　）

A.个人游戏　　B.团体游戏　　C.集体交流　　D.个人分享　　E.老师讲解

3. 通过此次团体辅导，您的主要收获有哪些（可多选）？（　）

A.各方面能力得到提升，使我的人生目标更明确。

B.有一定启发，掌握一些认识自我、自我调控的方法和技巧。

C.对自己有所了解，但还是缺乏一些行动力。

D.跟原来差不多，问题还未得到解决。

4. 通过团体辅导，您认为自己还有哪些方面需要提升（可多选）？（　）

A.自我认识能力　　B.人际交往能力　　C.目标规划能力　　D.学习能力

E.时间管理能力　　F.挫折承受，自我调节能力　　G.团队合作能力

5. 您还希望参加以下哪些团体辅导（可多选）？（　）

A.生命教育　　B.人际交往　　C.未来规划　　D.自我认识　　E.学习能力

F.时间管理　　G.团队合作

6. 您会推荐其他人参加类似这样的团体辅导吗？为什么？

7. 您对此次团体辅导活动有什么建议？

活动解读

生命意义的研究始于20世纪中期，经存在主义心理学方向、动机与人格方向，到相对主义观点方向，再到积极心理学方向，生命意义的心理学研究从哲学风格，转向心理学研究。

1. 存在主义心理学方向——存在就是意义

存在主义强调人的生命是"让自己经历的人生充满意义，并担负相应责任的过程"。把存在、自由、选择、责任等概念引入心理学领域，强调人类有能力选择以及在逆境中有能力寻找意义。存在主义心理学方向将生命意义分为两个层面。

其一，生命意义是一种超越人类所能理解的规律或秩序。欧文·亚隆称之为"宇宙生命意义"，即"生命超乎于普遍存在，人类的生命体在宇宙中与其周围环境达成一种和谐"。它包含了超越个体的某些东西，比如精神上的崇拜。以理想或信仰作为生命最终意义的答案，找到属于自己的独特人生。

其二，生命意义体现在个体拥有的人生目标和经历的人生重要事件中。弗兰克认为，生命的意义因人而异、因时而变，是个体在特定时间里感受到的特定意义。虽然每个人都在被生命所追问，但是个体只能用自己的生命经历去回答、用责任感去回应。

2. 动机与人格方向——不断的自我实现

人本主义心理学家马斯洛提出的动机和人格理论推动生命意义在心理学研究领域的发展偏离存在主义。他认为人最迫切的需要是激励个体行动的主要动力。在满足低层次需要后向高层次的需要变化时，个体才获得更加丰富的生命意义。此外，马斯洛还发现，在自我实现为最高需要时，人们常常经历未曾体验过的生命中的"神秘幸福感"，马斯洛把这种感受称之为"高峰体验"，它是通向自我实现的途径之一。

3. 相对主义观点方向——产生信念，获得意义

巴蒂斯塔和阿蒙德总结了存在主义和人本主义等取向对生命意义的哲学论述，提出了相对主义观点。他们强调，任何信念体系（如对神的崇拜）都能够指导人们获得生命的意义，并认为生命意义感就是个体对人生的积极关注以及对人生理想和生活目的的坚信程度。所以，生命意义并非一定要以一个高尚的社会准则为标准，而是人们在生活中努力做好自己的事情，哪怕是再简单的事，也能寻找到生命的意义。

4. 积极心理学方向——意义在于积极的追寻

近几年来，随着积极心理学在各个领域的拓展，生命意义也进入了其研究的视野，斯蒂格等站在生命意义积极心理学研究的前沿展开了相关理论的探讨。

最早研究生命意义的斯蒂格认为如果生命没有意义，个体便会面对一种枯燥无味、颓废的人生。他将生命意义定义为"拥有意义"和"追寻意义"。"拥有意义"是指个体对自己活得是否有意义的感受程度（强调结果）；"追寻意义"则是指个体对生命意义积极寻找的程度（强调过程）。

积极心理学将"焦虑""选择""经历痛苦"等替换成"乐观""积极""希望"等

概念，生命意义的获得不再仅仅局限于抑郁、自杀、死亡等消极心理因素的相关研究，越来越多的研究者更加关注普通人的积极心理因素。与此同时，积极心理学结合了很多不同地域的文化，更加丰富了其内涵。

总之，以上四种理论方向分别从生命存在的目的和价值、意义获得的动力、意义产生的过程等角度对生命意义进行了阐释，各述其道。但总的来说，无论哪种理论观点下的生命意义都是个体主动获得的一种情感和价值体验。

人生的价值，并不是用时间，而是用深度去衡量的。

——列夫·托尔斯泰

专题十二
齐心协力,我与团队共成长

  从生命的进化历史我们可以看到,人类是一种群体动物,没法单独生存,因此,每个人都必须学会在团体中生活。一个人如果不能很好地融入团队,就会像离开大海的水一样迅速"干涸";只有全身心地融入到团队中,让自己成为团队的一部分,才能最大限度地实现自身的价值。

  在本专题中,我们会进行团体与自我价值的探索,在团队活动中领悟自我价值的重要性,同时明白团体能比个人创造更大的价值。

活动一　每个人都是重要的

1. 活动意义

每个团体都是由不同的个人组成的，也是不同个人的组合和匹配。没有完美的个人只有完美的团队，团队的价值大于个人价值之和。

2. 活动目的

通过不同难度的团队游戏活动，发现自我的价值和团队的价值，在发挥自我优势的同时，创造更大的团队价值。

3. 活动人数及场地

参与者30人左右、助教1～2人；室内外均可。

4. 活动物品

心理成长相互尊重保密协议（资料1）、椅子或垫子、绳子、剪刀、鸡蛋、椅子、塑料袋、牙签、吸管、棉签、橡皮筋等常见生活用品。

5. 活动内容

项目	目标	内容和步骤	建议时长	物品准备
签订相互尊重保密协议	学会尊重他人	1. 参与活动者到达指定地点后，导师讲解本次活动的目的和意义 2. 每位参与者认真阅读"心理成长相互尊重保密协议"，签署协议	10分钟	心理成长相互尊重保密协议（资料1）、签字笔
大风吹	活动热身	1. 所有的参与者围成一个圆圈坐在椅子或者地板上 2. 导师选中一个人做发令人，并让其站在圆圈最中间，其他人继续原地坐好 3. 然后站在圆圈中的人需要给出一个命令，让坐着的人换位置，而在此期间，发号令者可以抢夺椅子，最终没有椅子可坐的人就成为下一轮的发令者 4. 游戏开始后，发令者说："大风吹！"其他人则问："吹什么？"发令者说："吹走所有'戴眼镜的人'。"则所有戴眼镜的人换位置，而落单的人会进入自由表演环节 5. 当某人3次成为发令者，则游戏结束	10分钟	椅子
你的名字	小组同学名字串联，增强同学们的熟悉感	1. 将全体成员分组，每组8人左右，并配1名助教 2. 组内参与者相互交流，了解各自的姓名和特点 3. 5分钟后，每个小组组员逐一介绍自己，以"我是'特征'+姓名"开头，如"我是穿红衣服的小明"，从第二个同学开始则以"我是'特征'+姓名旁边的'特征'+姓名"叠加进行介绍，如"我是穿红衣服的小明旁边的戴手表的小东"。以此类推，介绍完整个小组的同学，若有介绍错误的则从头再来	20分钟	

续表

项目	目标	内容和步骤	建议时长	物品准备
蜘蛛网运人	集思广益，思考并尝试解决任务	1. 助教给每小组分发绳子和剪刀 2. 在指定时间内，小组组员编织出可以运送一个人的网 3. 时间到后，每个小组选出该组体重最轻的组员作为被运送的对象，其他同学将该组员通过绳网从起点安全地运送到终点。所有组员的手和身体不能触碰被运送者，耗时最短、最稳当地完成任务的小组为胜利者 4. 助教从旁观察并保证组员安全	30分钟	绳子、剪刀
让生命飞翔	认识到个体生命只有被集体重视才能更好地展现其魅力	1. 导师讲解活动的规则：在指定时间内，利用指定的工具组合成能保护生鸡蛋抛落到地面不碎裂的装置 2. 选出小组内身高最高的同学站在一张椅子上，让装有生鸡蛋的装置水平落下 3. 鸡蛋落到地上不破碎的队伍为胜者	30分钟	鸡蛋、椅子、塑料袋、牙签、吸管、棉签、橡皮筋等
活动总结	活动分享，聚焦主题	1. 导师鼓励每位参与者进行活动分享，并对参与者的表现进行积极反馈 2. 导师进行活动总结，并简单介绍下一单元的活动	30分钟	

资料1

心理成长相互尊重保密协议

1. 理念

本次团体活动通过游戏和分享等形式实现心理互动,发现真正的自我,促进自我成长。

2. 目标

①了解自我,认识自我,形成客观、理性的自我评价;②增进自我觉察,不断获得自我成长;③发展良好的适应能力,有效应对今后的学习、生活。

3. 出席

每位参与者务必准时出席每次活动,并积极参与到游戏和分享环节中。如无法准时出席,请与组织者联系,并说明情况。如参与者有特殊情况需要在活动中退出,请提前跟组织者说明情况,征得组织者的同意后离开。

4. 作业

每位参与者在下次团体活动前,需要利用活动以外的时间完成练习和作业。如完成过程中有任何困难,请及时与组织者或导师联系。

5. 保密

任何一位参与者在团体活动中所说的话都是绝对保密的,任何人不得随意在团体辅导活动以外进行议论。尊重每位参与者的隐私权,当你不想和其他参与者分享时,你有权保持沉默。

6. 签名

本人已经认真阅读并充分了解本协议的内容。

参与者签名:　　　　　日期:

活动二 团队力量大

1. 活动意义

团队与个体最大的区别在于团队能发挥出大于个体之和的效能，在生活和工作中创造更大的价值，解决个体难以解决的问题和困难。

2. 活动目的

导师带领同学们模拟数个现实生活中经常出现的难题，以小组的形式进行解决，体会和收获团队价值。

3. 活动人数及场地

参与者30人左右、助教1～2人；团体活动室或拓展基地（如有条件）。

4. 活动物品

无领导小组讨论题目（资料2）、笔、草稿纸、写有数字1～9的卡片若干、皮球、纸箱、白板、白板笔、反馈单（资料3）。

5. 活动内容

项目	目标	内容和步骤	建议时长	物品准备
再次相聚	介绍本单元的活动	1. 导师对大家的继续参与表示欢迎，并简单回顾上次活动的情况 2. 导师介绍本单元的活动意义及流程	10分钟	
头脑风暴	通过无领导小组讨论，形成合理解决现实问题的决议	1. 全体组员分小组，8～10人一组 2. 相互介绍交流5分钟后，每个小组派代表抽取无领导小组的讨论题目 3. 领取题目后开始限时自由讨论 4. 讨论结束后，每小组派一位代表对所抽题目的解决方案进行陈述 5. 其他小组可以对该题目进行质疑 6. 导师进行活动小结	40分钟	无领导小组讨论题目（资料2）、签字笔、草稿纸
得分大投篮	小组通过竞赛和合作，争取最大的得分	1. 助教提前将活动场地围成一个正方形，并在场地内的地板上随机放上标有数字1～9的卡片若干，卡片背后有A～Z的随机字母1个 2. 正方形场地正中心放置一个用来装皮球的纸箱 3. 每组组员排成一列，必须站在正方形场地以外 4. 助教给每个小组派发一个皮球 5. 导师说"开始"后，每组只能派出一个手捧皮球的组员进入场地内并踩在分数卡上，然后将手中的球扔进纸箱，如扔进纸箱内就能捡走卡片和自己组的皮球；如没扔进纸箱，则不能捡走踩着的卡片，但要捡回皮球换另外一名同学进圈再次扔球，直到正方形内全部卡片被捡走 6. 卡片都被捡走后，结束游戏，由助教统计各组取得的卡片分数之和，高分组为胜	20分钟	数字1～9卡片若干、皮球、纸箱、白板、白板笔

续表

项目	目标	内容和步骤	建议时长	物品准备
输赢并非绝对	让同学们领悟生活中没有绝对的输赢，输赢往往只是表象	1. 接上个活动，助教统计、核算出分数，告知每小组将卡片翻转 2. 用卡片背后的英文字母组成一个数字之和最大的单词 3. 助教判断单词的完整性，核算单词卡片上数字之和最大的为胜 4. 导师引导学生进行活动分享	10分钟	数字1~9卡片若干、白板、白板笔
人椅合作	消除小组间的竞争，全体同学达成共赢	1. 每小组组员各围成一个圆圈 2. 每位组员将双手放在前面一位组员的双肩上 3. 听从导师的指令，缓缓地坐在身后学员的大腿上 4. 坐下后，导师再给出指令，让成员叫出响应的口号（例如：齐心协力、勇往直前） 5. 最后以小组竞赛的形式，看看哪个小组可以坚持最长时间 6. 所有小组都挑战成功后，全体同学一起挑战，组成一个大圆圈坚持不少于10秒	20分钟	
惜别	活动分享，导师总结	1. 导师引导参与者积极进行活动分享 2. 参与者认真填写反馈单 3. 在导师的祝福中结束团体活动	30分钟	反馈单（资料3）、签字笔

资料2

无领导小组讨论题目

题目一

背景：一天上午，你们乘坐的一架小型客机，由我国西北边疆飞向东部的一个城市。就在飞临某严寒地区的一个没有人烟的地方时，飞机遇到暴风雪不幸失事，跌到山里。此时正是一月，气温低达-15℃。飞机可乘坐10人，是双引擎机，机身已撞毁并起火。飞机驾驶员及1名乘客死亡，其他人则没有受到严重伤害。

驾驶员还没来得及告诉大家飞机的具体位置就死去了。就在失事之前，你曾注意到：飞机是在3000米左右的高度发生故障。失事地点正好在雪线下面不远，地面崎岖不平，树林茂密。乘客们穿着秋装，并且每个人都有一件外套。

问题：在飞机爆炸之前，乘客从机舱中抢救出15件物品。现在请你们将这15件物品依据对生存的重要性按照1~15的顺序列出来。请在以下物品中选出你认为最重要以及最不重要的物品（各5个）。

物品：该地区的航空地图、大型手电筒、四条羊毛毯、一支手枪及10发子弹、一支雪橇、两小瓶白酒、一面化妆用小镜子、一把小刀、四副太阳镜、三盒火柴、一个军用水壶、一个急救箱、十二小包花生米、一张塑料防水布、一支大蜡烛。

根据情境，请你们完成以下任务：

1. 小组自由讨论，并在讨论结束时形成一个决议，即对问题达成一致共识。
2. 小组选派一名代表在讨论结束后向导师报告讨论情况和结果。

题目二

背景：突发海难，一游艇上有8名游客等待救援，但是直升机每次只能够救一个人。游艇已坏，不停漏水。寒冷的冬天，刺骨的海水。8名游客情况如下所述。

① 将军，男，69岁，身经百战。
② 外科医生，女，41岁，医术高明，医德高尚。
③ 大学生，男，19岁，家境贫寒，曾参加国际奥数比赛获奖。
④ 大学教授，女，50岁，正主持一个科学领域的研究项目。
⑤ 运动员，女，23岁，奥运金牌获得者。
⑥ 经理人，男，35岁，擅长管理，曾让一大型企业扭亏为盈。
⑦ 小学校长，男，53岁，劳动模范，五一劳动奖章获得者。
⑧ 中学教师，女，47岁，教学经验丰富，桃李满天下。

请将这八名游客按照营救的先后顺序排序。

要求：

1. 小组自由讨论，并在讨论结束时形成一个决议，即对问题达成一致共识。
2. 小组选派一名代表在讨论结束后向导师报告讨论情况和结果。

题目三

学期末，由于工作出色，院学生会获得了学校一笔奖励金，对于怎么分配这些奖金，学生会专门从全院学生中邀请了6名同学组成奖金分配决策小组，专门讨论奖金的分配问题，你有幸成为其中的一员。

学生会下面有四个部门，分别是：学习部、文艺部、体育部和公关部，由于奖金的数额是固定的，某个部门的奖金多了，就意味着其他部门的奖金要少，每个部门的部长都能说出一大堆理由，希望能多分一些奖金。

① 学习部：今年举办了很多活动，如英语演讲比赛、征文比赛、辩论赛等，给同学创造了很多学习的机会，受到了同学的一致好评。

② 文艺部：今年市政府举办庆典活动，文艺部参加了庆典活动中的文艺汇演节目，文艺部同学的共同努力，最后荣获文艺汇演的冠亚军。

③ 体育部：体育部今年不但为同学提供了很多体育比赛活动，还有一名同学进了国家体育队。

④ 公关部：为了帮助毕业班的同学更好地明确自己的职业规划，找到一份理想的工作，公关部的同学经过多方面的努力，最后终于拿到了两个企业的赞助，为同学举办了一次别开生面的职业规划大赛。通过这次大赛同学们都获益颇丰，而且产生了非常良好的社会影响。

问题：作为决策小组的一员，请您决定奖金应如何分配？

要求：

请您用5分钟的时间，提出您认为合理的奖金分配方案和主要理由，写在答题纸上。内容包括：四个部门奖金额的排序（由高至低）；哪些部门应高于平均水平，哪些部门应拿平均水平，哪些部门低于平均水平；并分别说明您的理由。

资料3

反馈单

团体辅导主题：＿＿＿＿＿＿＿＿＿＿＿＿＿＿＿＿

本次调查问卷答案没有正误之分，请如实回答。

1. 您觉得本次团体辅导效果如何？（   ）

A. 非常好　　　　B. 好　　　　C. 一般　　　　D. 不好　　　　E. 非常不好

2. 您喜欢此次团体辅导的哪种活动形式（可多选）？（   ）

A. 个人游戏　　　B. 团体游戏　　　C. 集体交流　　　D. 个人分享　　　E. 老师讲解

3. 通过此次团体辅导，您的主要收获有哪些（可多选）？（   ）

A. 各方面能力得到提升，使我的人生目标更明确。

B. 有一定启发，掌握一些认识自我、自我调控的方法和技巧。

C. 对自己有所了解，但还是缺乏一些行动力。

D. 跟原来差不多，问题还未得到解决。

4. 通过团体辅导，您认为自己还有哪些方面需要提升（可多选）？（   ）

A. 自我认识能力　　　　　　　　B. 人际交往能力

C. 目标规划能力　　　　　　　　D. 学习能力　　　　　　　　E. 时间管理能力

F. 挫折承受，自我调节能力　　　G. 团队合作能力

5. 您还希望参加以下哪些团体辅导（可多选）？（   ）

A. 生命教育　　　B. 人际交往　　　C. 未来规划　　　D. 自我认识　　　E. 学习能力

F. 时间管理　　　G. 团队合作

6. 您会推荐其他人参加类似这样的团体辅导吗？为什么？

7. 您对此次团体辅导活动有什么建议？

活动解读

只有完美的团队,没有完美的个人。只有每一个人在团队中尽情发挥,才能打造出完美的团队,成就个人的成功。

雅各布斯在《团体辅导的策略与方法》中提出:所有的团队都会经历三个不同阶段,即开始阶段、中间或工作阶段和结束阶段。团体心理辅导的实施过程也分为三个阶段,即初始团体组建阶段、具体模块运作阶段和团体结束评价阶段。

(一)初始团体组建阶段

初始团体组建阶段的主要任务是明确团体规范,建立彼此之间的信任,为顺利开展团体辅导奠定基础。

1. 形成团体规范

团体规范是团体辅导中影响成员态度与行为的共同参考原则的总和,包括纪律、道德、价值观等。团体成员会依照团体规范去判断,决定自己如何行动。建立团体规范是团体辅导开始时的首要任务,也是顺利开展咨询的保障。团体规范一般包括遵守纪律、服从安排、保守秘密、坦率真诚、积极参与、主动分享等内容,一般通过导师公开宣读、团体成员接受并宣誓的方式建立。从阅读"心理成长相互尊重保密协议"并签字开始,团体就开始正式形成规范。

2. 建立彼此信任

实施团体辅导的第一步就是建立彼此之间的信任,这是团体辅导顺利进行最重要的基础。缺乏信任,团体成员间的互动只能是表面的、肤浅的,自我探索也将很难进行,成员之间也不可能提出有建设性的问题,团体成员隐瞒各自的真实感受将阻碍团体辅导的顺利进行。如果团体成员信任团体过程,就一定会信任团体导师,最终他们之间会建立相互信任。建立信任包括三个方面:一是小组成员之间的信任;二是团体所有成员与团体导师之间的信任;三是不同小组成员之间的信任。

3. 组建团体的程序

组建团体的程序包括:介绍导师和活动过程、分组及相互认识、小组破冰活动、小组讨论等。

(1)介绍导师和活动过程 在分组前,团体活动导师首先要把组织者们介绍给团体成员,若团队中有多名导师,则需要对其做更详细地介绍,这样有利于提升导师的形象,并迅速建立良好的咨询关系和信任关系。

(2)分组及相互认识 团体辅导的成员较多,这些成员不是在一个大团体中开展咨询活动,而是被分到不同的小组中。每个小组8~10人,这样便于成员间的了解和交流以及深入讨论问题。分组时要考虑到成员的性别、年龄、文化等多种因素,最好不要把性别相同且彼此熟悉的人分在一个小组,这样容易形成小团体。

(3)小组破冰活动 团体成员在交往初期,由于心理防卫的作用,相互之间会有冰层——怀疑、猜忌、疏远。破冰就是打破冰层,消除彼此间的怀疑、猜忌、疏远,建立安全、放松、融洽、快乐的气氛。这种气氛是成员间深入交往和改变自我的前提条件。因此,破冰是组建团队阶段最重要的环节。

(4)小组讨论　在完成破冰活动后,团队成员之间要进行必要的交流,主要围绕初次见面的感受、对团体活动的期待或是自己当前的困惑等主体内容进行限时讨论。在小组讨论的时候,导师需要注意团队中主动交流和很少交流的同学,尽量为每个成员创造平等的交流机会。平等的交流氛围能更有效地促进团队成员相互合作,为具体模块运作阶段打好基础。

(二)具体模块运作阶段

团体辅导操作的三阶段是一个相互衔接、连续操作的过程。运作阶段是团体辅导的核心,对团体辅导效果起决定作用。在组建团队阶段,主要任务是破冰,建立咨询关系,获得信任感。进入模块运作阶段,主要任务就是实施活动模块,即科学地安排各活动模块的顺序,精心实践模块中每一个改变团体的方法,注意模块之间的衔接,确保每一个活动模块的效果。

(三)团体结束评价阶段

团体结束评价阶段是保证活动质量、评估咨询效果的重要阶段,对前面两阶段的团体辅导发挥着积极的作用。此阶段的作用主要包括:进一步理清思路,认识自我,明确目标;继续增强团队的凝聚力和小组成员间的友谊;渲染团体辅导的团结、真诚、友好、积极的环境气氛,对成员产生进一步的影响和吸引力;通过赠言、勉励、祝愿强化良性理念,增强友好、温暖的气氛,淡化离别忧伤情绪,扩大和提高咨询效果。

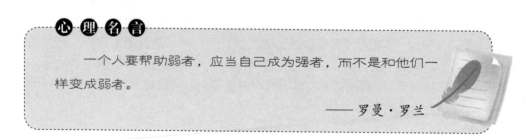

心理名言

一个人要帮助弱者,应当自己成为强者,而不是和他们一样变成弱者。

——罗曼·罗兰

专题十三

喜怒哀乐，在情绪的世界里穿梭

　　一个人从出生起，就开始拥有表达自己情绪的能力。然而只有表达情绪的能力，并不能说明人就具备管控自身情绪的能力。当一个人知道自己的情绪本质是什么，熟悉自己的情绪运作模式，懂得使用恰当的方式去表达情绪，而非压抑情绪，能与自己的情绪和谐相处，这就是情绪管理。

　　在本专题中，我们将对自身情绪进行探索和了解，通过在活动中体验不同的情绪感受，学会反思自身惯有的情绪反应模式，并尝试管控自身的情绪。

活动一　认识情绪

1. 活动意义

对于我们自身的情绪，有些我们很容易去感受和发现，然而也有部分情绪是潜藏在意识之下。那些已被我们觉察到的情绪可以直接让我们去了解自身对外界刺激的感受和想法；而对未知情绪的探索，则有利于我们去澄清内心深处的认知。

2. 活动目的

通过体验各个团队小游戏，觉察自身情绪的起伏波动，发现自己情绪出现的频率，加强对自己情绪的管控能力。

3. 活动人数及场地

30人左右、助教1～2人；团体活动室。

4. 活动物品

心理成长相互尊重保密协议（资料1）、表情图、情绪账单（资料2）、情绪蛋糕图（资料3）、彩色笔、签字笔。

5. 活动内容

项目	目标	内容和步骤	建议时长	物品准备
签订相互尊重保密协议	学会尊重他人	1. 参与活动者到达指定地点后，导师讲解本次活动的目的和意义 2. 每位参与者认真阅读"心理成长相互尊重保密协议"，签署协议	10分钟	心理成长相互尊重保密协议（资料1）、签字笔
识别情绪	学会从表情动作识别情绪，然后分类	1. 导师介绍情绪的概念 2. 成员根据导师所展示的情绪图片或者表情图，主动陈述看到的图片对应的是什么情绪	15分钟	表情图
体会一周情绪变化	记录自己最近一周印象比较深刻的情绪并且评估情绪强度	导师介绍"情绪账单"的使用方法，要求每个人根据自身实际情况进行填写和打分，用于引导成员觉察、发现自身的情绪感受	20分钟	情绪账单（资料2）、彩色笔
不同情绪时间比	按照时间占比画出最近一周不同情绪的持续时间	导师介绍"情绪蛋糕图"的使用方法，要求每个人根据自身实际情况记录情绪出现的时间占比，用于引导成员探索自身不同情绪所出现的时长	20分钟	情绪蛋糕图（资料3）、签字笔
活动总结	活动分享，聚焦主题	1. 导师鼓励每位参与者进行活动分享，并对参与者的表现进行积极反馈 2. 导师进行活动总结，并简单介绍下一单元的活动	30分钟	

资料1

心理成长相互尊重保密协议

1. 理念

本次团体活动通过游戏和分享等形式实现心理互动，发现真正的自我，促进自我成长。

2. 目标

①了解自我，认识自我，形成客观、理性的自我评价；②增进自我觉察，不断获得自我成长；③发展良好的适应能力，有效应对今后的学习、生活。

3. 出席

每位参与者务必准时出席每次活动，并积极参与到游戏和分享环节中。如无法准时出席，请与组织者联系，并说明情况。如参与者有特殊情况需要在活动中退出，请提前跟组织者说明情况，征得组织者的同意后离开。

4. 作业

每位参与者在下次团体活动前，需要利用活动以外的时间完成练习和作业。如完成过程中有任何困难，请及时与组织者或导师联系。

5. 保密

任何一位参与者在团体活动中所说的话都是绝对保密的，任何人不得随意在团体辅导活动以外进行议论。尊重每位参与者的隐私权，当你不想和其他参与者分享时，你有权保持沉默。

6. 签名

本人已经认真阅读并充分了解本协议的内容。

参与者签名：　　　　日期：

资料2

情绪账单

记录自己最近一周印象比较深刻的情绪并且评估情绪强度。在括号里填写情绪词，然后在后面的小太阳中根据你所认为的情绪强度相应填色。（注意：越往右表示情绪强度越大）

情绪词	情绪强度
(　　)	¤ ¤ ¤ ¤ ¤ ¤ ¤ ¤ ¤
(　　)	¤ ¤ ¤ ¤ ¤ ¤ ¤ ¤ ¤
(　　)	¤ ¤ ¤ ¤ ¤ ¤ ¤ ¤ ¤
(　　)	¤ ¤ ¤ ¤ ¤ ¤ ¤ ¤ ¤
(　　)	¤ ¤ ¤ ¤ ¤ ¤ ¤ ¤ ¤
(　　)	¤ ¤ ¤ ¤ ¤ ¤ ¤ ¤ ¤
(　　)	¤ ¤ ¤ ¤ ¤ ¤ ¤ ¤ ¤
(　　)	¤ ¤ ¤ ¤ ¤ ¤ ¤ ¤ ¤
(　　)	¤ ¤ ¤ ¤ ¤ ¤ ¤ ¤ ¤
(　　)	¤ ¤ ¤ ¤ ¤ ¤ ¤ ¤ ¤

资料3

情绪蛋糕图

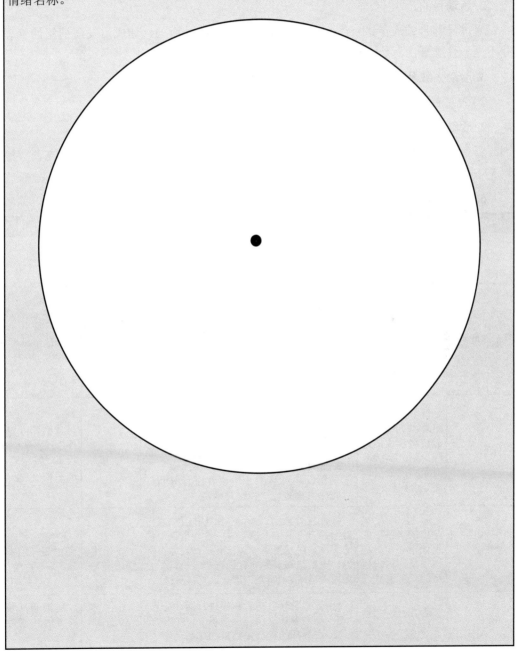

请你根据最近 3 天的情绪状况以及情绪持续时间的占比,通过画饼状图的方式,在圆圈内画出情绪持续时间分布,并根据相应的情绪区域填涂自己喜欢的颜色,写出具体情绪名称。

活动二 情绪管理我能行

1. 活动意义

情绪是一种高等生物都会产生的身心现象，研究表明，情绪无法控制，只能通过办法进行有效管理。因此学会有效管理情绪的方法，可以帮助我们在生活中更好地调节自身的状态。

2. 活动目的

通过导师带领成员进行数个感受情绪和调节情绪的活动，让成员发现情绪的管理并不是一件难事，而是一件有趣并且有意义的事。

3. 活动人数及场地

30人左右、助教1～2人；团体活动室。

4. 活动物品

彩色卡纸、"情绪小事件"记录单（资料4）、抽奖箱、情绪ABCDE五栏表（资料5）、反馈单（资料6）签字笔。

5. 活动内容

项目	目标	内容和步骤	建议时长	物品准备
再次相聚	介绍本单元的活动	1. 导师对大家的继续参与表示欢迎，并简单回顾上次活动的情况 2. 导师介绍本单元的活动意义及流程	10分钟	
情绪吐纳	选择不同颜色的小卡纸来表达情感色彩，并通过陈述自己的情绪故事表达自己	1. 成员之间两两分组，由成员A向成员B讲述最近发生的一件引起自己负性情绪的事件，成员B负责倾听及提问，但不评论事件本身 2. 成员A陈述完毕后通过选取自己喜欢的彩色卡纸来象征自己事件的情绪。然后调换角色，由成员B向成员A倾诉	30分钟	彩色卡纸
你来我往	每个成员通过记录单写下自己三起情绪事件的起因、认知情绪及应对策略，成员间相互给予建议	1. 导师负责介绍"情绪小事件"记录单的填写方式，并解释个体对事件的认知如何引起相应的情绪及行为反应 2. 成员们填好之后将记录单放入抽奖箱 3. 导师选取若干名成员分别抽取一张记录单，并对其中一个事件进行分析，对此提供新的认知和应对策略	30分钟	"情绪小事件"记录单（资料4）、签字笔、抽奖箱
理性管理法	通过"情绪ABCDE法"的理论指导，引导学生反思自身情绪的应对策略	每位成员拿到"情绪ABCDE五栏表"后根据自己的情况填写3～5件近期经历的事件，对发生事件、原有认知、原有行为、更新认知及更新行为逐一分析，学会运用"情绪ABCDE"理论调整自身情绪	30分钟	情绪ABCDE五栏表（资料5）、签字笔
惜别	活动分享，导师总结	1. 导师引导参与者积极进行活动分享 2. 参与者认真填写反馈单 3. 在导师的祝福中结束团体活动	30分钟	反馈单（资料6）、签字笔

资料4

情绪小事件

请每位成员在练习纸上写下三起情绪事件的起因、认知情绪及应对策略。

引发情绪的事件或场景	当时自己的感受/情绪/想法	当时的行为和应对表现

资料5

情绪ABCDE五栏表

序号	发生事件	原有认知	原有行为	更新认知	更新行为
1					
2					
3					
4					
5					

资料6

反馈单

团体辅导主题：_____

本次调查问卷答案没有正误之分，请如实回答。

1. 您觉得本次团体辅导效果如何？（　　）

A. 非常好　　　　B. 好　　　　C. 一般　　　　D. 不好　　　　E. 非常不好

2. 您喜欢此次团体辅导的哪种活动形式（可多选）？（　　）

A. 个人游戏　　　B. 团体游戏　　　C. 集体交流　　　D. 个人分享　　　E. 老师讲解

3. 通过此次团体辅导，您的主要收获有哪些（可多选）？（　　）

A. 各方面能力得到提升，使我的人生目标更明确。

B. 有一定启发，掌握一些认识自我、自我调控的方法和技巧。

C. 对自己有所了解，但还是缺乏一些行动力。

D. 跟原来差不多，问题还未得到解决。

4. 通过团体辅导，您认为自己还有哪些方面需要提升（可多选）？（　　）

A. 自我认识能力　　B. 人际交往能力　　　C. 目标规划能力　　　D. 学习能力

E. 时间管理能力　　F. 挫折承受，自我调节能力　　　G. 团队合作能力

5. 您还希望参加以下哪些团体辅导（可多选）？（　　）

A. 生命教育　　　B. 人际交往　　　C. 未来规划　　　D. 自我认识　　　E. 学习能力

F. 时间管理　　　G. 团队合作

6. 您会推荐其他人参加类似这样的团体辅导吗？为什么？

7. 您对此次团体辅导活动有什么建议？

活动解读

认识自己的情绪,学会调控自己的情绪,是我们每个人在成长历程中面临的重要任务。

美国心理学家阿尔伯特·埃利斯认为,人所产生的负性情绪是由对生活中的不利事件的看法或者观念所导致,而非不利事件本身。人的情绪伴随思维产生,情绪上的困扰是由非理性的思维造成的。理性的信念会引起人们对事物适当、适度的情绪反应,而非理性的信念则会导致不适当的情绪和行为反应。当人们一直坚持某些非理性的信念,使自己长期处在不良的情绪状态中,最终将可能导致自身情绪障碍的产生。

情绪的认知理论学派认为情绪是认知的产物。认知过程可分四个阶段:第一阶段,接受和感知环境的刺激;第二阶段,激活对先前刺激的记忆;第三阶段,当前刺激与记忆进行比较;第四阶段,对比较的结果进行评价。情绪的产生和发展受到这四个阶段的影响。

心理学家拉扎勒斯认为情绪来源于环境信息,依赖于个体短时或者持续性的评价,且情绪是一种生理和心理交织而成的心理反应。其理论认为情绪和个体的"评价"有关,而个体"评价"之后会通过大脑的应对策略来处理情景。

"评价"指个体经常搜索环境中他们所需要的东西的线索和必须躲避的危险的征兆,评估有重要意义的刺激物。分为"初评价"和"再评价"。

"初评价"分三种情况,分别是无关、有益、紧张。

①"无关"是指刺激物被评价为与个体的利害无关,评价结束。

②"有益"是指刺激物被评价为对个体有价值,值得被保护。

③"紧张"是指刺激物被评价为对个体有害、有威胁、有挑战的感觉。

"再评价"是指当个体处于上述"紧张"状态时,个体需要考虑如何应对紧张情景,思考如何选择有效办法,对事件产生的后果进行评价。情绪唤醒是对刺激情景"再评价"后出现的,由评价、活动倾向、生理变化几部分组成。

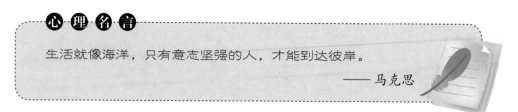

心理名言

生活就像海洋,只有意志坚强的人,才能到达彼岸。

——马克思

专题十四

心心相印,异性交往对对碰

爱情到底是什么?爱的内涵是什么?恋爱过程中会经历什么?

只有了解了爱情的真谛,才能更好地进行两性交往。经营爱情,处理爱情冲突,为幸福的人生打下基础。

在本专题中,我们会一起探索爱情的内涵,探索与异性相处的科学方法,发展良好的恋爱关系。

活动一　非诚勿扰，走近爱情

1. 活动意义

"爱情"是一个古老的话题，在汉文化里，爱就是网住对方的心。爱情具有亲密、情欲和承诺、依恋、情感的属性，并且对这种关系的长久性持有信心，也能够与对方分享私生活。越是了解爱情的属性，就越能认识爱情的真谛，从而树立端正的爱情观。

2. 活动目的

通过团队中简单的小游戏，正确认识爱情，端正对爱情的态度。

3. 活动人数及场地

30人左右；团体活动室。

4. 活动物品

心理成长相互尊重保密协议（资料1）、卡片、爱情大拍卖价值表（资料2）、纸牌或写有金额的卡片、签字笔。

5. 活动步骤

项目	目标	内容和步骤	建议时长	物品准备
签订相互尊重保密协议	学会尊重他人	1. 参与活动者到达指定地点后，导师讲解本次活动的目的和意义 2. 每位参与者认真阅读"心理成长相互尊重保密协议"，签署协议	10分钟	心理成长相互尊重保密协议（资料1）、签字笔
捶捶他(她)的肩	增加互动，活跃气氛，快速投入到团体活动中	1. 所有成员面朝圆心站立，围成一个大圈 2. 所有成员先左转，将双手搭在前方成员的肩上，为其按摩两分钟，被按摩的人要对后面的人说"谢谢" 3. 所有成员再向后转，给刚才给自己按摩过的成员按摩两分钟，同样被按摩的人也要说"谢谢" 4. 成员谈感受	20分钟	
我心中的爱	对爱情进行初步的自我觉察，了解影响爱情的因素	1. 导师给成员下发卡片，引导成员在上面写下自己理想的爱情 2. 成员讨论并分享成功走向爱情应具备哪些因素 3. 导师分析、总结并提出爱情三元素理论	30分钟	卡片、签字笔

续表

项目	目标	内容和步骤	建议时长	物品准备
爱情大拍卖	进一步强化对爱情的认识，树立并端正爱情观	拍卖活动： 1. 导师拿出"爱情大拍卖价值表"(见资料2)海报，海报上列出的16个项目是爱情的理由，成员可以根据这些理由思考自己想要买的项目，导师询问成员是否有人要补充项目 2. 导师分发代币(纸牌或写有金额的卡片)给每位成员，每位成员有100万元。由导师逐一针对每个项目进行拍卖，叫价以一万为单位，请每位成员就该项目进行竞价，直到"爱情大拍卖价值表"上的16个项目拍卖完为止 3. 拍卖结束后，导师引导成员讨论下列问题： ① 买到了哪些项目？ ② 是经何考虑而买到自己所得之项目？是自己所需或喜欢？ ③ 若重选一次，结果是否会相同？会如何选择？ ④ 让选相同项目的成员合成一组讨论其选择理由并思考异性交往带给自己的价值和自己的爱情观	40分钟	"爱情大拍卖价值表"（资料2)、代币(纸牌或写有金额的卡片)
活动总结	活动分享，聚焦主题	1. 导师鼓励每位参与者进行活动分享，并对参与者的表现进行积极反馈 2. 导师进行活动总结，并简单介绍下一单元的活动	30分钟	

资料1

心理成长相互尊重保密协议

1. 理念

本次团体活动通过游戏和讨论分享等形式实现心理互动,发现真正的自我,促进自我成长。

2. 目标

①了解自我,认识自我,形成客观、理性的自我评价;②增进自我觉察,不断获得自我成长;③发展良好的适应能力,有效应对今后的学习、生活。

3. 出席

每位参与者务必准时出席每次活动,并积极参与到游戏和分享环节中。如无法准时出席,请与组织者联系,并说明情况。如参与者有特殊情况需要在活动中退出,请提前跟组织者说明情况,征得组织者的同意后离开。

4. 作业

每位参与者在下次团体活动前,需要利用活动以外的时间完成练习和作业。如完成过程中有任何困难,请及时与组织者或导师联系。

5. 保密

任何一位参与者在团体活动中所说的话都是绝对保密的,任何人不得随意在团体辅导活动以外进行议论。尊重每位参与者的隐私权,当你不想和其他参与者分享时,你有权保持沉默。

6. 签名

本人已经认真阅读并充分了解本协议的内容。

参与者签名: 　　　　　日期:

资料2

爱情大拍卖价值表

爱情价值观——在与异性交往过程中，你最盼望得到什么？

项目	价值（金额）
1.可以和他(她)分享生活中的点点滴滴	
2.可以因他(她)而扩展生活领域	
3.可以和他(她)相知很深	
4.可以和他(她)共同建立一个家庭	
5.可以因他(她)的提携、激励而成长进步	
6.可以多一个工作伙伴	
7.可以获得爱和支持的感觉	
8.可以享有和他(她)的美好性生活	
9.可以有他(她)随时随地陪在你身边	
10.可以和他(她)一起赚很多钱	
11.可以去照顾他（她）和爱他（她）的付出感觉	
12.可以因他（她）而让生活富有变化	
13.可以有他（她）照顾生活起居	
14.可以和他（她）一起生儿育女	
15.可以因他（她）而增加生活乐趣	
16.可以因他（她）而获得安定感	

活动二　发现爱情，品味爱情

1. 活动意义

了解了爱情的属性，认识了爱情的真谛，树立了端正的爱情观，并不一定就能迎来美好的爱情，还需要去表达爱，去经营爱，去真实感悟爱情滋味。

2. 活动目的

认识两性的心理与行为，学习与异性的沟通技巧，体味爱情的各个阶段。

3. 活动人数及场地

30人；团体活动室。

4. 活动物品

眼罩、背景音乐、桌子、椅子、A4纸若干、反馈单（资料3）、签字笔。

5. 活动内容

项目	目标	内容和步骤	建议时长	物品准备
再次相聚	介绍本单元的活动	1. 导师对大家的继续参与表示欢迎，并简单回顾上次活动的情况 2. 导师介绍本单元的活动意义及流程	10分钟	
请求与拒绝	学习如何表白爱和拒绝爱	1. 成员两人一组，面对面站好，其中一人要模拟大声向对方表达爱意，请求对方成为其恋人，另一方要予以拒绝。要求目光直视对方，时间3分钟 2. 组内两人互换角色 3. 成员讨论、分享活动中的体会和感受 4. 导师引导成员懂得面对爱情要自信，不仅需要表白时的大胆，也需要拒绝时的果断	20分钟	
男女大不同	促进男女生之间互相了解，理解异性之间思维、行为的不同	1. 成员按照性别分成男女两组，每组分别派一人在场地中间表演一组能体现性别差异的动作，由对方选择同学模仿。然后交换角色，以同样方式进行 2. 讨论、分享成员的感受，导师引导成员在恋爱中要善于以异性的思维去思考	20分钟	
风雨人生路	引导成员明白在感情生活中信任的重要性，帮助成员建立信任感	1. 在背景音乐声中，每个人戴上眼罩扮演一个盲人，独自一个人穿越障碍行走，体验盲人的无助、艰辛、甚至恐惧 2. 所有成员中一半的人继续扮演盲人，另一半人扮演帮助盲人的"拐棍"，由"拐棍"帮助盲人完成有障碍的旅行。完成后交换角色重新体验 3. 成员交流、分享感受，导师引导成员理解在恋爱中相互信任的重要性	30分钟	眼罩、背景音乐、桌子、椅子

续表

项目	目标	内容和步骤	建议时长	物品准备
分手快乐	协助成员学会处理失恋的困扰，学会有效解决失恋问题的办法	1. 导师邀请两位成员扮演恋人，表演分手时的场景 2. 导师与成员共同讨论，角色扮演中失恋者的表现、处理方式是否得当 3. 导师发给每人纸和笔，让成员写出自己是否有失恋经历，如果有，写出面对失恋的态度和策略是什么；如果没有，设想一下自己将会怎样处理这一问题 4. 成员一起讨论分享各种策略的可行性和有效性，导师帮助成员明确应对失恋的正确方法	25分钟	A4纸若干、签字笔
惜别	活动分享，导师总结	1. 导师引导参与者积极进行活动分享 2. 参与者认真填写反馈单 3. 在导师的祝福中结束团体活动	30分钟	反馈单（资料3）、签字笔

资料3

反馈单

团体辅导主题：_____

本次调查问卷答案没有正误之分，请如实回答。

1. 您觉得本次团体辅导效果如何？（ ）
   A. 非常好　　　　B. 好　　　　C. 一般　　　　D. 不好　　　　E. 非常不好

2. 您喜欢此次团体辅导的哪种活动形式（可多选）？（ ）
   A. 个人游戏　　　B. 团体游戏　　C. 集体交流　　D. 个人分享　　E. 老师讲解

3. 通过此次团体辅导，您的主要收获有哪些（可多选）？（ ）
   A. 各方面能力得到提升，使我的人生目标更明确。
   B. 有一定启发，掌握一些认识自我、自我调控的方法和技巧。
   C. 对自己有所了解，但还是缺乏一些行动力。
   D. 跟原来差不多，问题还未得到解决。

4. 通过团体辅导，您认为自己还有哪些方面需要提升（可多选）？（ ）
   A. 自我认识能力　　　　　B. 人际交往能力　　　C. 目标规划能力
   D. 学习能力　　　　　　　E. 时间管理能力
   F. 挫折承受，自我调节能力　　G. 团队合作能力

5. 您还希望参加以下哪些团体辅导（可多选）？（ ）
   A. 生命教育　　　B. 人际交往　　C. 未来规划　　D. 自我认识　　E. 学习能力
   F. 时间管理　　　G. 团队合作

6. 您会推荐其他人参加类似这样的团体辅导吗？为什么？

7. 您对此次团体辅导活动有什么建议？

活动解读

爱情，是人类永恒的话题。恋爱是建立爱情，走向婚姻的历程。只有了解爱情的内涵，才能理解爱情的真谛。只有了解自己和对方的需求，才能更好地经营爱情。

1. 马斯洛的需求层次理论

美国心理学家亚伯拉罕·马斯洛在1943年《人类激励理论》中所提出的需求层次理论，将人类需求像阶梯一样从低到高按层次分为五种，分别是：生理需求、安全需求、社交需求、尊重需求和自我实现需求。其中第三层次的社交需求主要是爱与归属感的需求，说明爱与被爱是人类的基本需求。人们在恋爱中收获爱的同时，也要付出爱，见图14-1。

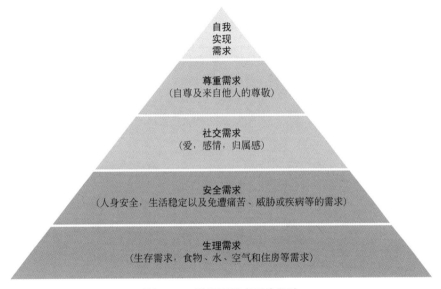

图14-1 马斯洛需求层次理论

2. 斯滕伯格的爱情三元素理论

爱情是一个古老又常谈的话题，美国著名心理学家斯腾伯格就此提出了他的见解，即爱情三元素理论。这个理论由三大基石组成，这三大基石能够组合成不同类型的爱情，见图14-2。

基石1：亲密。包括热情、理解、交流、支持及分享等特征。

基石2：激情。激情以身体的欲望激起为特征。激情的形式常常是对性的渴望，但是从伴侣处得到满足的任何强烈的情感需要都属于这一类别。

基石3：承诺。包括将自己投身于一份感情的决定及维持感情的努力。在本质上，承诺主要是认知性的，亲密是情感性的，而激情是动机性的。爱情关系的"热度"来自激情，温暖来自亲密，相形之下，承诺所反映的是一个决定，它完全不是情感性的。

只有三个元素都具备的爱情才是完美的爱情。异性在交往过程中根据爱情三元素理论，可以认识自己的爱情类型，并且为了达到圆满爱情而付出努力。

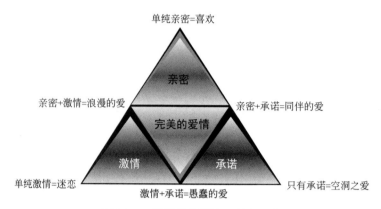

图14-2　斯腾伯格爱情三元素理论

> **心理名言**
>
> 每一个不曾起舞的日子，都是对生命的辜负。
>
> ——尼采

专题十五
血浓于水，探索原生家庭与自我成长

  美国著名家庭治疗大师萨提亚认为，一个人和他的原生家庭有着千丝万缕的联系，而这种联系有可能影响他的一生。一个童年成长得好的人，可以治愈成年的人生，而一个童年成长得不好的人则要用一生来治愈童年。原生家庭塑造着我们的人格和自我，影响着我们与他人的人际关系和亲密关系。

  本专题我们将探索自己的原生家庭。通过对原生家庭的了解，我们可以更加深刻地认识自己和自己的家人，帮助我们更好地成长。

活动一　探索原生家庭，增进自我认识

1. 活动意义

认识自己，不仅仅是通过对自己的身体、心理和社会角色进行了解，更多时候还要探讨一个人的根源，这个根源远一点说是我们的祖先，近一点说是我们的原生家庭。了解这个根源一个人才算是扎扎实实地活在这个世界上的，才算是真正踏上探索自我之路。

2. 活动目的

通过对原生家庭的探索，进一步了解自我，理解家人，增强自身内在的力量，懂得如何与人相处。

3. 活动人数及场地

30人左右；团体活动室。

4. 活动物品

心理成长保密与相互尊重协议（资料1）、家谱图（资料2）、A3大小或更大的素描纸、家谱图导师引导分享资料（资料3）、A4纸、签字笔等。

5. 活动内容

项目	目标	内容和步骤	建议时长	物品准备
签订相互尊重保密协议	学会尊重他人	1. 参与活动者到达指定地点后，导师讲解本次活动的目的和意义 2. 每位参与者认真阅读"心理成长相互尊重保密协议"，签署协议	10分钟	心理成长相互尊重保密协议（资料1）、签字笔
绘制家谱图	了解家庭动力系统中自己的内部和外部现实	1. 导师利用黑板或提前准备的家谱图样例讲解家谱图绘制基本规则 2. 导师给每个成员派发一张活页纸并让其在纸上绘制跨越祖孙三代的家庭人员关系图 3. 在绘制的关系图上添加对家庭各个成员的细节描述	30分钟	家谱图（资料2）、A3大小或更大的素描纸
即兴表演情景剧	呈现主角和配角的相似家庭情景，从另一个视角理解家人	1. 成员自荐饰演主角，其余成员若有家庭成员与主角家庭中某个成员类似的，可自荐饰演配角 2. 主角按照自己的个性特征即兴演绎一个片段，配角按照类似的家庭成员的个性配合主角进行情景表演 3. 表演结束后主角向配角分享感受，配角向主角分享感受 4. 导师引导主角、配角和旁观的成员谈谈自己的感受和想法 5. 使用家谱图导师引导分享资料解释家庭动力对个人的影响	40分钟	家谱图导师引导分享资料（资料3）、A4纸、签字笔、其他工具
活动总结	活动分享，聚焦主题	1. 导师鼓励每位参与者进行活动分享，并对参与者的表现进行积极反馈 2. 导师进行活动总结，并简单介绍下一单元的活动	30分钟	

资料1
心理成长相互尊重保密协议

1. 理念

本次团体活动通过游戏和分享等形式实现心理互动,发现真正的自我,促进自我成长。

2. 目标

①了解自我,认识自我,形成客观、理性的自我评价;②增进自我觉察,不断获得自我成长;③发展良好的适应能力,有效应对今后的学习、生活。

3. 出席

每位参与者务必准时出席每次活动,并积极参与到游戏和分享环节中。如无法准时出席,请与组织者联系,并说明情况。如参与者有特殊情况需要在活动中退出,请提前跟组织者说明情况,征得组织者的同意后离开。

4. 作业

每位参与者在下次团体活动前,需要利用活动以外的时间完成练习和作业。如完成过程中有任何困难,请及时与组织者或导师联系。

5. 保密

任何一位参与者在团体活动中所说的话都是绝对保密的,任何人不得随意在团体辅导活动以外进行议论。尊重每位参与者的隐私权,当你不想和其他参与者分享时,你有权保持沉默。

6. 签名

本人已经认真阅读并充分了解本协议的内容。

参与者签名: **日期:**

资料2

家谱图

1. 绘制内容

跨越祖孙三代的家庭关系，包括同父（母）异母（父）的所有成员。

2. 绘制方式

男性用□表示；女性用○表示；主角本人用双方框或双圆表示，如◎；离世用⊠或⊗表示；同辈人按年龄从大到小用从上到下的顺序绘制。

3. 绘制步骤

① 询问有关主角父母、祖父母和外祖父母的一些细节问题，如：结婚的日期、父母双方的名字、生日和出生地、目前的年龄或去世时的年龄、宗教信仰、职业、民族、教育（文化程度）、业余爱好等。

② 导师让主角为父母、祖父母和外祖父母双方增加一些元素，如：三个可描述其特点的形容词，她或他在压力情景下采用的主要应对模式和次要应对模式。（主角对某些信息不确定时，可鼓励其进行"虚构"。）

③ 导师继续引导主角补充信息，如补充自己兄弟姐妹成员的信息，补充方法与步骤①和②一样。

④ 导师引导主角根据自己的观点补充以下信息：父母和祖父母持有的家庭观念、（例如关于用餐礼仪的家庭要求，对教育的价值观，对金钱的价值观等）、家庭传说和家庭秘密。

4. 样例（图15-1）

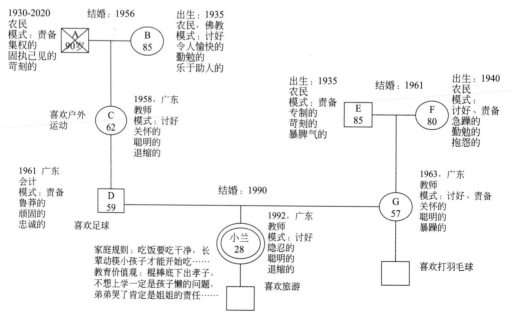

图15-1 家谱图样例

资料3

家谱图导师引导分享资料

成员绘制完家谱图之后可引导其从以下方面思考：

① 从自己的家谱图中看到了哪些之前没有注意到的信息？有何感受？

② 绘制家谱图之后如何理解父母和自己的成长环境？

根据主角的个性和主角亲人的个性即兴演绎完情景剧之后，导师可从以下方面引导成员进行思考和分享：

① 我听到和看到了什么？

② 对于听到和看到的情景，我给予什么样的解释？

③ 对于我所做出的解释，我对此有什么感受？

④ 对于这些感受我又产生了怎样的感受？

活动接近尾声时，对整个活动进行总结分享，导师可从以下方面引导成员思考和分享：

① 用语言表达出在家庭中所有未被满足的预期和渴望，并承认它；

② 描述对于未被满足的预期和渴望的感受；

③ 看到父母的优点和缺点，描述并接受这些优点和缺点确实存在；

④ 站在第三者角度看待自己的人格特点和父母的人格特点，理解和接纳这些特点；

⑤ 承认作为普通人的父母，他们已经尽他们的努力做得足够好；

⑥ 接纳父母与祖父母和外祖父母的相似性和差异，也接纳自己和父母的相似性和差异，不再渴望过去缺少的认可和赞同。

活动二 接纳原生家庭，助力自我成长

1. 活动意义

原生家庭既是爱的港湾，也是心理问题的温床。它会给我们带来不同的影响，但是这些影响可以通过自我成长发生改变，当我们有所改变时，环境也会因此而产生变化，由此我们的生活也会变得更加美好。

2. 活动目的

通过团体活动，在不同的深度感悟家庭对自我发展的积极意义，并坚定自己未来的目标。

3. 活动人数及场地

30人左右；团体活动室。

4. 活动物品

影响力车轮（资料4）、A3素描纸、铅笔、人生事件编年史（资料5）、反馈单（资料6）、纸、签字笔。

5. 活动内容

项目	目标	内容和步骤	建议时长	物品准备
再次相聚	介绍本单元的活动	1. 导师对大家的继续参与表示欢迎，并简单回顾上次活动的情况 2. 导师介绍本单元的活动意义及流程	10分钟	
影响力车轮	呈现主角在发展过程中受到他人的影响和拥有的资源	1. 导师通过影响力车轮样例向成员介绍影响力车轮绘制的内容与方式 2. 导师给每位成员发放A3纸张和铅笔等工具，并让成员们开始绘制属于自己的影响力车轮 3. 绘制完成后，成员开始分享，并承接上一单元活动，一方面探讨重要人和物对自身的影响，另一方面思考我们现有的资源	20分钟	影响力车轮（资料4）、A3素描纸、铅笔
人生事件编年史	呈现个体成长经历对于其个性塑造的影响	1. 导师介绍人生事件编年史绘制的内容与方式 2. 成员使用A3纸张绘制人生事件编年史 3. 绘制完成后，导师利用引导分享资料引导成员开始分享，然后导师进行总结分享	20分钟	人生事件编年史（资料5）、A3素描纸、签字笔
我的人生舞会	重温人生，认识自我的独特性，接纳自己	1. 成员自荐成为主角和配角，主角演绎"我"，配角演绎"我"人生中的人和物 2. 成员根据主角的人生事件编年史即兴表演"我"的人生场景 3. 结束后，导师引导大家思考和分享	40分钟	纸、签字笔、团辅室其他工具
惜别	活动分享，导师总结	1. 导师引导参与者积极进行活动分享 2. 参与者认真填写反馈单 3. 在导师的祝福中结束团体活动	30分钟	反馈单（资料6）、签字笔

资料4

影响力车轮

1. 绘制内容

主角的车轮标注出了生命中对自己有影响的人和物，也代表了主角所拥有的资源。车轮越多，资源越多。所涉及的人可能会有：祖孙三代的家庭成员，与主角生活有交集的人，如某个老师或朋友；所涉及的物可能是：从小陪伴主角的宠物或玩具，其他特殊的事件和物品等。

2. 绘制方式

主角将自己的名字写在中间，在周围写上其他人的名字或称呼、物品或动物的名称、事件名称等，然后用线条将这些人或物与主角相连，线条越粗表示关系越亲密，最后在每个人物或事物的旁边写下三个形容词来描述这个人或物，形容词是积极的则在形容词前面加一个"+"，形容词是消极的则在形容词前面加一个"–"。

3. 样例（图15-2）

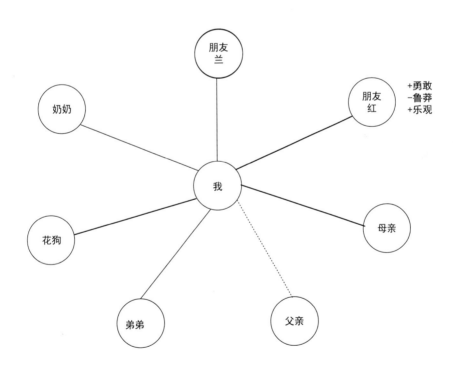

图15-2　影响力车轮样例

资料5

人生事件编年史

  编年史按照时间顺序进行呈现，主要是祖孙三代家庭史加上主角的成长史，分场景进行描绘，在时间节点、家庭事件、重大历史事件和重要经历处进行场景描绘，样例如下。

  场景一：①1917年，祖父出生；②1918年，祖母出生；③1927年，祖父失学；④1937年，祖父祖母结婚；⑤1939年，父亲出生；⑥1940年，母亲出生；⑦1945年，祖父祖母搬家到了广东湛江；⑧1950年，外祖父下乡，外祖母独自带着母亲生活；⑨1955年，父亲高中毕业；⑩1956年，父亲参加工作，母亲高中毕业；⑪1961年，父母结婚，外祖父回家。

  场景二：①1962年，我出生；②1968年，祖父去世；③1969年，妹妹生病去世；④1977年，我参加工作，一边工作一边学习，最后考进广东一所大学；⑤1978年，我谈恋爱，年底分手，久久不能释怀；⑥1979年，我大学毕业，分配到国有单位工作。⑦1980年，路遇歹徒欺负一个女孩子，我上前制止歹徒，却被歹徒伤到右眼，被路人送到医院就医，却没有保住眼睛，从此右眼失明，内心痛苦，一蹶不振……

  场景三：……

资料6

反馈单

团体辅导主题：_____

本次调查问卷答案没有正误之分，请如实回答。

1. 您觉得本次团体辅导效果如何？（   ）

　A. 非常好　　　　B. 好　　　　C. 一般　　　　D. 不好　　　　E. 非常不好

2. 您喜欢此次团体辅导的哪种活动形式（可多选）？（   ）

　A. 个人游戏　　　B. 团体游戏　　C. 集体交流　　D. 个人分享　　E. 老师讲解

3. 通过此次团体辅导，您的主要收获有哪些（可多选）？（   ）

　A. 各方面能力得到提升，使我的人生目标更明确。

　B. 有一定启发，掌握一些认识自我、自我调控的方法和技巧。

　C. 对自己有所了解，但还是缺乏一些行动力。

　D. 跟原来差不多，问题还未得到解决。

4. 通过团体辅导，您认为自己还有哪些方面需要提升（可多选）？（   ）

　A. 自我认识能力　　　　B. 人际交往能力　　　　C. 目标规划能力

　D. 学习能力　　　　　　E. 时间管理能力

　F. 挫折承受，自我调节能力　　　　G. 团队合作能力

5. 您还希望参加以下哪些团体辅导（可多选）？（   ）

　A. 生命教育　　B. 人际交往　　C. 未来规划　　D. 自我认识　　E. 学习能力

　F. 时间管理　　G. 团队合作

6. 您会推荐其他人参加类似这样的团体辅导吗？为什么？

7. 您对此次团体辅导活动有什么建议？

活动解读

维吉尼亚·萨提亚，家庭治疗流派的创始人和国际知名的心理治疗学家，被称为"每个人的家庭治疗大师"。本专题涉及的原理即萨提亚的主要治疗信念及其提出的基本理论，如基本三角关系、应对姿态等。

1. 萨提亚的主要治疗信念

① 改变是可能的，即使外部的改变非常有限，内部的改变仍然可能存在。
② 我们所有人都拥有成功应对和成长所需的内部资源。
③ 我们拥有很多选择，特别是在对压力而不是对情景做出反应的时候。
④ 人们在彼此相似的基础上建立联结，而在各具差异的基础上得以发展和成长。
⑤ 治疗的主要目标之一是成为我们自己的决策者。
⑥ 我们所有人都是相同生命力量的展示。
⑦ 大部分人会选择熟悉而不是舒适的方式，特别是在面对压力的时候。
⑧ 问题本身并不是问题，应对问题的方式才是问题。
⑨ 感受属于我们自己，我们每个人都拥有它。
⑩ 父母经常重复他们成长过程中熟悉的家庭模式，即使是功能失调的。
⑪ 我们不能改变过去的事情，但是可以改变它们对我们的影响。
⑫ 欣赏和接纳过去可以提高我们管理现在的能力。
⑬ 接受我们的父母是普通人，与他们沟通，而不是仅仅与父母角色沟通。
⑭ 过程是通往改变的必要条件，内容形式是改变得以发生的情景。

2. 基本三角关系

基本三角关系是父亲、母亲和孩子。我们与人交往的方式最开始是从家庭中学习的，在所有的社会关系中，父母对我们是最具影响力的。但是在这个三角关系中，孩子既是变化的媒介，也是变化的体现。

3. 应对姿态

① 讨好：讨好姿态的人在取悦他人的时候，忽略自己的价值和感受，把自己的权利交给他人，对一切都点头答应。
② 责备：与讨好截然相反，责备姿态的人不断地叨扰和指责他人或环境。忽视他人和环境的价值，认为我们应该维护自己的权利而拒绝别人的任何需求。
③ 超理智：使用超理智姿态的人忽视自身和他人的价值，只注重环境背景，更多关注数据和逻辑层面。他们不允许自己或他人注意自己的感受。
④ 打岔：与超理智相反，打岔姿态的人常常将注意力从任何有压力的话题上转移开，避免面对当下的状况。在他们看来，自我、他人以及环境背景都不具价值。
⑤ 表里一致：以上四种生存姿态在某种情境下虽然对我们的生存具有一定的保护作用，但是他们也会给我们带来很多的生存问题，萨提亚提出我们需要学习表里一致

的应对姿态，这也是一种有价值的交流方式。第一个层次是指对我们的内部体验（感觉、解释和对这些感觉的后续感觉）的认可和接受，以及表达它们。第二个层次包括倾听我们的知觉和期望，用可靠的方式满足我们的这些知觉和期望。

> **心理名言**
>
> 家是世界上唯一隐藏人类缺点与失败的地方，它同时也蕴藏着甜蜜的爱。
>
> —— 萧伯纳

参考文献

[1] 程明明,樊富珉. 生命意义心理学理论取向与测量. 心理发展与教育. 2010（4）: 431-437.

[2] 刘诗薇. 生涯辅导课程对高中生未来取向影响的干预研究. 上海：上海师范大学, 2015.

[3] 郭章敬. 萨提亚家庭治疗模式及其应用：一个中国内地的个案研究. 武汉：中南民族大学, 2012.

[4] 魏渊. 萨提亚家庭治疗模式在亲子关系改善方面的应用：一个单亲家庭的个案研究. 长春：长春理工大学, 2018.

[5] 操明权. 乔哈里视窗与高三生物学复习教学策略的选择. 生物学教学, 2016, 41（9）: 66-67.

[6] 冯晓晓. 微文化背景下大学生社会主义核心价值观认同研究. 天津：天津商业大学, 2018.

[7] 王敏捷. 接受理论视域下提升中学思想政治课实效性教学研究. 新乡：河南师范大学, 2015.

[8] 杜秋梅. 萨提亚家庭治疗模式的阐述. 大观周刊, 2013（2）: 5.

[9] 张金波. 萨提亚家庭治疗模式介入亲子冲突的个案研究. 兰州：兰州大学, 2017.

[10] 石倩. 生命意义感对自杀意念的影响：有调节的中介效应. 兰州：西北师范大学, 2018.

[11] 胡巧飞. 生命意义感在高中生负性生活事件与学业倦怠之间的作用及其干预研究. 宁波：宁波大学, 2019.

[12] 周国玲. 从心理疏导入手创新高职学生思想政治工作. 长沙：湖南大学, 2009.

[13] 曲妍. 萨提亚家庭治疗模式介入重组家庭问题探析. 牡丹江大学学报, 2019（1）: 106-108, 144.

[14] 梅卫阳. 志愿者的成就感及影响因素研究——基于温州市志愿者的调查. 武汉：华中农业大学, 2014.

[15] 梁宏宇. 人际感恩：社会交往中重要的积极情绪. 心理科学进展, 2014（3）: 479-488.

[16] 王逸晨. 浅谈运用"冰山"隐喻开展中职学校班级管理. 现代职业教育, 2019（10）: 100-102.

[17] 陈洁. 课堂育人环境的表征及创设策略. 当代教育论坛, 2009, 9（18）: 26-28.

[18] 张鑫. 认知灵活性对大学生社会适应的影响：情绪调节策略使用频率的中介作用. 兰州：西北师范大学, 2018.